Die geheime Macht der Gebete

Johanna Krzystolik-Klima

Klaus Klima

Neuauflage 2014

Autoren: Johanna Krzystolik-Klima und Klaus Klima
Umschlaggestaltung: Klaus Klima
Umschlagfoto: Klaus Klima und tao.de
Lektorat: Johanna Krzystolik-Klima und Klaus Klima
Korrektorat: Werner Morsch, David Dewald und Klaus Klima
Printed in Germany

Verlag: tao.de in J. Kamphausen Mediengruppe GmbH, Bielefeld · www.tao.de

Bibliographische Information der Deutschen Nationalbibliothek:
Die Deutsche Nationalbibliothek verzeichnet diese Publikation in der Deutschen Nationalbibliographie; detaillierte bibliographische Daten sind im
Internet über http://dnd.d-nb.de abrufbar.

ISBN: **978-3-95802-110-5**

Inhaltsverzeichnis: „**Die geheime Macht der Gebete**“

Einführung:

Die Vernunft, die uns Christen noch vor 400 Jahren zur Seite stand und unseren Glauben logisch zu begründen half, steht nicht mehr auf unserer Seite. Sie hat den Platon, Aristoteles und die Scholastik verlassen und wurde von profanen Sachgebieten eingezogen, von Nutzwerken eingekreist und von Zweckbereichen materieller Zivilisation vollständig in Anspruch genommen. Die christliche Kulturgesellschaft konvertierte in eine Konsumgesellschaft. Wo heute Pillen gegen alle Krankheiten heruntergeschluckt werden, wurden früher Psalme gebetet, Heilige und Engel angerufen, Buße getan und das Leben auf Gott ausgerichtet. Der Kranke von heute – mit der neuen „wissenschaftlichen" Vernunft – bleibt dagegen passiv! Andere machen etwas mit ihm: Er wird gespritzt, geschnitten, bestrahlt, psychisch therapiert und wenn nötig – auch noch ernährt und hygienisch gewaschen.

Aus christlicher Sicht war die Gesundheit zu keiner Zeit ein Konsumgut. Sie stand dem Gerechten zu, der sein Denken und Sollen von der Sünde fern hielt. Gott, und nicht der Mensch, war sein Arzt. Sein Gesundheitsweg bestand in der Treue zu Gott und in der Sünde sah er den Abstieg in den Tod. Diesen uralten, medizinischen Ansatz finden wir heute erneut wieder – allerdings in postulativer Form und ohne religiöse Implikation – in der Psychosomatik, die im Geist des Menschen die Wirkursachen seiner Erkrankungen vermutet. Dass wir jedoch dieser Wahrheit in ausgereifter Form und in den richtigen Therapieangeboten in der christlichen Medizin begegnen, wird kaum noch geglaubt. Die wissenschaftliche Rationalität hat ja dem Himmel und dem menschlichen Geist seit Jahrhunderten den Rücken gezeigt und das Gute und Wirksame könne sich alleine in der werdenden Zukunft befinden. Gegen diese Vorurteile und Anmaßungen wenden wir uns in diesem Buch. Wir erinnern an die Heilwirkung der Gebete und vor allem an die Medizin der Psalmen. Die zweite Quelle christlicher Heilwirkung ist die Intervention der Heiligen. Sie helfen immer und überall wo Not am Menschen ist. Schließlich helfen uns die Heiligen Engel ausnahmslos in allen Nöten des Lebens. Die einzige Bedingung, um in den Genuss christlicher Medizin zu kommen, ist der Glaube an Gott, an unsere unsterbliche Seele und an die helfenden Hände unserer himmlischen Freunde. Die moderne Rationalität stellt diesen Glauben unter den Verdacht des falschen, überwundenen Sehens und ersetzt ihn durch wissenschaftlich nachweisbares Können von spezialisierten „Experten“. Was dabei verschwiegen wird, ist die Beraubung unserer menschlichen Natur: vom alten christlichen Menschen ist dann nur noch der sichtbare Teil übrig geblieben. Aber der unsichtbare Geist, die unsterbliche Seele und das lebendige Universum sind uns wegrationalisiert worden, weil sie sich dem Blick eines forschenden Experimentators entziehen. Wer jedoch mit der alten christlichen Vernunft sich selbst und die Umwelt erkannt hat, ist seiner Seele, den Engeln und den Heiligen begegnet. Unsere christliche Natur ist immer noch an ihrem alten Platz. Verändert hat sich nur der moderne, fortschreitende „Experte“. Er ist auf die geistigen Welten blind geworden. Die nächste Generation der Forscher ist bereits auf dem Weg, das richtige Sehen durch Erweiterung der Rationalität wieder herzustellen.

Kapitel I: Rückkehr in die christliche Medizin

Augen reibend fragen sich viele Kranke, ob wir von zu viel „Fortschritt“ überhaupt noch Ärzte haben, Ärzte mit eigenem Verstand, eigenem Maß an Weisheit und Verantwortung, Ärzte die beten und weinen können? Die Patienten zweifeln zunehmend an der Richtigkeit der ärztlichen Gewohnheit, von den Diagnosecomputern eine ausreichende Diagnose zu erwarten, oder dem Chirurgieroboter das gleiche Vertrauen zu schenken, wie einem menschlich erprobten Chirurgen. Auch das Bedienungspersonal von Strahlengeräten, die in nicht-ärztlichen Fachkräften liegt, bringt nicht selten begründete Zweifel mit sich. Der Fortschritt kommt unaufhaltsam voran und es ist anzunehmen, dass noch viel kompliziertere „Monster“ uns künftig in den Praxen begegnen.

Warum stellt sich die Medizin nicht selber einmal die Frage, ob die Menschen nicht unter Überfluss an Maschinen leiden, an zu viel von „Robotern“, an einer Sintflut von immer engeren „Spezialisten“, die im Unterschied zu „normalen“ Fachleuten, nur noch einen einzigen Griff richtig beherrschen? Die Medizin setzt sich bedenkenlos dem gleichen Trend aus, der in den Industriebranchen den Ton angibt und bereits zu Übersättigung und üblen Bauchschmerzen auf dem Markt führt. In den Zivilisationsländern leiden wir unter Zuviel – zu viele Autos, Flugzeuge, Computer, Strassen, Geräte, Menschen und ... flachen Köpfen! Was der wissenschaftlichen Medizin fehlt, sind Persönlichkeiten mit überzeugendem Verstand und großem Herzen –

Ärzte die Zeit zum Gespräch haben, die sich dessen bewusst sind, dass sie mit einem unverwechselbaren Individuum, das sich im Universum nicht mehr wiederholt, zu tun haben. Im Medizinbetrieb läuft jedoch der Tag anders ab. Hier ist jeder ersetzbar. Kaum hat eine Koryphäe die Arbeitsbühne verlassen, meldet sich geschäftsführend eine gleiche Kapazität. Kein Abgang reißt ein Loch auf. Alleine diese Tatsache lässt an der individuellen Größe in der wissenschaftlichen Medizin Zweifel aufkommen. Weil der Heilbetrieb nach im Voraus bestimmten Maßstäben läuft, braucht die Medizin keine herausragenden Persönlichkeiten. Auch der „Antriebsmotor" ist bei allen Medizinern der gleiche, wie in anderen Berufen: der egozentrische, geldgierige Machtmensch.
Wer die Ärzteschaft ohne Farbbrille und Schminke sieht, betet lieber einen Psalm, ruft einen Heiligen, oder vertraut sein Schicksal einem Heilengel.

Dass die Ärzte von gläubigen Christen zunehmend gemieden werden, liegt auch an ihrer Freude über unsere neue Abstammung. In keinem anderen Beruf ist die darwinistische Abstammungslehre mit größerer Begeisterung aufgenommen worden als bei den Ärzten. Da wir nun ein kraftvoll ernährter Affenabkömmling sind und keine blasse Seele, kein stummer Geist mehr, deckt sich mit ihrer alten, vor über 200 Jahren aufgestellten „Erleuchtung" eines französischen Mediziners: *„Der Mensch ist eine biologische Maschine, gesteuert von seinem Hirn.*"

Die moderne wissenschaftliche Vernunft hat durch Übernahme dieser Dogmen uns aus der mehrdimensionalen Natur ausgesiedelt, an die tierische Realität angepflanzt und an die dicke Leine der Zivilisationswünsche gebunden. Durch das Wunschstreben dieser Art können wir kaum noch genesen. Von der täglichen Erfahrung belehrt, wissen nun viele Menschen, dass allein bereits das Sklavendasein in Fangarmen der Medien, die primäre Krankheit ist. Dass die Ärzteschaft über diesen Krankheitsgrund schweigt, bringt ihnen auch keine Zuneigung mehr.

Die Medizin hat ihre modernen Entwicklungsformen angenommen, weil sie Schritt für Schritt, seit über 250 Jahren, der wissenschaftlich-technischen Zivilisation folgt. Sie benutzt zur Erforschung des Körpers und zu Bestimmung der Medikamente die gleiche mathematisch-logische Vernunft der herrschenden Zivilisation. Der Mensch ist jedoch mehr als der Körper. Gebete und Anrufungen erreichen den inneren Menschen und alle transzendenten Kräfte im Universum, die ihn heilen können. In der Medizin dagegen, die sich vollkommen der wissenschaftlich-technischen Zivilisation unterworfen hat und zu ihrem Teil wurde, hat sich auch die menschliche Qualität der Ärzte und ihrer Patienten keineswegs gehoben. Eher umgekehrt: In den totalitären Staaten aber auch in den USA, hat die Kooperationsbereitschaft der Ärzte und ihr Einsatz in den Lagern und Spezialgefängnissen ein kriminelles Niveau erreicht, das das Weltgewissen erschüttert hatte. Ihre menschliche Qualität war oft unter das Tierniveau gefallen. Lohn und nicht das Gewissen war das Äquivalent ihrer Arbeitsmühen. Was die zivilisatorische Vernunft den Ärzten genommen hat, war die Reife einer

Persönlichkeit, die gleichzeitig auch in die geistigen Felder der Kultur hineinwächst. Die Existenz der geistigen Wirklichkeit wird jedoch von der mathematischen Vernunft negiert, weil sie mit mathematischen Methoden nicht nachweisbar ist. Der Geist ist und hat keine Qualität! Die mathematisch-logische wissenschaftliche Vernunft ist somit nicht fähig, in die Bereiche einzudringen, die den Menschen konstituieren. Hinzu kommt, dass die Zivilisation auch in allen anderen Bereichen die junge Generation nicht nach ihren mannighaften Begabungen ausbildet, sondern allein nach der zivilisatorischen Brauchbarkeit. Der Mensch ist nur ein Mittel zum Zweck der Zivilisation, zum Zweck ihrer Verwendung. Trotz dieser Erkenntnis, die schon lange bekannt ist, geht das Tanzen auf den zivilisatorischen Bühnen rasant weiter. Bereits in der barocken Zeit folgte der „befreiten" Vernunft, die Befreiung des Willens von ethischen Normen und die Befreiung des Egos von sozialen Pflichten. Das in der barocken Zeit ertönte Versprechen, dass in jeder Generation bis heute schamlos wiederholt wird, von der triumphalen Zukunft als Folge der Anwendung forschender und konstruktiver Vernunft, vom Ende des historischen Provisorismus in den Beziehungen zwischen den Völkern und Staaten zueinander, von der konstruktiven Anwendung wissenschaftlicher Forschung alleine zu friedlichen Zwecken, vom Ende einer wirtschaftlichen Baisse der ganzen Menschheit, vom baldigen Triumph über alle Krankheiten, vom exzellenten moralischen Zustand der eigenen Eliten, die immer nur rational handeln, niemals dekadent werden, auch nicht labil oder demoralisiert, hat nicht einmal eine Generation überdauert. Noch zu Lebzeiten von Leibnitz hat das historische Provisorium ganz Europa zurückerobert. Die konstruktive, wissenschaftliche Forschung begann destruktive und kriegerische Aufträge zu bearbeiten, die wirtschaftliche Baisse wächst heute noch zu einem Krisenmonster, das weltweit die Bevölkerung bedroht. In der Medizin feiern wir nicht das Ende der Krankheiten, sondern sind über die Auferstehung der als ausgerottet geglaubten Infektionskrankheiten sehr traurig. Wir haben nicht weniger, sondern mehr Kranke, mehr Krebs, mehr Herztote, mehr Alzheimer, mehr Suizide, psychische Kranke und mehr Extremegoisten. So lange die Wissenschaft unfähig bleibt, ihre forschende Rationalität auf die transzendenten Bereiche der Wirklichkeit und der menschlichen Natur auszudehnen, wird sie weiterhin alleine in den Nutzwerken und praktischen Zweckbereichen, in Konsumbedürfnissen und in Lustgewinn ihre angebliche epochale Existenz fristen. Ihre große Erdnähe setzt sie ständig dem Beherrschtwerden von primitiven und geistfernen Vitaltrieben aus. Wie die grausamen Geschichtserfahrungen aus den Kriegsjahren in Europa gezeigt haben, hilft die wissenschaftliche Logik und Mathematik nicht mehr in die Humanität zurückzufinden. Ohne die christliche Kulturtradition, gäbe es keinen Motivzusammenhang den Guten und den Bösen liebevoll zu helfen.

Seit der Antike ist der Spruch bekannt, dass die Gesundheit des Körpers ein Ergebnis des gesunden Geistes ist: Ein gesunder Geist bewirkt die Erhaltung des Körpers bei strahlender Frische. Am eindruckvollsten wird diese Wahrheit in der Schilderung der Erbsünde vermittelt. Durch Ungehorsam des Geistes (ungesunder Geist) erlitten die Ureltern die Vertreibung aus dem Paradies und zogen sich den Körpertod zu. Die Zustände in der Physis sind Ergebnis der geistigen Aktivität – in der „Metaphysis".

Angesichts der seit Jahrtausenden gesammelten ärztlichen Erfahrungen, muss auch heute wieder gesagt werden, dass die wissenschaftliche Vernunft eine Heilung des Menschen nicht bewirken kann. Mit ihrer engen und ausschließenden Rationalität kann sie an die Ursachenebene der Krankheiten, an die Denkgewohnheiten und Entscheidungen des Geistes, sowie an die formenden Emotionen der Seele nicht herankommen. Wer sich das Menschenbild nach der physikalisch-chemischen Zusammenstellung des Körpers vorstellt und den „Rest", den Geist- und Seelenträger, einfach über Bord wirft, hat die Eignung für den Ärzteberuf nie besessen. Niemand kann Arzt werden, ohne das „richtige Sehen" des Menschen, und zum richtigen Sehen kommt man durch Selbstauslieferung an das Wesen „Mensch". Eine theoretische Selbstauslieferung ist wiederum ohne die Erkenntnis eigener und fremder Vorurteile zu diesem Thema, so wie sie z. B. in der Auffassung des Menschen bei *Lametterie's „Maschinenmensch*" in die Augen stechen und ohne eine asketische Reinigung von egozentrischen Interessen gar nicht möglich. Wer es nicht tut, wird alles so sehen, dass es zu seinen Interessen passt. Er wird seinen Verstand nach den Emotionen, bestehenden Vorurteilen, gehegten Wünschen und Bedürfnissen formen. Seine Wirklichkeit, die er als objektiv wahrzunehmen glaubte, ist das Abbild seiner Subjektivität und damit falsch. Die Ordnungs-schemata, die im Studium aufgefangen werden, müssen geeignet sein, den ganzen Menschen, nicht nur seine phänomenale Erscheinungsform, sondern essentiell sein transzendentales Innere aufzunehmen. Auch die kommende Menschheitskultur wird sicherlich nicht auf einer Atheisteninsel entstehen können. Sie wird alle, besonders jedoch die transzendentalen Wirklichkeitsbereiche, in denen die unsichtbaren Aspekte der menschlichen Natur beheimatet sind, integrieren müssen. Das männliche Modell der mathematisch-logischen Vernünftigkeit, so wie es seit 400 Jahren die wissenschaftlichen Materialisten in der ganzen Welt verzaubert, ist – in Bezug auf den Menschen – auf sein Körperkorso abgestimmt, nicht jedoch auf den wirklichen Menschen mit seinem pluralen Dimensionsgefüge.

Um über die Fackelträger der Vernunft noch ein paar Bemerkungen zu machen wiederholen wir zunächst mal die wichtigsten Fragen: Folgen die Wissenschaftler, darunter auch die Ärzte, in ihrer Forschung tatsächlich nur den Gesetzen der Mathematik und Logik? Auch wenn sie im Voraus darauf stolz sind? Mathematik und Logik verbieten sachlich nur das Unmathematische und Unlogische, jedoch nicht das Unmoralische, Menschenfeindliche, Umweltzerstörende – nicht also den Gulag, nicht das Konzentrationslager und nicht den Terroranschlag. Auch nicht den Betrug der Mediziner, der Banker und Nahrungsmittelerzeuger. Mit dem Werkzeug ihrer Vernunft macht die Wissenschaft tatsächlich die Welt fortschrittlicher und glücklicher? Wir haben keineswegs den Ehrgeiz, einen Ozeanfrachter mit betrügerischen Versprechen und begangenen Sünden gegen die Menschlichkeit und die Natur, vor unseren Augen vorüberziehen zu lassen. Zur Kontrolle unserer Merkfähigkeit stellen wir uns lediglich ein paar schlichte Fragen: Haben wir noch ein Stück sauberen Boden in unserem Land, auf dem wir einen kleinen Gemüsegarten anlegen können – ohne Risiko für unsere Gesundheit? Gibt es noch gesunde Wälder, Flüsse und Seen? Wer wohnt noch in einer ruhigen Gegend, ohne Fluglärm, ohne Gestank vorüber fahrender Autos und Lastwagen? Wer hat noch den freien Horizont, wo sich Himmel und Erde begegnen, ohne Strommasten, ohne Windmühlen, ohne Discolaserfarben am nächtlichen Himmel? Unser Land ist gebrochen und zerhackt, maschinell und chemisch unbrauchbar gemacht. Die klassischen Ordnungssymbole die unser Bewusstsein formten, werden kaum noch erwähnt. Die wahrheitsträchtigen Überlieferungen verfallen der Vergesslichkeit und die neuen denkerischen Eintagsfliegen, können nicht mal das Gestern mit dem Morgen verbinden. Die Bevölkerung beginnt heute langsam zu verstehen, dass der bedingungslose Glaube an die seligmachende wissenschaftliche Zivilisation, die Medizin inbegriffen, ein untauglicher Führer im Leben war. Die Missionare der Wissenschaft wollen angeblich das Volk zur Vernunft bringen, damit die Menschen die alten, kulturell vererbten Gewohnheiten aufgeben. Das Alte wäre angeblich ein schlechter Berater zum richtigen Sehen der Gegenwart. Völker, die von der Ausbreitung der Zivilisation betroffen waren, wurden einer Umerziehung unterzogen. Die Wissenschaft hat sich zu einem von allen Rücksichten befreiten Sehen durchexerziert und alleine ihre eigenen Postulate behalten – und den Heiligenschein. Nicht nur die Wissenschaft hat sich von allen Rücksichten befreit. Auch die Wissenschaftler und in ihrem Gefolge alle Volksschichten werfen ihr traditionelles Denken ab. Der befreite Egoismus kann endlich seine Orgien feiern.

In dieser leise geführten Vernichtungskampagne gegen das traditionell vom Glauben und Verstand geformte Sehen, erwachen die noch halb betäubten Menschen und beginnen sich an die geliebten Helfer in allen Nöten zu besinnen – an die Heiligen und Engel Gottes, die Heil, Trost und Gottes Segen bringen. Die Zeit des Umbruchs hat begonnen.

Kapitel II: Der gezüchtete Lustmensch

Die von der Zivilisation gezüchteten Menschen führen mit kleinen Ausnahmen, ein eng persönliches Leben und ihre Antriebsmotive reichen über die privaten Horizonte nicht hinaus. Auch handeln sie dann aus rein egoistischen Gründen, wenn sie politische oder karitative Ämter bekleiden. Eine rein religiös motivierte Lebensführung ist sehr selten geworden. Es fehlt offensichtlich das Bemühen, den eigenen Geist aus der körperlichen Einkerkerung herauszuschmieden und ihn diszipliniert zu seinem Lebensziel zu führen. Die Vision eines religiösen Lebens mit dem Ziel der Befreiung des Geistes aus der Enge egozentrischen Denkens fehlt auch von der Seite der dazu berufenen Persönlichkeit. Obwohl jeder die Zerbrechlichkeit aller Beziehungen spürt, von der Vergänglichkeit der angehäuften Güter selbst betroffen ist, die Unzuverlässigkeit wissenschaftlich erworbener Wahrheiten täglich zu Gesicht bekommt – am Denken und Handeln der Menschen ändert sich nichts! Kaum jemand hat den Mut umzukehren und dem Leben die Werte der Tradition einzuverleiben. Alles, was nach einer Kurskorrektur des Lebens verlangt, wird aus dem Bewusstsein vertrieben.

Auf der Suche nach negativen Merkmalen des menschlichen Strebens, die der religiösen Lebensausrichtung im Wege stehen, fanden bereits die Weisen antiker Zeiten das dauerhafte Wünschen als besondere Eigenschaft heraus: aus allen Dingen und Situationen um die Menschen herum, sollte immer der materielle Vorteil, mindestens jedoch der sinnliche Genuss gewonnen werden! Mit allen Mitteln des Denkens und Wollens, sollte die Wunscherfüllung – das „tägliche Brot" der nach Welt Hungernden, abgesichert werden. Auch und besonders mit den Mitteln des Gebets! Weil jedoch die Erfüllung diesseitiger Wünsche die Seele von Gott entfernt und – was noch schlimmer wiegt – Gott instrumentalisiert, verlangt das Neue Testament die Reinigung der Seele von allen irdischen Wünschen. Das Leben darf nicht zum Spiel der Wünsche verkommen! Dem auf Gott hin erblindeten Verstand ist das Drama der Sinnlosigkeit allen irdisch begehrenden Lebens zurückzuführen. Das moderne Einzäunen der Menschen in riesigen Konsumlagern, in denen alle Triebe und jede Gier dauerhaft aufgewärmt werden, gleichzeitig jedoch jeder Alternative verspottet wird, entzieht dem Menschen die Möglichkeit, die Bedürfnisse der inneren Natur – der für den Körper und die Psyche die Trägerfunktion zusteht – zu entfalten. Um heute Mensch zu werden und Mensch zu bleiben, darf man mit dem „Zeitgeist" nicht mitmarschieren. Durch kollektivistische Demenz führt er in die Existenzvernichtung, in das Ertränken aller geistigen Fähigkeiten im platten Konsum. Ohne die Entdeckung und Entfachung des Gottesfunkens im Herzen kann niemand in dieser Welt glücklich werden und auch für die höheren Welten wären die Aussichten trüb. Der Begründer des Christentums wusste ganz klar, dass seine Religion nur solange funktionieren kann, wie lange die Menschen an den zwei fundamentalen Gesetzen festhalten werden: Liebe den Herren, deinen Gott mit deinem ganzen Herzen, deinem ganzen Geist und deiner ganzen Seele...

Das zweite Gebot aber ist diesem gleich: „*Liebe deinen Nächsten, wie dich selbst.*“ Bezeichnend für den modernen Zivilisationsmenschen ist die Unfähigkeit, sein Herz, seinen Geist und seine Seele alleine auf Gott zu konzentrieren. Seine Liebe zu Gott ist nicht seine alleinige Liebe! Näher als Gott sind ihm die begehrten Spielobjekte der Technik und vor allem die Lust spendenden Möglichkeiten. Um den Nächsten genau so zu lieben wie sich selbst, wäre für viele ein glatter Sinnverlust des Lebens. Für ihn gibt es zwei andere unerschütterliche Gesetze: Weltliebe und Selbstliebe!

Für die alles überwuchernde Weltlichkeit, in der sich der Egoismus austobt, gibt es viele Ursachen. Ich möchte nur kurz auf zwei von ihnen hinweisen: einerseits das materialistische Denken, das die Bildungssysteme durchdrungen hat und die Meinung verbreitet, dass ohne den Körper ein menschliches Leben nicht möglich wäre und andererseits, die unausgereifte und sehr infantile Vorstellung vom Leben im Jenseits selbst. Ich darf nur kurz hinzufügen, dass, wer die Todesfurcht trotz seines Glaubens an die eigene Unsterblichkeit und Geistigkeit erlebt, sollte durch vertiefende Literatur seinen mental labilen Zustand harmonisieren und zu einem klaren Begriff vom geistigen Leben und jenseitiger Existenz kommen. Eine halbe Überzeugung von einer unsterblichen Seele und eine vage Vorstellung vom Himmel als der Heimat des Menschen, schützen kaum vor dem Versinken im Strudel irdischer Verlockungen. Trotz vieler wertvoller Schilderungen des Himmels, die in Form von mystischen Visionen gewonnen wurden, fehlt eine begeisterungsfähige, authentische Schilderung des transzendenten Lebens jenseits aller irdischen Schranken. Im Volksglauben überwiegen sogar Sprüche vom Herumtrödeln im nutzlosen Paradies, von blassen Engelchören, von langweiliger Harfenmusik und von krankhaft verzückten Gesichtern. Unsere Ästhetik ist bereits hier auf Erden durch Pseudokunst in falsche Richtung geführt worden und die Philosophie der Schönheit, wie wir sie noch bei Platon vorfinden, ist ausgestorben. Die meisten würden im Himmel am liebsten ihre endlosen Partys besuchen, ihre Oktoberfeste und *Loveparades* feiern, Bier und Wein schlürfen, Bratwürste verschlingen und die heißen Sommernächte im Freien verbringen. Sie sind an ihre Urlaubsparadiese gewöhnt und dazu brauchen sie ihren Körper. Die Pforte des Todes, durch die sie in den Himmel hineingelassen werden sollten, stößt sie ab. Das matte Leben im Jenseits scheint nicht die Lebenserfüllung zu sein: es wäre nicht mal eine Weiterführung der Gartenpartys. Im körperlosen Zustand kann sich auch niemand die Liebe vorstellen. Viele würden darum wünschen, dass Gott den Tod abschaffen sollte und uns ewig auf Erden leben lassen würde.

Johannes hat bereits vor zweitausend Jahren vor dem Abrutschen des Geistes in die Materie gewarnt: „*Liebet nicht die Welt und was in der Welt ist! Wer die Welt liebt, hat die Liebe zum Vater nicht! Denn alles was in der Welt ist, die Begierde des Fleisches, die Begierde der Augen und das Prahlen mit dem Besitz ist nicht vom Vater, sondern von der Welt. Die Welt und ihre Begierde vergeht; wer aber den Willen des Vaters tut, bleibt in Ewigkeit.*“ (1 Joh. 2, 15-17)

Der „Geist dieser Welt“ (Paulus) heißt nicht Liebe, sondern Stolz! Stolz kennt nur Selbstliebe und entsteht auf dem Fundament der Du-Losigkeit, auf Rechthaberei, Eitelkeit, Streben nach Macht und Ehre, auf Prahlsucht, auf sich-zu-Schau-stellen, auf Anmaßung falscher Größe. Er sät den Neid und den Unfrieden und ist der Vater aller Sünden. Die Ichzentrierung und die Selbstüberhebung führt zu Ablehnung der Autorität Gottes, zur Unterdrückung des Gewissens, zu Nichtbeachtung der Rechte der Mitmenschen: Das Christentum setzte den Anfang an dem Stolz die Demut – die Gesinnung des Dienstes vor Gott und vor dem Menschen. Die lateinische Bezeichnung für Demut – *Humilitas* (von humus, der Erde gehörig), betont unter den Inhalten des Begriffes Demut, das Niedrige, Armselige, Verächtliche, Geringe. Demut bekennt sich zu Ruhmlosigkeit, Bescheidenheit, Elend und Schwäche. Im Alten Testament blickt Gott auf die Armen, ihrer erbarmt er sich, ihnen schenkt er die Gnade und Weisheit. Den Hochmütigen und Stolzen stürzt Jahwe und vernichtet ihn für ewig. Stolz ist der Anfang der Sünde und ein vollzogener Abfall von Gott.

Die christliche Demut entstand durch die Selbstentäußerung Jesu, der als Gottessohn die Knechtgestalt annahm und sich für die Menschen erniedrigen ließ. Die Demut wird somit nach dem Vorbild Christi gefordert: *„Der Menschensohn ist nicht gekommen um sich bedienen zu lassen, sondern um zu dienen.“* Seine Nachfolger – und das sind wir als Christen alle – sollen von ichsüchtigen Wünschen frei werden, sich selbst verleugnen und in allem den Willen Gottes erfüllen. (Mk 8,34; Joh 6,38)

Für Paulus gibt es keinen Grund für das Rühmen des Menschen: „*Was hast du, was du nicht empfangen hast?*" (1 Kor 4,7) Der Christ darf nicht sich selbst gefallen, sondern Gott alleine (Röm 8,8). Von den Mitgliedern seiner Gemeinden verlangt Paulus, dass jeder den anderen gelten lassen soll, ihn für höher achten als sich selbst, auf sein Wohl bedacht sein und einander in Liebe ertragen soll. Im Unterschied zu der modernen christianisierten Menschheit hat sich in den lebendigen Zentren des Christentums durch die Praxis der Demut der Zug zur Geringschätzung seiner selbst moralisch durchgesetzt. Der Stolz wurde zu einer Teufelssünde und als Ursprung von allem Übel betrachtet. Die Größe eines Menschen versuchte man an der Demut zu erkennen. Somit wurde die Demut zur Mutter aller Tugenden, zu der offenen Tür zu Gott. Wo versteckt sich heute die Demut unter den christlichen Gläubigen? Hätten auch uns die Selbstsucht und der Stolz niedergeworfen? Dass wir der modernen Zivilisation, die zu den christlichen Werten insgesamt feindlich eingestellt ist, nicht trauen dürfen, zeigt auch das Absterben einer anderen Tugend – der Dankbarkeit! Als gesellschaftliche Höflichkeit ist sie unter den zivilisierten Völkern verbreitet und wird oft als Teil der Nächstenliebe wahrgenommen. Für kleine Gefälligkeiten, die wir anderen gerne angedeihen lassen, bekommen wir auch keinen verbalen Dank. Dahinter stehen die Sitte und die Gewöhnung.

Paradoxerweise ist Dankbarkeit bei größeren oder sogar tatsächlich großen Leistungen für unsere Nächsten selten verbreitet. Hinter den Dankesworten steht oft ein Übelwollen, Neid, Hass oder die Enttäuschung zu wenig empfangen zu haben. Wer mit anderen teilt, scheint mehr zu haben. Der Wunsch erwartet mehr und in regelmäßiger Wiederholung. Wenn die Wohltäter es innerlich für Gott tun, werden sie nicht enttäuscht. Jedoch auch der Wohltäter handelt nicht immer aus lauteren Motiven. Wenn es jedoch um die tiefe Herzensdankbarkeit bei Empfängern und um die wahre Menschenliebe bei den Gebern geht, reichen die Konventionen nicht mehr aus. Die wortlose Dankbarkeit mündet im Dankgebet und auf der anderen Seite wird die Liebe und Aufopferung für die Leidenden, zu vertieften göttlichen Liebe. Bei echter Dankschwingung ergießt sich ein Segen auf beide Seiten. Die geläuterten Motive ziehen die Gnade herab. Je tiefer unser Herz geläutert wird, desto wirksamer unsere Dankgebete und die empfangenen Segnungen. Es ist jedoch nicht selbstverständlich, dass viele von uns sich guter Gesundheit erfreuen, ein Auskommen haben, dass wir uns ausruhen können, uns mit Mahlzeiten sättigen dürfen, dass wir Familie gründen, an Freunde denken und viele weitere Segnungen genießen dürfen. Die Unfall- Sterbe- und Krankenstatistik, die Getöteten, Gelähmten und Hungernden zeigen die Schattenseiten jeder „erfolgreichen“ Zivilisation.

Alleine schon die Wahrnehmung der leidenden Menschheit, sollte uns zur Dankempfindung bewegen und zum warnenden Bewusstsein, dass niemand einen besseren Status für ewig gepachtet hat und dass wir alle in einer zerbrechlichen Welt leben. Für alle unsere Vorteile, die von den Mitmenschen mit uns nicht geteilt werden, sollen wir uns täglich bei Gott aus tiefstem

Herzen bedanken und aus Liebe und Solidarität uns um den Ausgleich auch in materieller Hinsicht sorgen. Wir ernten nur das, was wir aussäen. Wer Güte sät, wird Güte ernten und wer ein dankbares Herz hat, wird von Gott beschenkt. Die „steinernen Herzen“ dagegen, ziehen Härte an: Unfälle, Unglücke, Krankheiten. Leiden sind jedoch der Anfang von Weisheit, weil sie unser Gemüt reinigen. Aus der tiefen Perspektive betrachtet, birgt das scheinbare Unglück einen spirituellen Neubeginn. Dankbarkeit bringt Frieden und erzeugt in uns heilende Kräfte. Undankbarkeit vermehrt dagegen das erlittene Leid. Ohne die tiefe Dankbarkeit für Gott, von dem wir alles haben, können wir auch die fundamentale Tugend des Christentums nicht ausbilden – die Nächstenliebe. Ohne die Demut und Dankbarkeit und ohne die Nächstenliebe bleiben wir weiterhin in den Konsumlagern der Zivilisation eingesperrt und auch der letzte Funken der Geistigkeit wird in uns erlöschen.

Beispielhaft erklärt Plato die Entstehung der Liebe als Folge der Wahrnehmung von Schönheit, die auf rationalem Weg bis zu ihrem Quellpunkt in Gott verfolgt wird. Das physisch und moralisch Unschöne kann und darf keine Liebe erwecken. Die Menschen jedoch, die wir nach dem biblischen Gesetz lieben sollen, sind in ihrem Denken und Handeln selbstsüchtig, egoistisch, körper- und weltzentriert und oft bodenlos verdorben. Wo liegt da der Ansatz einer Anziehung, die Liebe erwecken soll? Wir können dem Weg von Sokrates folgen, der bei der Suche nach Schönheit und Güte, unter der Leitung von *Diotyma*, von der äußeren Darstellung eines Menschen in sein Inneres geführt wird und von da, bis in die geheimste Tiefe der Seele, wo das Niederpsychische, Böse und Unschöne keinen Zugang mehr hat. Der tiefste Kern der menschlichen Seele wäre nach dieser Tradition, die auch die christliche Mystik vertritt, reine Schönheit und Güte. Über den dunklen Wolken der Psyche und dem zürnendem Horizont des Niedermentalen, strahlt der göttliche Funke der Seele in jedem Menschen. Er ist die mächtige Quelle der unvergänglichen Schönheit und unübertroffenen Güte. Er zieht mächtig an, ihm kann ein erschlossener Mensch nicht widerstehen. Um sich im Sinne des Christentums selbst zu lieben und folglich jeden Nächsten, soll der strahlende Funke Gottes im eigenen Herzen entdeckt werden. Wer zu dieser Wahrnehmung noch nicht erwacht ist, weil er lieber seine Lustquellen plündert, wird den Nächsten und sich selbst nicht wahrhaft christlich lieben können. Freundschaften und Ehebünde gehen zu Bruch, wenn das Schönheit- und Gütezentrum im geliebten Gegenüber nicht entdeckt wird. Unter diesen Voraussetzungen verstehen wir auch die Jesusworte: „*Vater, vergib denen, weil sie nicht wissen, was sie tun!*“ Wer Böses tut, versteht nicht nur nicht die Folgen seiner Tat, er versteht vor allem sich selbst nicht und nicht den Anderen in seiner wahren ewigen Dimension.

Aus dieser täglichen Erfahrung heraus sollte man die Notwendigkeit der Pflicht verstehen, dass die Liebe eine tiefe Selbst- und Menschenkenntnis voraussetzt, die niemand aus der Psychologie oder den anderen Wissenschaften erlernen kann. Dazu brauchen wir die Demut des Christentums, den religiösen Verstand und das auf Gott hin offene Herz. Unerlässlich ist das Gebet mit der

Bitte um die Einsicht in die versteckte Schönheit eines Menschen.

Im Urgrund unseres Wesens sind wir alle vereint. Darum können wir ohne Mühe und ohne Interessenkonflikt die anderen lieben, wie uns selbst. Von unserem Wunschzentrum und dem immer aktiven Zentrum des äußeren Verlangens, müssen wir uns distanzieren, damit wir die harmonische Einheit aller Menschen erkennen und liebesfähig bleiben.

Wer die Schritte ins Innere nicht wagt, weil er am Äußeren hängt, schafft sich die falsche Liebe, die schnell in Hass ausartet und eben den Hass, der aus Unkenntnis der wahren Seelengröße entsteht. So lange wie wir die Ketten des Körpers nicht zerschlagen können, werden wir die wahren Wunder der Liebe nicht zu Gesicht bekommen. Wir bleiben selbstsüchtig und damit liebesunfähig. Der vom Körper beeinflusste Verstand wird unsere Gedanken vergiften und uns an der rechten Pflichterfüllung hindern. Im Akt der Begegnung mit der Tiefenseele wird das Wunschzentrum aufgelöst und die Energie der Gefühle und Begierden fließt in die göttliche Liebe hinein. Neid, Gleichgültigkeit gegen andere, Verstimmungen, Verdächtigungen, Hass und das restliche Ungeziefer der Psyche sind für den Rest des Lebens von uns abgefallen. Das gewöhnliche „Hirndenken“ ist durch das „Herzdenken“ ersetzt worden. Mit der erweckten Liebe erspüren wir die Wertlosigkeit der meisten Ziele, die wir im Leben verfolgt haben. Nicht nur Krankheiten entstehen aus dem auf die Zivilisation zentrierten, selbstsüchtigen Wunschzentrum. Auch die politischen und sozialen Grausamkeiten haben in den

Charakterfehlern ihren Grund. Die selbstsüchtigen Gedanken, Besitzgier, Genussverlangen, Hass, Hemmungslosigkeit, Suchtabhängigkeit und die Rücksichtslosigkeit, die auf diesem Sumpfboden bestens gedeiht, erschaffen im Staat und der Gesellschaft alle Übel und Leiden. Die bekannten Reformversuche, die menschliche Natur von außen her und nicht von innen zu reformieren, haben die Leidmenge nur noch vermehrt. Nach den grausamen Erfahrungen der Geschichte in den letzten 200 Jahren wäre die Menschheit theoretisch bereit, die Denkrichtung nach außen hin zu ersetzen. Der Moloch der technischen Zivilisation lässt jedoch seine Anhänger mit immer raffinierteren Spielzeugen bei guter Laune halten und verzögert somit die Aufbruchzeit auf die Entdeckungsreise nach innen. Nach der christlichen Lehre wird der Mensch zu seiner Vervollkommnung geboren. Sie besteht jedoch nicht im Betrügen, Horten und selbstsüchtigen handeln. Das verbietet ihm auch seine Religion. Das wahre Maß der Vervollkommnung steht im absoluten Gegensatz zu allem, was die heutige Zivilisation anbietet. Die Richtung des wahren Strebens zeigte Christus: „Seid vollkommen, wie der Vater im Himmel!“ Auch wenn wir in Folge der äußeren Verführung unsere Ziele selber setzen, ist das Vollkommenheitsstreben in unserer Natur angelegt und kann niemals verlöschen. Die einzelnen Christen finden es spontan heraus, dass die wahre Vollkommenheit alleine im Eingehen in Gott beruht. Alle anderen Angebote sind ein Trug.

Kapitel III: Atheismus – der geleugnete Gott.

a. Mensch ohne Gott ein Tor?

„Die Toren sagen in ihrem Herzen:
Es gibt keinen Gott...
Sie handeln verwerflich und schnöde,
da ist keiner der Gutes tut...
alle sind sie abtrünnig und verdorben,
keiner tut Gutes, auch nicht ein einziger."
(Ps 14, 1-39)

Es scheint, dass die „Toren" eine kraftvolle Nahrung in unserer egozentrischen Zivilisation gefunden haben, weil sie sich schneller vermehren als in jeder anderen Geschichtszeit. Im Unterschied zum alten Atheismus, der zu allen Kulturzeiten als Minderheit bezeugt ist, nennen sich die modernen Atheisten einfach „Atheologen". Sie greifen primär nicht Gott an, sondern die theologischen Schriften. Ein frontaler Angriff auf die Religion, besonders auf die historische Wahrheit der Evangelien und die Rationalität der Theologie, steht im Programm der Atheologie.

In Frankreich erschien das Hauptwerk der Atheisten „*Traité d'athéologie*" im Jahre 2005, geschrieben von *Michel Aufray*. Auch in England haben die organisierten „Gottlosen" ihre Ideen in Büchern verbreitet und verlangen vom Staat, als „Gemeinde der Gottlosen" nach juristischer Anerkennung und steuerlicher Förderung. Zu den Aposteln der Areligion gehören vor allem *Richard Dawkins*, mit seinem Buch „*Der Gotteswahn*" und *Christopher Hitchen* mit dem Werk: „*Das Ende des Glaubens*".

Wenn sich die Menschen gegen die Autorität Gottes auflehnen, steht dahinter nach einer alten und bewährten Tradition, immer das gleiche Motiv: Sie wollen alle ihre Gottesgaben in den Dienst der eigenen Egozentrik stellen. Gott verlangt nämlich die ganze Hingabe: „*Deinen Willen zu tun, mein Gott, macht mir Freude, deine Weisung trage ich im Herzen*". (Ps 40, 9) Hosea droht den Gottlosen: „*Mein Gott wird sie verstoßen, weil sie nicht auf ihn hören; unstet müssen sie umherirren unter den Völkern.*"
(Os 9, 17)

Aus Jahrtausende alten Erfahrungen ist der Mensch ohne Gottesbewusstsein ein Sklave eigener Triebe und Neigungen. Er bewegt sich im Schlepptau seiner Abhängigkeiten, ist das Opfer seiner Gier nach Geld und Reichtum. Durch seine Bedürfnisse ist er zu Arbeit gezwungen, die ihm die so kostbare Zeit für das Angenehme halbiert und die erhoffte Lustmenge vom Tage verkürzt. In ihre unwürdige Lebensführung sind die modernen Lust- und Spaßsklaven durch das Fehlen echter kultureller und religiöser Lebensperspektiven gestürzt. Die eingeschränkte Einsicht der materialistischen Naturwissenschaft mauert die Menschen in einer Kindergartenphilosophie ein, wonach das Gehirn das unübertroffene Optimum menschlicher Natur darstellt und darüber hinaus gäbe es nichts als Unfug und Märchen. Der Mensch soll konsumieren und nichts darf ihn daran hindern.

Weil die Gottesexistenz das zentrale Thema für das Gebet darstellt, versuchen wir in die angeschnittene Problematik einzudringen.

b. Ist der Schöpfer tot?

Der Theismus lehrt, dass ein persönlicher Gott über der Welt und in der Welt waltet und das Schicksal von jedem einzelnen Menschen bestimmt. Er ist der Erlöser, der Gesetzgeber, Offenbarer und Schöpfer der Menschen. Der Atheismus ist eine Verneinung des Theismus und damit lehnt er eine religiöse Deutung der Welt und des menschlichen Lebens ab. In Erscheinung tritt er entweder als die Lehre von Unerkennbarkeit Gottes (Agnostizismus) oder als eine Welt- und Daseinsdeutung, die eine persönliche Gottheit nicht kennt und sie auch nicht annimmt.

Von Kampf gegen die Gottesleugner berichtet bereits das Alte Testament: „*Überheblich sagt der Frevler: Gott straft nicht. Es gibt keinen Gott. So ist sein ganzes Denken. Zu jeder Zeit glückt ihm sein Tun. Hoch droben und fern von sich wähnt er seine Gerichte. All seine Gegner faucht er an. Er sagt in seinem Herzen*: „*Ich werde niemals wanken. Von Geschlecht zu Geschlecht trifft mich kein Unglück. Sein Mund ist voll Fluch und Trug und Gewalttat; auf seiner Zunge sind Verderben und Unheil. Er lauert im Versteck, wie ein Löwe im Dickicht. Er lauert darauf, den Armen zu fangen, er fängt den Armen und zieht ihn in sein Netz.*“ (Ps 10, 4-9) Der Psalm entstand in einer religiös eindeutig definierten Volksordnung, in der es keinen Platz für atheistische Gedanken gab. Der Abfall von Gott hatte keine theoretischen, sondern rein praktische Gründe, wie Geldgier und Gesetzlosigkeit. In der modernen westlichen Welt gibt es dagegen keine homogene religiöse und philosophische Ausrichtung der geistigen Kultur mehr. Wenn wir die Frage nach dem Wegbleiben von Gott stellen, dann würde zwar die Antwort ähnlich wie im alten Judentum ausfallen – wir hätten mit einem moralisch verschuldeten Atheismus zu tun. Gleichzeitig jedoch auch mit einer zu kurzen Rationalität, die in der sichtbaren Welt bleiben will und nicht wagt, sie zu überschreiten. Gewiss ist auch diese Art von Vernünftigkeit, mit der die Welt gedeutet wird, schuldhaft, weil sie von Gedanken und Emotionen gesteuert wird, die sich der Wahrheitsfindung verschließen. Darum erklärt Paulus alle für unentschuldbar, die Gott aus seinen Werken mit Vernunft nicht erkannt haben: „*Seit Erschaffung der Welt wird seine sichtbare Wirklichkeit an den Werken der Schöpfung mit der Vernunft wahrgenommen, seine ewige Macht und Gottheit. Daher sind sie unentschuldbar. Denn sie haben Gott erkannt, ihn aber nicht als Gott geehrt und ihm nicht gedankt. Sie verfielen in ihrem Denken der Nichtigkeit und ihr unverständiges Herz wurde verfinstert.*“ (Rö 1 20-21)

Der Atheismus und Agnostizismus in der Gotteserkenntnis wurde als schuldhafter Atheismus erkannt und gekennzeichnet.

Jede individuelle Erkenntnis Gottes ist am engsten mit dem moralischen Niveau eines Menschen verknüpft. Die Verweigerung des Glaubens an Gott ist die Folge einer bereits eingetretenen sittlichen Ablösung von der Tiefe des eigenen Wesens, vom Gewissen und folglich von Gott.

Seit den antiken Zeiten gibt es ein Wissen über die Bedingungen, die das Erkennen Gottes erschweren. Nicht immer liegen sie in der Verwerflichkeit des eigenen Willens. Ich habe mit einem Juden diskutiert, der sich als Atheist verstand, weil er seine Familie und die meisten Verwandten in Auschwitz verloren hatte. Nach dem Holocaust kann er sich einen liebenden Gott nicht mehr vorstellen. Er ist Anwalt und zum Leben rationalistisch eingestellt. Im Kontrast zu dieser Persönlichkeit bin ich einer alten Polin begegnet, die vor dem Kriegsausbruch verheiratet war und drei kleine Kinder hatte. Nach der Besetzung Polens durch die deutschen Truppen wurde sie nach Auschwitz verschleppt. Ihre Kinder und ihr Mann starben in den Gaskammern. Sie überlebte, wie sie meinte, weil sie schwanger war. Entbunden hatte sie im Lager. Ihr Kind wurde von Ratten verletzt und verstarb. Nach der Befreiung des Lagers durch die Sowjets kam sie in ihr Dorf zurück. Von ihrem Anwesen gab es jedoch keine Spur mehr. Es wurde gesprengt und die Trümmer beseitigt. Im Gespräch mit mir hatte sie immer wieder ihren festen Glauben an Gott, an seine ausgleichende Gerechtigkeit und ihre Treue zu der katholischen Kirche betont. Der Glaube gab ihr Kraft weiterzuleben.

Wenn wir nach Motiven für den Glaubensabfall suchen, dann finden wir eigentlich immer die „Übel der Welt“, die „Bosheit der Menschen“, das „Schweigen Gottes“, das „Chaos“ im Universum. In der Zeit der Medien werden die Grausamkeiten der Geschichte mit Absicht überhöht und der Zustand des Universums als ein „chaotischer Haufen“ dargestellt. Von kosmischer Harmonie wollen die Astrophysiker keine Spur im Weltall finden, dafür aber schwarze Löcher, Zusammenstöße von Galaxien, Sonnen und Planeten, explodierende Sterne usw. Von einer Rationalität, die ordnet und verwaltet, gäbe es keine Spur. Die Erkenntnis der Güte Gottes in der Geschichte oder im Weltall ist genauso, wie im Leben einzelner Menschen nicht anzutreffen. Die Spuren Gottes würden überall fehlen und es gäbe nirgendwo sichtbare Spuren seiner Anwesenheit. Andere dagegen (z. B. *Kant*) bewundern die überall waltende Harmonie und die wunderbare Ordnung im Universum.

Bereits *Thomas von Aquin* sah in der geringen Begabung und der Trägheit des Geistes aber auch in der Stärke der Leidenschaften und in den materiellen Existenzsorgen die Ursachen für eine nötige Sammlung des Geistes, um die Existenz Gottes zu erforschen. Er schließt seine Bemerkung zu diesem Thema mit dem Satz: „*Wenn daher dem Menschengeschlecht nur der Weg der Vernunft zur Erkenntnis Gottes offen stünde, so wäre es in den tiefsten Finsternissen der Unwissenheit geblieben, da die Erkenntnis Gottes, die den Menschen am meisten vollendet und gut macht, nur einigen wenigen und diesen erst nach Ablauf einer langen Lebenszeit zuteil geworden wäre.*" (Contra Gent. I, 4)

Die Gründe für die Verweigerung der Gesamthingabe der Existenz an Gott, liegen in der modernen Zeit, sicherlich in einem monströsen Egoismus der Massen, für die die Eigeninteressen alles sind und der theoretische Rest, ein Müll. Die Spuren Gottes erlöschen im Druck der Leidenschaften, der tausend Bedürfnisse, im Dunst der Erotik. Die sittliche Verwilderung führt zu Verirrung des Denkens und zum Verstummen des Gewissens. Der Atheismus entspricht dem Maß des rein biologischen Menschen.

c) Die Agonie der theoretischen Gottesleugnung.
Einige Wissenschaftler halten die Existenz Gottes und das Überleben des Todes für ein pures Märchen. Sie äußern sich nicht als Privatmensch, sondern als Vertreter ihrer wissenschaftlichen Kompetenz. Erstaunlich dabei ist die Leichtigkeit mit der sie ihre Kompetenz überschreiten und Felder betreten, für die sie niemals ausgebildet waren. Schauen wir uns aber trotzdem die Ausführungen an.

Unser Denken, unsere Emotionen, die moralischen Pflichten, auch die Vorstellungen und Kontakte mit Gott wären nichts mehr als das Ergebnis von Gehirnprozessen und Hormonausschüttungen. Sobald das Hirn tot ist, gäbe es auch keine Spuren von Gott, der Seele oder der Religion. Der Glaube an etwas Höheres und Ewiges würde nur unsere volle Zuwendung an das einzig wirkliche Leben des Körpers stören und unseren Bedürfnissen unnötige Schranken setzen. Stellen wir uns nun einmal vor, wir hätten in unserem städtischen Konzertsaal einen berühmten Klaviervirtuosen eingeladen, einen Spezialisten für Chopin. Der Saal ist von begeisterten Musikliebhabern voll gefüllt und der Pianist erscheint auf der Bühne voller Elan und Lebensfreude. Er setzt sich ans Klavier, drückt elegant auf die Tasten, aber statt der erwarteten Musikkunst in vollendeter Form, kommen nur chaotische Töne heraus. Was ist hier passiert? Ganz einfach: Das Klavier ist verstimmt, es wurde nicht geprüft und das Konzert kann nicht stattfinden. Die Analogie zwischen Gehirn und Klavier und dem Virtuosen und Geist, sollte in leichter Form das Verhältnis ansprechen, das in jedem von uns besteht: Das

Gehirn ist nur das Werkzeug! Wenn das Werkzeug durch Krankheit und Verletzung beschädigt ist, kann der „Handwerker" es nicht benutzen. In unserer Analogie, heißt es nicht, dass die Musik das Klavier macht und dass die Zuschauer dem Klavier ihre Dankbarkeit aussprechen. Das Klavier setzt jedoch dem Virtuosen auch Grenzen für seine Leistung. Das heißt auch, wenn der Metzgergeselle Müller das individuelle Gehirn von Einstein hätte, könnte er die Relativitätstheorie neu entdecken. Aber sein Geist ist kein Mathematikgenie und kein Physiker. Auch mit dem Einsteingehirn würde er seine Würstchen machen.

Immer mehr Menschen lassen sich von den Wissenschaftlern verführen, legen ihre geistigen Überzeugungen ab und tun genau das, was die geistige Kultur früher verhindern wollte: sie kümmern sich kaum noch um die religiösen und ethischen Gebote, folgen einfach ihren Trieben und Lustgedanken, betrügen, rauben, verführen, morden und ziehen noch den Nächsten aus. Die Nächstenliebe ist durch Egoismus verdrängt, der religiöse und ethische Gehorsam durch Eigenwillen, der objektive Lebenssinn durch Geldraffen, die Disziplin durch lustgeladene Phantasien. Die Kürze des Lebens sollte durch intensive, lustgeladene Erlebnisse ausgeglichen werden. Manche der Abtrünnigen von der geistigen Kultur bekommen jedoch Zweifel an der Richtigkeit ihrer Treue zu den Hirnadepten. Angesichts weltweiter Zerstörung aller Werte, einer Zerstörung, die sich an der Umwelt, im Familienleben, am Arbeitsplatz, im nachbarschaftlichen Zusammenleben zeigt, an den gesundheitlichen Folgen widerspiegelt und letztendlich zum

Verlust der Existenz führt, zeigt den Schatten eines Lebens ohne die Einbettung in die Ordnungsstrukturen der überlieferten Werte.

Fragen wir uns doch mal, wie begründet ist die monströse Verführung zu der angeblichen „Freiheit“, die erst durch Existenzleugnung Gottes entstehen würde? Was bezwecken die Wissenschaftler damit? Hier müssen wir ein wenig in die Geschichte eintauchen. Das atheistische Denken ist in der Aufklärungszeit bei *Voltaire, Holbach* und *Lamettrie* ausgebrochen. In Deutschland fand der Atheismus bei *Vogt, Moleschott* und *Büchner* im 19. Jahrhundert seinen Höhepunkt. Atheistisch waren auch die Denksysteme von *Feuerbach* und *K. Marx*.

Folglich war der dialektische Materialismus atheistisch, jedoch unabhängig von dieser Verbindung, auch der Existenzialismus von *Sartre*.

Zur Zeit der Entstehung der neuen Physik ist der philosophische Atheismus verstummt. Die Gesetze der alten Physik, auf die sich die Atheisten gerne gestützt haben, sind aus der Physik verschwunden, weil sie zu dem neuen Bild der Materie als Energie nicht mehr passten. Auch die biochemische Forschung kann das rein materialistische Bild des Lebens nicht mehr stützen. Die Wissenschaftler haben ihre Grenzen erfahren: Es gibt etwas Übersinnliches, was die Materie in allen ihren mikro- und makrokosmischen Dimensionen steuert und formt. Das atheistische Weltbild ist jedoch im Bewusstsein der Naturwissenschaftler so tief verwurzelt, dass sie weiterhin, gläubig, absurde und irrationale Hypothesen aufstellen, um bei ihrem eingefleischten atheistischen Standpunkt zu bleiben. So, z. B. wird neulich behauptet, dass die subatomaren Teilchen der Materie und damit letzten Endes die Materie selbst, nicht nur im Nichts, sondern direkt aus dem Nichts geboren werden. Nicht Gott, sondern das Nichts wäre damit der Schöpfer des Universums. Diese absurde Hypothese erinnert an die alte christliche Lehre wonach Gott die gesamte Schöpfung aus dem Nichts des eigenen Wesens und aus dem Nichts vorhandener Stoffe („*es nihilo sui et subjecti*") erschaffen hat. Der Unterschied bei diesem Vergleich liegt in der Betonung der Allmacht Gottes, der aus seiner Kraft alles erschaffen hat. Die Wissenschaftler betonen dagegen, dass das Nichts aus sich heraus das Weltall erschafft. Wer da folgen will wohnt in „Absurdistan."

Wie ist also der moderne „wissenschaftliche" Atheismus begründet? Lässt die Begründung den kulturellen Schaden durch Vernichtung alter Werte aufwiegen? Die neue hier kurz geschilderte absurde Mystik hat mit rationaler Wissenschaft und mit der Vernunft überhaupt nichts mehr zu tun.

Kapitel IV: Gott zu dem wir beten.

a. *„Es lebt der Herr!"*

Nach den Schriften des Alten Testaments ist die Lebendigkeit Gottes mit seinem Wesen identisch: Er ist das Leben und das Sein! Alles was im Universum lebt, bekommt das Leben von Gott. Sein eigenes Leben verdankt Gott niemandem – er ist ja das Sein schlechthin. Darum gibt es niemals eine Zeit, wo Gott nicht existiert hätte und auch in der Zukunft wird er nie aufhören zu sein. Er selbst hat Mose seinen Namen gegeben (Jahwe), der das Sein bedeutet: „*Ich bin der Seiende.*" Das Sein strahlt aus seinem Wesen. Er wird darum als der Ewige genannt, der Ungeborene, der Unveränderliche, immer der Gleiche. Alles Leben im Universum geht auf Gott zurück, auch wenn die unehrlichen Naturwissenschaftler heute gerne behaupten, das Leben würde aus der Materie entstehen. Für diese Behauptung hat keiner von ihnen einen Beweis erbracht. Den Biochemikern ist es nicht mal gelungen, das Leben der Viruspopulationen aus der Materie heraus zu erklären.

Die Bibel sieht ein besonderes Verhältnis zwischen Gott und seinen Geschöpfen. Hinsichtlich des Menschen gibt Gott ihm nicht nur das Leben, er schenkt ihm sogar seine Liebe und übernimmt die Mitverantwortung für sein Schicksal. Das den Geschöpfen vermittelte Leben umfasst alle Formen des Lebens – vom Leben des Körpers, über das Leben der Seele, des Geistes, sogar die Beteiligung am Leben der Dreifaltigkeit ist dem Menschen in Aussicht gestellt. Für kein Geschöpf, nicht mal für die höchsten Fürsten der Engelscharen, oder bei mystisch erleuchteten Heiligen, ist die Existenzform Gottes einholbar. Gott alleine bleibt für immer das Leben, die Existenz, das Sein. Alle Geschöpfe sind nur zur Teilnahme berufen. Als das Sein schlechthin ist Gott allmächtig und wahrhaftig. Sein substanzielles Leben ist die Quelle der Lichthaftigkeit in jeder lebendigen Zelle in jedem Teilchen der Materie und in allen Galaxien. Er ist der Vater jeder verborgenen Energie und Kraft. Besonders die Psalmen verkünden die Lebendigkeit und Lichthaftigkeit Gottes: der Psalm 36 z. B. sagt: „*Denn bei Dir ist die Quelle des Lebens, in deinem Licht schauen wir das Licht* ." (Ps 36, 10) Im Psalm 18,47 hören wir den Freudenschrei: „*Es lebt der Herr! Mein Fels sei gepriesen*." Ähnlich im Psalm 84,3: „*Mein Herz und mein Leib jauchzen ihm zu, ihm dem lebendigen Gott*." Auch der 42,3 ist mit Freude über den lebendigen Gott aufgeladen: „*Meine Seele durstet nach Gott, nach dem lebendigen Gott.*" Gott wird hier nicht als abstrakte Idee gedacht, nicht mit rationalem Verstand gesucht. Das betende Herz hat ihn gefunden und umarmt.

Der lebendige Gott, wie ihn die Bibel darstellt ist ein ichbewusstes, eigenständiges, personales Wesen, das vollkommen sich selbst besitzt und nichts auf der Erde und im Universum seinem Wissen entgehen kann. Die Gegenwart, Zukunft und Vergangenheit sind Ihm immer aktuell präsent. Weil es die Zukunft in seinem Bewusstsein nicht gibt, ist das gesamte Geschehen in der Geschichte des Universums und der Menschheit, ihm ständig gegenwärtig. Er wird als allwissende und allmächtige, sich selbst bewusste Person dargestellt. Alle Eigenschaften einer sittlichen Person sind an Gott greifbar:

Liebe, Freiheit, Gerechtigkeit und Treue. Psychische Bedürfnisse werden dagegen verneint. Im Vergleich zu den Eigenschaften einer menschlichen Person, wird aus dem Wesen Gottes jede Schwäche oder Unzulänglichkeit ausgeschlossen. Vor allem die Sünde, fehlerhafte Erkenntnis oder die Untreue gegenüber den eigenen Gesetzen ist in der Bibel ausgeschlossen. Gott ist heilig, absolut vollkommen, mit keinem sittlichen Menschen vergleichbar.

b. Die Ewigkeit Gottes.

Bevor wir im Gebet vor Gott erscheinen, sollten wir uns seiner Ewigkeit bewusst werden.

Ewigkeit bezeichnet eine Wirklichkeit jenseits des Zeitflusses. Sie ist zur Zeit absolut konträr. Gott ist dem Raum und der Zeit vollkommen enthoben. Ein Vorher und Nachher und damit einen sukzessiven Existenzfluss gibt es in Gott nicht. Den Versuch einer Definition von Ewigkeit stellte *Boetius*: *„Ewigkeit ist der Besitz des unbegrenzten, vollkommenen Lebens in seiner Ganzheit.*“

Ewigkeit ist das Leben in Reinkultur, ohne Aufspaltung auf kommende und vorgehende Phasen, ohne Zersplitterung auf Zukunft und Vergangenheit. Ewigkeit ist die grenzenlose, ohne Anfang und ohne Ende, ständig sich gleichbleibende Dauer. Sie setzt ein Wissen voraus, das seine Energie nicht von außen schöpft und auch niemals von außen verlieren kann. Sie ist die ruhende Dauer jenseits aller Vergänglichkeit. Die unveränderliche Dauer charakterisiert nichts in der Schöpfung, in der alles dem Zeitfluss unterworfen ist und sich selbst zersetzt. Gott, zu dessen Wesen die ewige Lebensdauer gehört, steht jenseits jeder Zerbrechlichkeit, jeder Veränderbarkeit. Ihn charakterisiert ein ständig identisches Wissen, das nicht zu- oder abnehmen kann, unveränderte Machtfülle und dauerhafte Frische. Er kann nicht altern oder ermüden, an Weisheit und Wissen zu- oder abnehmen. Er kann seine Beschlüsse nicht ändern oder in irgendeinem Detail anders werden. Das Wesen mit dauerhafter Existenzweise ist ewig, beständig, weil es sich auf immer selbst besitzt. Die Zeitüberlegenheit, die Unabhängigkeit vom zu- und abnehmendem Wissen, sowie von der Veränderbarkeit aller Welthorizonte in der Weltzeit, bildet die Grundlage für das Vertrauen zu seinen Beschlüssen. Sie sind – wie sein Wesen selbst – auf ewig unveränderlich und damit absolut verlässlich.

Das Nachdenken über die Ewigkeit Gottes weckt die Sehnsucht nach der Überwindung der Zeit und weil auch die Ewigkeit der Zeiterfahrung entgegengesetzt ist, führt sie spontan zu einer Distanzierung von der ständigen Vergänglichkeit der Welt. Damit verliert die Welt ihren angeblichen Absolutheitscharakter. Für den Nachdenklichen wird somit immer klarer, dass die Ewigkeit alleine dem Schöpfer zusteht und niemals dem Kosmos.

In der Anfangs- und Endlosigkeit des Lebens Gottes, zeigt sich – im Vergleich mit der Vergänglichkeit der Natur und der kosmischen Welten, seine unbegrenzte Lebensfülle. Die endlose Lebensdauer nach vorwärts und rückwärts unbeeinflusst von der Auflösung der Universen hat Ihm den Namen verliehen „*der Erste und der Letzte*“ (Is 43, 10-13). Die Bezeichnung des göttlichen Lebens als das Erste vor jedem Anfang und das unberührt Bleibende nach jedem Ende, macht den Unterschied zwischen dem der ist und dem was entstanden ist, deutlich. Das Entstandene versinkt im Nichts des eigenen Stoffes.

Im Begriffsinhalt der Ewigkeit ist nicht nur der Aspekt der Unberührtheit von der Zeit enthalten. Die Zeit kann Gott nicht angreifen und mit sich ins Nichts herunterreißen, weil sein Leben unangreifbar ist. Die Dynamik seines Seins zeichnet sich durch unversiegbare Lebenskraft, die immer in der Fülle ist und keiner Regeneration bedarf – wie *Isaia* sagt: *„Ewiger Gott wird nicht müde noch matt.*“ Jedes irdische und kosmische Zeitmaß ist für Gott belanglos. Die Ewigkeit Gottes ist mehr als eine Aussage über die Dauer seiner Existenz. Sie verweist auf eine Existenzweise, die alles Sein in sich birgt und auch das Nichts mit seinen Kräften durchdringt. Weil es in Gott keine realen Unterschiede zwischen seinem Wesen und seinen Eigenschaften gibt, sind auch seine Eigenschaften ewig, wie seine Gerechtigkeit, Güte, Liebe und Weisheit.

c. Liebe und Gerechtigkeit Gottes.

„Lobe den Herren, meine Seele und vergiss nicht was er dir Gutes getan hat: der dir all deine Schuld vergibt und all deine Gebrechen heilt, der dein Leben vor dem Untergang rettet und dich mit Huld und Erbarmen krönt, der dich dein Leben lang mit seinen Gaben sättigt; wie dem Adler wird dir die Jugend erneuert. Der Herr vollbringt Taten des Heils. Recht verschafft er allen Bedrängten ... Der Herr ist barmherzig und gnädig, langmütig und reich an Güte, er wird nicht immer zürnen

nicht ewig im Groll verharren. Er handelt an uns nicht nach unseren Sünden und vergilt uns nicht nach unserer Schuld." (Ps 103, 2-11) Apostel Johannes (1 Joh. 4, 8) hat ein revolutionäres Verständnis Gottes ins Bewusstsein der Menschen gebracht: „*Gott ist die Liebe*!" Der Weg zum Himmel ist frei durch Liebe zu Gott und den Menschen. In der Liebe sind alle Gebote Gottes, die Tugenden und die Sittlichkeit aufgehoben. Augustinus hatte dieses Verständnis der Liebe deutlich gemacht, in dem er einer suchenden Frau sagte: „*Liebe und mach was du willst*!"

Wer liebt ist immer auf dem Weg zu Gott und von Gott wird er auch immer erhört. Nach Paulus ist Liebe größer als der Glaube. Der Glaube ist das Mittel, Liebe dagegen das Ziel. Die Liebe umfasst viele psychische und geistige Prozesse, die spontan entstehen, sobald die Liebe sich des Herzens bemächtigt. Sie äußert sich in der Aufrichtigkeit, in der Gelassenheit und Selbstlosigkeit, in Demut und Anstand, in Geduld und Großzügigkeit. Wer liebt wandelt mit Gott, lebt in Freiheit und Glück. Er ist psychisch gesund, kennt keine Psychosen und keine Neurosen, keine Zwänge, Ängste und Depressionen. Auf ihn braucht keine Videokamera aufzupassen, er verletzt keine Gesetze und keine Vorschriften. Bei ihm zerbricht die Ehe nicht und er äußert sich niemals über das Leben verbittert. Er lebt nicht auf Kosten anderer, wird niemals lieblos und zornig, kennt keine Selbstgerechtigkeit, keine Verdrießlichkeit, keinen Ärger oder Überheblichkeit. Die Liebe hat sein ganzes Gefühlsleben harmonisiert. Dagegen in der lieblosen Seele wohnt Selbstgerechtigkeit, Verbissenheit, Stolz, Neid, Gier,

Habsucht, Rachsucht, Grausamkeit, Depression und ein krankhaftes Gemüt. Würde ein liebender Mensch Kriege führen, Lust am Morden empfinden, seinen Nächsten bestehlen, durch Süchte seine Familie ins Unglück stürzen, mit einer Gewitterwolke über seiner Stirn sein Heim betreten? Und wie kann ein ungeläuterter Mensch den Weg in den Himmel finden? Wie kann er beten ohne Liebe? Alleine auf die Welt der ungeläuterten Gefühle darf sich niemand verlassen. Sie entstanden auf der Erde und auch nach dem Tode ziehen sie die Seele in die Erdnähe. Sie verfälschen unsere Gedanken und „verbösen" unsere Persönlichkeit. Wer beten will, steht vor der Pflicht seine Gefühlsnatur durch Liebe zu Gott umzuwandeln. Im Gebet bekommt er dann jede Hilfe von Gott. Wenn wir bedenken, was hier eigentlich im Spiel steht und welcher Fluch allen Menschen droht, die sich innerlich nicht umwandeln wollen, sollen wir uns an die Worte von Jesus erinnern: *„Wer einen von diesen Kleinen, die an mich glauben, zum Bösen verführt, für den wäre es besser, wenn er mit einem Mühlstein um den Hals im tiefen Meer versenkt würde."* (Mat. 18, 6) In dieser Aussage gibt es die Klarheit über die Einheit der Liebe mit Gerechtigkeit. Für alle unsere Taten, die Böses anrichten und die ungesühnt bleiben, erwartet uns nicht die Verzeihung, sondern das Gericht! Liebe ist der Schutz vor der Verdammnis Gottes. Sie bedeutet die vollzogene Veredelung unserer Natur. Wer in die Liebe Gottes und damit in sein Wesen eingehen will, muss selbst Liebe werden. Einen Himmel für die Sünder gibt es nicht. An dieser Lehre wird sich nichts ändern. Liebe ohne Gerechtigkeit wäre keine Liebe. Vergeben kann nur eine Tat werden, die entsühnt wurde. Wer jedoch liebt, wird nicht den Vollstrecker der Gerechtigkeit spielen, nicht die Fehler anderer in die Öffentlichkeit bringen und nicht aus den Sünden seiner Nächsten Kapital schlagen. Liebe belehrt freundlich und diskret und ist auch niemals verleumderisch. Sie sieht auch eine ihrer vielen Pflichten in der Aufklärung darüber, dass diese Welt nicht unsere Heimat ist. Sie warnt davor, die Welt als Wunderland zu betrachten oder als Spielkasino zu nutzen. Wir sind hier um Liebe zu erlernen. Wir brauchen sie für unsere Umwandlung, um gereinigt in die Heimat zurückzukehren.

Liebe ist keine natürliche Gefühlsaufwallung. Im Unterschied zu den kurzfristigen Gefühlsexplosionen ist Liebe eine dauerhafte Hochstimmung des ganzen Wesens, auch der Körperzellen. Wer die Gnade erworben hat, die Liebe immer höher schwingen zu lassen, wandelt auch seine Körperlichkeit um.

Liebe, die von allen Dingen, die einzige den Ewigkeitscharakter hat, die Kraft ihrer Einheit mit Gott jeden verewigt, der sie besitzt, ist das höchste Gut, das einem Menschen zuteil werden kann.

Das Gebet zu Gott um Liebe wird immer erhört, wenn dahinter keine unreinen Motive stehen. Sie wächst durch reines Gebet und je mehr wir lieben, desto weniger brauchen wir. Sobald Gott Liebe gibt, bekommen wir auch alles andere, was wir brauchen. Liebe erzeugt Liebe, sie vermehrt sich ständig. Die Gebete haben dann einen einzigen Inhalt: Es sind Dankgebete.

Wie bereits erwähnt, äußert sich Liebe zum Nächsten niemals als Nachgiebigkeit, Weichheit oder Schwachheit.

Wer so denkt, hat das Wesen der Liebe, die in Gott eins ist mit Gerechtigkeit, nicht verstanden. In der Schilderung des Verhaltens Jesu, wird sein Ernst, seine Herbheit und Strenge in den Evangelien betont. Er hatte sich stets nach dem geistigen Nutzen für andere gerichtet. Die Pharisäer, die oft seine Feinde waren, Feinde, die man lieben sollte, hat er mit sehr strengen Worten gezüchtigt und ihren bösen Willen herausgestellt. Zur Liebe gehört Zucht und Strenge.

Unter dem süßen Mantel der Liebe verbirgt sich meistens Selbstsucht, Eitelkeit und Einbildung. Die Droh- und Wehreden von Jesus, die strengen und oft von Schimpfausdrücken durchzogenen Streitgespräche, seine kompromisslos durchgeführte Tempelplatzreinigung, sein drängender Eifer und sein Verlangen nach radikalem Verzicht auf Selbstbehauptung in der Welt, sowie die Preisgabe der Persönlichkeit an den Willen Gottes, lassen den goldenen Faden der kompromisslosen Gerechtigkeit in der Liebe deutlich erkennen.

In den Psalmen sehen wird die Beziehung zwischen Liebe und Gerechtigkeit Gottes mit klaren Worten dargestellt. Hier ein paar Beispiele:

„*Gerechter Gott, der du auf Herz und Nieren prüfst*“
(Ps. 7, 10)

„*Der Herr prüft Gerechte und Frevler.*“ (Ps. 11, 5)

„*Den Geplagten rettet Gott durch seine*
Plage und öffnet durch
Bedrängnis sein Ohr... Hüte dich,
und wende dich nicht zum Bösen!
Denn darum wirst du durch Leid geprüft.“ (Ps. 36, 15)

„*Herr ich weiß, dass deine Entscheide gerecht sind; du hast mich gebeugt, weil du treu für mich sorgst.*“ (Ps. 119, 75)

In den Schicksalsschlägen, Krankheiten und Unglücksfällen sahen die Israeliten nicht den Hass sondern den erzieherischen Willen des fürsorglichen Gottes. Seine Liebe zu den Menschen war innigst mit Gerechtigkeit und strenger Erziehung verbunden: „*Sollte der nicht strafen, der die Völker erzieht, er, der die Menschen Erkenntnis lehrt?... Wohl dem Mann, den du, Herr erziehst, den du mit deiner Weisung belehrst.*“
(Ps. 94, 10-12)

Für die Liebe Gottes zu Menschen gibt es im Alten und Neuen Testament überwältigende Beweise. Hier eine kleine Auswahl: Die heilvolle Nähe Gottes ist in den Psalmen dokumentiert –

„*Nahe ist der Herr den zerbrochenen Herzen,*
er hilft denen auf,
die zerknirscht sind.“ (Ps. 34)
„*Doch du bist nahe, Herr, und alle deine*
Gebote sind Wahrheit.“ (Ps. 119, 151)
„*Der Herr ist allen, die ihn anrufen,*
nahe, allen die zu ihm aufrichtig rufen.“ (Ps. 145, 18)

Auch das Buch Exodus (34, 6) bezeugt die Liebe Gottes zu den Menschen: „ *Jahwe ist ein barmherziger und gnädiger Gott, langmütig, reich an Huld und Treue: Er bewahrt Tausenden Huld, nimmt Schuld, Frevel und Sünde weg.*“ (Exodus 34, 6)

Im Neuen Testament tritt Johannes, besonders in seinem ersten Brief, als Zeuge der Liebe Gottes zu den Menschen auf: „*Seht wie groß die Liebe ist, die der Vater uns geschenkt hat. Wir heißen Kinder Gottes und wir sind es. Die Welt erkennt uns nicht, weil sie ihn nicht*

erkannt hat.“ (1 Jo. 3, 1); „*Wer nicht liebt, hat Gott nicht erkannt; denn Gott ist die Liebe.*“ (1 Jo. 4, 8)
„*Wir haben die Liebe, die Gott zu uns hat, erkannt und gläubig angenommen. Gott ist die Liebe und wer in der Liebe bleibt, bleibt in Gott und Gott bleibt in ihm.*“
(1 Jo. 4, 16)
„*Liebe Brüder wir wollen einander lieben, denn die Liebe ist aus Gott und erkennt Gott. Wer nicht liebt, hat Gott nicht erkannt, denn Gott ist die Liebe.*“ (1 Jo. 4, 7-8)

Ich habe mehrmals darauf hingewiesen, dass Gott der Liebe nicht überirdisch zu finden ist, nicht im Himmel der Galaxien wohnt. Er ist nicht innerweltlich und nicht innerkosmisch. Jesus spricht von inwendigem Gott, der im Herzen der Menschen wohnt. Wer zu seinem nach außen gerichteten mentalen und emotionalen Drängen Abstand nimmt, findet Gott in seiner Brustmitte. Er spricht zu uns mit leiser Stimme und beantwortet jede Frage. Das Innerste Zentrum in uns soll darum vor täglich anfallendem Gedankenmüll geschützt werden. Das Hören von Gottes Worten im Inneren und das Gespräch mit Gott selbst gehört zu den Urphänomenen der lebendigen Verbindung mit Gott.

So lange wie die Wissenschaft auf Verarbeitung von Experimenten basiert, wird sie Gott nicht finden. Er ist bereits vor unseren Gedanken in uns und als stiller Zeuge begleitet er uns seit frühester Kindheit. Was wir von Gott sicher wissen, verdanken wir alleine der Offenbarung.

Kapitel V: Gott stellt sich als Vater vor.

Auf dem Sinai erschien Jahwe Mose und sagte:
„Jahwe ist ein barmherziger und gnädiger Gott, langmütig, reich an Huld, nimmt Schuld, Frevel und Sünde weg.“ (Ex. 34, 6)
Im Deuteronomium schimpft bereits Mose auf sein Volk:
„Ein falsches, verdrehtes Geschlecht fiel von ihm ab, verkrüppelte, die nicht mehr seine Söhne sind. Ist das euer Dank an den Herren, du dummes verblendetes Volk? Ist er nicht dein Vater, dein Schöpfer? Hat er dich nicht geformt und hingestellt?“ (32, 5-6)

Jahwe als Vater von Israel ist seinem Sohn, Israel, immer treu, barmherzig und langmütig. Nicht aber sein Sohn. Der Prophet *Malachi* beklagt vor Gott die Gleichgültigkeit seines Volkes: *„Ich liebe euch, spricht der Herr. Doch ihr sagt: worin zeigt sich deine Liebe? ... Der Sohn ehrt seinen Vater und der Knecht seinen Herren. Wenn ich der Vater bin – wo bleibt dann die Ehrerbietung? Wenn ich der Herr bin – wo bleibt dann die Furcht vor mir?“* (Mal. 1, 2, 6)

Die Kinder Jahwes wollen alles von ihrem göttlichen Vater, selbst jedoch geben sie nichts zurück:
„Haben wir nicht alle denselben Vater? Hat nicht der eine Gott uns alle erschaffen? Warum handeln wir dann treulos, einer gegen den anderen und entweihen den Bund unserer Väter?“ (Mal. 2, 10)

An unzähligen Stellen des Alten Testaments wird die Schlechtigkeit der Israeliten zu ihrem göttlichen Vater beklagt. Schließlich sagt Jahwe: *„bei denen, die mir Feind sind, verfolge ich die Schuld der Väter an den*

Söhnen, an der dritten und vierten Generation." (Ex.20,5)

Auch durch den Mund von *Jesaja* verkündet Jahwe: „*Wie es die Taten verdienen, so übt er Vergeltung: er zürnt seinen Gegnern und vergilt seinen Feinden: bis hin zu den Inseln übt er Vergeltung.*" (Js. 59, 10 – 20)

Weil die Warnungen der Propheten das versteinerte Herz der Israeliten nicht erweichen konnten und das Volk in Selbstsucht verfiel, kamen die angekündigten Strafen mit Verschleppung und Versklavung des Volkes und die Besatzung ihres Landes. Die Israeliten haben die Ursachen für ihr Unglück nicht verstanden. Sie haben die Beziehung zwischen dem Zorn des Herren und ihrem eigenen Verhalten nicht gesehen. Sie wollten keinen Propheten mehr sehen oder hören. Über die Weisheitsbücher werden sie jedoch weiter belehrt und auf den Weg der Versöhnung mit Vater Gott gebracht.

In diesem Geist wendet sich *ben Sirach* an sein Volk:
„*Hänge am Herren und weiche nicht ab,*
damit du am Ende
erhört wirst.
Nimm alles an, was über dich kommen mag,
halt aus in vielfacher Bedrängnis!
Denn im Feuer wird das Gold geprüft und jeder der Gott gefällt, im Schmelzofen der Bedrängnis.
Vertraue auf Gott, er wird dir helfen,
hoffe auf ihn, er wird deine Wege ebnen." (Sir, 2, 3-6)

Jahwe besitzt alle Eigenschaften eines irdischen Vaters in idealer und höchster Vollkommenheit. Seine Liebe zu den irdischen Kindern ist jedoch nicht blind! Er will sie erziehen und ihnen die Konsequenzen ihrer Handlung zeigen. Diese Idee ist in mehreren Psalmen ausgedrückt. Hier ein Beispiel:

„*Lehre mich Erkenntnis und rechtes Urteil!*
Ich vertraue auf deine Gebote. Ehe ich gedemütigt wurde ging mein Weg in die Irre; nun aber halte ich mich an deine Verheißung... Dass ich gedemütigt wurde, war für mich gut, denn So lernte ich deine Gesetze.“
(Ps. 119, 66; 71)

Wie wir es noch bei der Schilderung der göttlichen Liebe betonen werden, sind besonders die modernen Menschen überzeugt, dass Gott sie bedingungslos lieben soll. Liebe als Beziehung setzt jedoch die emotionale Wärme auf beiden Seiten voraus. Menschen, die andere töten, Kinder schänden, Kriege anzetteln um mehr Geld zu gewinnen, lieben Gott nicht und schließlich lieben sie auch die Menschen nicht. (1 Joch 9, 8) Wie können sie von Gott geliebt werden?

Die moderne Atheologie lehnt die Gottesidee ab. Sie wäre asozial, hätte mit Liebe nichts zu tun und stünde im eklatanten Widerspruch mit den naturwissenschaftlichen Erkenntnissen, mit der Evolutionslehre, mit der Lebensfeindlichkeit des Universums, mit der Grausamkeit der Geschichte. Kritisiert wird die alttestamentliche Verbindung Jahwes mit der Rolle des Vaters. Man erinnert an den hebräischen Vater, der seine Kinder als Sklaven legal verkaufen und von der Mutter seiner Kinder sich problemlos scheiden durfte. Auch die Tötung eigener Kinder war gesetzlich toleriert. Sogar Kindesopfer waren am Anfang des Judentums gebräuchlich.

Der irdische reale Vater wäre somit kein Symbol für die Liebe Gottes zu den Menschen. Die Atheologen finden es auch abscheulich, dass der Christengott seinen Sohn Jesus für die Erlösung der Menschen kreuzigen ließ, obwohl er als Gott humane Möglichkeiten zur Verfügung hätte. Den modernen Anlass für die Ablehnung der Idee eines Gottvaters finden die Atheologen im Holocaust. Wie kann dieses Verbrechen von einem Gott zugelassen werden, der sich in der Bibel als liebender und barmherziger Vater offenbart hat? Die schrecklichen Weltkriege, die Konzentrationslager, die sowjetischen Gulags – wie verträgt sich das mit einem allmächtigen, liebenden Vater? Und in der aktuellen Geschichtsstunde deutet nichts darauf hin, dass die Zeit an einem positiven Wendepunkt angekommen wäre. Weitere kontra Argumente gegen einen liebenden Schöpfergott kommen von den Evolutionslehrern. Alle Evolutionszüge wären von Unbarmherzigkeit, gegenseitiger Feindschaft und Tötungsdrang begleitet. Fast alle Geschöpfe betreten in verschwenderischer Zahl die Lebensbühne, damit sie einander verschlingen. Sie vermehren sich gewaltig, damit mindestens einige von ihnen im Lebenskampf bestehen. Das individuelle Sein hätte in der Natur überhaupt keine Chance. Auch in der kosmischen Ordnung gäbe es keinen Platz für väterliche Emotionen. Das Universum wäre tödlich für menschliches Leben und ist auch für menschliche Träume absolut tödlich. Es ist nicht auf Liebe erbaut. Die Antwort an die Atheologen hat eigentlich bereits Paulus formuliert: *„Wer bist du denn, dass du als Mensch mit Gott rechten willst? Sagt etwa das Werk zu dem, der es geschaffen hat: warum hast du mich so gemacht? Ist nicht vielmehr der Töpfer Herr über den Ton? Kann er* *nicht aus der selben Masse ein Gefäß herstellen für Reines, ein anderes für Unreines?*" (Röm. 9, 20, 24)

Im Exodus (20, 4) wird an alle Menschen eine Warnung gerichtet: „*Du sollst dir kein Gottesbild machen und keine Darstellung von irgend etwas am Himmel droben*". Warum wohl? Weil die Größe Gottes das Bildvermögen eines Menschen unendlich übersteigt! Weil er überweltlich ist, kann er durch unsere Sinne innerweltlich nicht vermittelt werden. Er ist auch nicht in der Lebenssphäre des Geistes zu finden, weil auch diese Sphäre zu seinen Schöpfungen gehört, darum gibt es keinen Begriff, der sein Wesen umschreiben kann.

Moses hat sich Gott als Jahwe offenbart. Übersetzt bedeutet das Wort: „*Ich bin der ich bin*", oder zu meinem Wesen gehört das Sein. Weiter: Ich bin immer aktuell in allem was war, ist und wird. Meine Dauer kennt kein Vergehen oder Entstehen, sie steht über dem Zeitfluss. Ich bin der Gleiche am Anfang und am Ende der Zeiten. Vor jedem Anfang war ich schon da und nach jedem Ende, bin ich unverändert als der Gleiche da. Selber habe ich keinen Anfang und kenne kein Ende. Zeitlos, anfangslos, endlos stehe ich über jedem Mass. Alles was war, ist und wird, ist in meiner Gegenwart aufgehoben. Ich erhalte die Universen aus eigener Kraft und nach meinen Gesetzen. Es gibt keinen Ort in allen Welten, an dem ich nicht gleichzeitig wäre. Alles Existierende in den materiellen und geistigen Welten ist in mir, aber in meinem Wesen bin ich unendlich weit von jeder Schöpfung gesammelt.

Wichtig zu erfahren ist dabei die Tatsache, dass Gott der ewig Seiende ist und kein Wunscherfüller und

Lückenbüßer. Jedes Bild von Gott ist falsch! Gott als Vater zu verstehen bedeutet nicht, dass man sich eine übermenschliche Vaterfigur vorstellt, die von allen Zerbrechlichkeiten gereinigt wäre.

Die Atheisten machen sich ein Bild von Gott, damit sie etwas Konkretes in der Hand haben. Ohne das konstruktive Bild würde ihnen das Material fehlen an dem sie ihre saure Rationalität ausleben könnten. Zur Erkenntnis und zu einer Begründung ihrer Aussagen reicht sie jedoch nicht aus. Wenn z. B. Gott in seiner höchsten Souveränität vernehmen lässt: *„Bei denen, die mir Feind sind, verfolge ich die Schuld der Väter an den Söhnen, an der dritten und vierten Generation.*“ (Ex. 20,5) – kann ein Atheist Gott den Vorwurf machen, dass er den Unschuldigen bestraft? Setzt nicht Gott allein die Grenzen der Moral? Mit Sicherheit setzen seine Beschlüsse und Zulassungen das menschliche Begreifen außer Kraft.

Die Schriften des Neuen Testaments unterscheiden die göttliche Vaterschaft. Sie beziehen sich auf Jesus Christus, der vor der Erschaffung der Welt als zweite Person in der Natur Gottes existierte. Im ältesten Glaubensbekenntnis wird in der Formel „ich glaube an Gott, den allmächtigen Vater“ die Wahrheit vertreten, dass Gott, durch seine unbegrenzte Allmacht alles Seiende beherrscht. Eine Beziehung zur Vaterschaft Christi findet hier noch keine Betonung. Gott wäre Vater, weil die gesamte Schöpfung auf ihn zurückgeht. Die Theologie von Gott als Vater wurde erst im zweiten Jahrhundert erarbeitet. Gott hätte im tiefsten Wesen seiner göttlichen Natur die eigene Idee betrachtet und aus ihr heraus den eingeborenen Sohn gezeugt, um durch ihn die gesamte Welt zu erschaffen. Vater ist er durch die Zeugung des Sohnes – seines Wortes (Logos) über den das gesamte Universum entstanden ist. In unmittelbarer Bedeutung wäre also Gott, durch die Zeugung von Christus Vater geworden. Erst mittelbar, durch seinen Sohn Christus, ist er auch Vater der Menschen. Im weiteren Sinne ist Gott auf Grund seiner Liebe, in der er sich den Menschen in seinem Sohn offenbart, Vater der Menschen.

Die unmittelbare Sohnschaft Gottes in Christus, wird sich erst durch die Schau Gottes verwirklichen. Zu Gott wird also der Mensch endgültig durch Christus eingehen. Dann wird auch Gott ganz unser Vater sein. An dieser Stelle können wir mit Paulus entrückt ausrufen: „*O, Tiefe des Reichtums, der Weisheit und der Erkenntnis Gottes! Wie unergründlich sind seine Entscheidungen, wie unerforschlich seine Wege! Denn wer hat die Gedanken des Herren erkannt? Oder wer ist sein Ratgeber gewesen? Wer hat ihm etwas gegeben, so dass Gott ihm etwas zurückgeben müsste? Denn an ihn und durch ihn und auf ihn hin ist die ganze Schöpfung. Ihm sei Ehre in Ewigkeit.*“ (Röm. 11, 33 – 35)

Kapitel VI: Mustergebet – „*Vater unser*!"

Der Grundidee des Betens, seiner ausgereiften Architektur, begegnen wir im „*Gebet des Herren*". Im *Vaterunser* werden in vollkommener Klarheit das Wie und das Was und das Worum des Betens herausgestellt. Im Vordergrund steht die bindende Reihenfolge der Gedanken, die vom Beter berücksichtigt werden muss. Das Vaterunser hat die beste Eignung sowohl zum Beten wie auch zum Meditieren. Es ist der Schlüssel, der die Pforte zum Himmel öffnet. Die notwendige Inbrunst, die in jedem Gebet notwendig ist, wird als Folge des richtigen Verstehens im Geiste aufgehen.

„***Vater unser, der du bist im Himmel***."

In diesem Satz unterstellt sich der Beter den Vaterrechten Gottes. Diese Entscheidung sollte jeder betenden Person zum Bewusstsein kommen. Das Anreden Gottes als Vater setzt das Wissen des Betenden voraus, dass Gott in seinem Allwissen Bescheid über das Privatleben, die Gefühle und Gedanken des Beters weiß. Nichts bleibt ihm verhüllt und nichts unsicher. Wenn Gott sieht, die Erfüllung würde sich auf sein Kind schädlich auswirken, schlägt er die vorgebrachte Bitte in seiner väterlichen Verantwortung ab. Das tut auch jeder verantwortungsbewusste irdische Vater, seinen Kindern gegenüber. Die Ergebenheit des Kindes ist die erste Ehrung, die wir im Vaterunser Gott vorbringen.

„***Geheiligt werde dein Name***."

Der Betende versichert Gott, dass er von der Heiligkeit seines Namens Bescheid weiß, sie würdigt und durch die Wichtigkeit seines Anliegens, sich nicht an die Heiligen oder Engel wendet. Er wagt vor dem höchsten Wesen im Universum direkt zu erscheinen. Dieses Bewusstsein soll das Gemüt des Betenden völlig durchdringen. Mit der Heiligkeit Gottes werden wir uns im Kapitel über Gott befassen.

„***Dein Reich komme***."

Der Betende erklärt seinen Willen, daran zu arbeiten, dass auf Erden die gleichen Verhältnisse entstehen, wie sie im Himmelreich Gottes herrschen. Die Seelen im Reiche Gottes sind schuldlos gereinigt und ihr Wille ist mit dem Willen Gottes eins geworden. Darum ist das Reich Gottes, im Unterschied zur Welt, vollkommen. Diese Vollkommenheit, die durch Einswerdung des menschlichen Willens mit dem Willen Gottes entsteht, will der Beter erreichen.

„***Dein Wille geschehe, wie im Himmel so auf Erden***."

Wenn wir zu jemand sagen „dein Wille geschehe", dann äußern wir unserer Bereitwilligkeit, den eigenen Willen zurückzustellen und nur noch seinen Willen zu verfolgen. Dazu gehört der Eifer, den Willen Gottes zu erkennen und die Disziplin, nur noch seinen Willen und nicht mehr den eigenen zu befolgen. Der zitierte Gebetsteil wäre eine Phrase, wenn wir nicht ständig bemüht wären, den Willen Gottes zu erforschen. Wer im realen Leben weiterhin nach eigenen Vorstellungen handelt, der belügt Gott und darf auf Erhörung nicht hoffen.

Jesus stellte den ersten Teil seines Gebets als Vorbedingung für die Erhörung des zweiten Teils heraus. Erst wenn die Vorbedingungen erfüllt sind, darf mit sicherem Erwarten der Erhörung gerechnet werden.

Der Wille Gottes wirkt in allen Gesetzmäßigkeiten im Makro- und Mikrokosmos. Auch der Sinn der Geschichte kann sich nur jemandem enthüllen, der dem Willen des Schöpfers in der menschlichen Spezies, nachgeht. Im Vaterunsergebet geht es jedoch primär um das Vorhaben Gottes mit dem Betenden. Gott hat mit jedem Menschen einen Plan, er hat jeden einzelnen in die materielle Welt berufen und jeder ist auch innerlich verpflichtet, den Plan Gottes, der ihn betrifft zu erkennen. Der Erwerb dieses Wissens betrifft vor allem den eigenen Lebenssinn, das Begreifen des Ziels der eigenen Existenz, die Kenntnis über den Grund des Daseins in der Welt. „Dein Wille geschehe" bedeutet in diesem Zusammenhang die Erkenntnis, dass jeder das eigene Leben so führt, wie es der Wille Gottes bestimmt hat und damit eine bleibende und unerschütterliche Absage an die egoistischen Lebensmotive erteilt. Wer aus diesem Geist heraus lebt, kann um alles andere bitten und es wird ihm auch gewährt.

„***Unser tägliches Brot gib uns heute***."

Der Betende hat versichert, dass er den Willen Gottes nachleben wird. Wenn er es tatsächlich tut, bekommt er alles Notwendige zum Leben, vor allem Mittel, die seine physische Existenz erhalten – nicht Reichtum, nicht Überfluss! – sondern „täglich Brot".

„***Vergib uns unsere Schuld, wie auch wir vergeben unseren Schuldigern***."

Die Loslösung aus der Schuld ist an eine Bedingung geknüpft, die die Wirkungsweise geistiger Gesetze enthüllt: Nur wer allen seinen Schuldigern vergeben hat und seine Vergebung vor Gott bezeugen kann, darf sicher aufatmen, dass auch seine Schuld vergeben wird. Das Gesetz der geistigen Wechselwirkung erläutert Jesus auch am Beispiel der Nächstenliebe: „Liebe den Nächsten, wie dich selbst!“ Die Vergebung des angetanen Unrechts und aller bösen Taten, geschieht nach der erfolgten Vergebung allen Unrechts im Tun, Denken, Reden und Empfinden, die andere uns angetan haben. Wer nicht bewusst das erlittene Unrecht vergeben hat, dem kann nicht vergeben werden. Es ist selbstverständlich, dass das Vergeben eine Läuterung voraussetzt, die wiederum eine erneute Schuldaufnahme ausschließt.

Um die Vergebung der Schuld zu erwirken, verlangt die Bibel eine radikale Umkehr. Darunter wird eine umfassende neue Beziehung des Menschen zu Gott, zu sich selbst und zu der Welt der Menschen verstanden. Das Ziel der Umkehr gipfelt in der Umwandlung des ganzen Menschen. Umkehr ist also nicht nur Bereuen, Busse tun, den Sinn ändern. Im Unterschied zum Alten Testament geht es nicht mehr um einzelne falsche Handlungen. Jesus verlangt die Abkehr von der Welt, von ihren Verlockungen, vom bisherigen Selbstverständnis. Das sündige Ich des Menschen, sein „Herz“, aus dem immer neue Sünden herauswachsen, ist von der Forderung der Umkehr betroffen. Umkehr bezieht sich auf die Erkenntnis, dass man auf dem falschen Lebensweg war, dass also das gelaufene Leben im Gegensatz zu dem steht, was man zu tun verpflichtet war. Der laute Ruf der Propheten Israels „zurück zu Gott!“ setzte die Abkehr von der Welt, vom eigenen Egoismus voraus. Das Dahinleben in der Welt erzürnt Jahwe und seine Strafgerichte rücken immer näher an das Volk heran. Die schliessliche Auflösung des Staates, die Versklavung und Verschleppung des Volkes, waren die Strafe für den Abfall vom wahren Lebensweg.

Den alten Ruf der Propheten zur Umkehr greift Johannes der Täufer auf. Die Umkehr verlangt er von allen, auch von den frommen Gottesfürchtigen. Weil das Volk wieder verstockt ist, scheinen neue Strafgerichte unausweichlich. Das von Jesus angekündigte Kommen des Reiches Gottes, verlangt als Antwort der Menschen, erneut die radikale Umkehr. Die Botschaft Jesu wurde von den Heiden vernommen und Israel unter die Völker der Erde verstreut. Die von Jesus verlangte Umkehr bestand im radikalen Freiwerden von allen Besitztümern, von allen irdischen Sicherheiten. Sein markanter Satz: „*Wer sein Leben gewinnen will, wird es verlieren und wer es verlieren will, wird es gewinnen.*" (Lk 17, 33), zeigt den Wert des Lebens jenseits der Körperlichkeit und der irdischen Zeit. Die Umkehr von der Ichsucht und allen materiellen Interessen sollte in die Wahrnehmung des Handeln Gottes münden, in die Offenheit für den Nächsten, für das würdige Mitgestalten des Königtum Gottes, das mitten unter euch ist (Lk 17, 20f). Die Umkehr bildet die Voraussetzung für die Wiedergeburt des Menschen in Gott. Der Mensch muss ein neues Geschöpf werden.

„***Und führe uns nicht in Versuchung***"

Manche Kommentatoren bezweifeln die historische Echtheit dieser Bitte und halten die Formulierung für eine falsche Ausdrucksweise. Gott führt niemand in Versuchung, meinen sie. Das Alte Testament schildert jedoch mehrere Versuchungsgeschichten. Am bekanntesten ist die Erzählung in Gn. 3, 1 – 6 wo eine Schlange die Rolle des Versuchers spielt. Sie wird als Verkörperung des Satans betrachtet, der jedoch immer mit Wissen Gottes seine Aktionen starten durfte. Ziel dieser Versuchung war die Prüfung der Standfestigkeit der Ureltern, die nach Gottes Anordnung vom Baum der Erkenntnis nicht essen durften. Es war eine von Gott zugelassene Versuchung, die mit Ungehorsam und Vertreibung aus dem Paradiese endete. Im zweiten Versuchungsszenario (Gn. 22, 1 – 19) geht die Initiative betont von Gott aus. Der Glaube Abrahams an das Versprechen Gottes, dass Nachkommen vom Sohn Isaak zu vermehren, sollte geprüft werden. Isaak sollte auf Anordnung Gottes geopfert werden. Abraham muss sich im Glauben an Gott bewähren und gleichzeitig gehorsam bleiben und seinen einzigen Sohn opfern. In der dritten Erzählung (Hiob) wird Gott die Aufrichtigkeit des frommen Hiob durch Leid und Krankheit prüfen.

Im Alten Testament versucht Gott des Menschen Treue und seinen Glauben zu prüfen. Im Neuen Testament stammt die Versuchung vielmehr von der menschlichen Begierde selbst. In der Konfrontation mit dem Begehren prüft Gott das Herz des Menschen, seine Willens- und Charakterstärke, seinen Glauben und seine Liebe zu ihm. Sogar Jesus selbst wird vom Satan versucht, der nach der Lehre des Neuen Testaments hinter allen Ereignissen steht. Satan wollte Jesus von seinem Kreuzweg abhalten, seine Berufung zum Erlöser der Menschheit durch den Kreuzestod verhindern und ihn statt dessen zu einem Herrschermessias überreden. Die Versuchung ist misslungen. Von der Auseinandersetzung mit dem Bösen ist kein Christ ausgenommen. Der Weg des Verzichts auf materiellen Reichtum und den sinnlichen Weltgenuss muss jeder im Gehorsam und Leid gehen. Das Bewahren der Standfestigkeit in der Versuchung ist heute das größte Problem, siegreich das Ringen um die Pflichterfüllung zu bestehen. Wie unreif der moderne Mensch geworden ist, wie groß sein Versagen in Versuchungssituationen geworden ist, zeigt der unmoralische Alltag. Die Versuchung entflammt sich an Wahrnehmungen, die die Triebbereiche ansprechen, sowie an Organempfindungen, an Erinnerungen und Phantasiebildern. Ist der Antrieb geweckt, kommt das Verlangen hoch, die entstandene Bedürfnisspannung durch Erfüllungslust zu lösen. Die spontan entstandene Lust bedrängt den Willen, sich der Lust nicht mehr zu verschließen. Dieser Versuchungszustand ist noch keine Sünde, jedoch eine Gefahr, Sünde zu begehen. Der Wille, der aus religiöser Überzeugung heraus diesem Drängen Widerstand leistet und sich gegen den Drang entscheidet, widersteht der Versuchung. Das Aufheben der Zerrissenheit zwischen dem Lust versprechendem Verlangen und der vom Gewissen verlangten Normtreue, gehört zu der bindenden Pflicht eines jeden Christen. Darum bitten wir im Vaterunser Gott um Hilfe. Das Gebet setzt allerdings voraus, dass wir das Lust verheißende Triebgut, den angriffsbereiten Zorn, das brennende Hassfeuer und das Neidgift, mit allen Kräften unseres Charakters bändigen. Die Versuchung ist immer auch ein Test für die Stärke der eigenen Willenskräfte. Die Blendkraft Befriedigung versprechender Lustgüter kann uns nicht ewig terrorisieren und muss mit äußerstem Ernst aus der Persönlichkeit vertrieben werden. Das Ringen in der Versuchungslage klingt ab, wenn die Aufmerksamkeit an anderer Stelle beansprucht wird oder wenn der Reiz seine verlockende Kraft eingebüßt hat. Er wird auch kaum aufkommen, wenn die Willensstärke und die sittliche Reife rechtzeitig ausgebildet wurden. Im Hintergrund jeder Versuchung steht, nach christlicher Überzeugung, der Satan. Er versucht, weil er sich des menschlichen Willens direkt nicht bedienen darf.

Dass unsere Natur auf die Reize der Sinnlichkeit mit Genuss-, Besitz- und Erwerbsstreben und auf die Reize des Hochmuts mit Ehr-, Macht- und Geltungsstreben antwortet, führt die teleologische Menschenlehre auf die Folgen der Erbsünde zurück. Der Haken dabei: die Erbsünde selbst war eine Folge vom Nachgeben der Versuchung! Es wird angenommen, dass bereits vor dem Fall, die Ureltern Böses in ihren Herzen trugen.

In der Wertverdunkelung und Blickverengung, für die jeder Beteiligte selbst die Verantwortung trägt, werden die Triebobjekte als absolute Ziele gesetzt und die Leuchtkraft der Gegenmotive verblasst dabei merklich. Das Ringen um den Sieg der ethisch-religiösen Vernunft endet im gottfremden Weltgenuss und Vergöttung der Welt auf Kosten Gottes. Der große Theologe Augustinus hat in der Entscheidung für die Weltlust statt für Gott das Wesen der Sünde und damit des Bösen gesehen. Wer den Weg der Weltlust geht, wird den Widerstand des Gewissens nicht mehr wahrnehmen, sein Wille unterliegt der Diktatur des biologisch-psychischen Antriebslebens.

Mit der Zeit wird ihm auch nicht mehr aufgehen, dass auch seine Freiheit verloren gegangen ist und in die „Normalität" seines Lebens zum Inbegriff des religiös Abnormen herabgefallen ist. Die Triebziele der niederen Natur erscheinen ihm berechtigt und verantwortbar oder sogar „verpflichtend". Seine Weltbegierlichkeit betrachtet er nicht einmal als Böses und für seine geistige Natur Zerstörerisches – er steht bereits auf der Gegenseite zum Guten. Diese Menschen werden zu Versuchern für andere und im Herrengebet bitten wir um Befreiung von ihrem Einfluss. Die Verabsolutierung des eigenen Ich in Form der Sucht des Dranges zur Depersonalisierung, führt auch zum Suizid. Das Begehren hat auch unzählige Zweige aber sein Stamm ist immer die egoistische Selbstverfallenheit. Nach Thomas von Aquin ist das Weltbegehren eine Rebellion der niederen gegen die höheren Seelenkräfte. Sie liefern den Antrieb zur Sünde und müssen rechtzeitig im Kampf überwunden werden.

„Und erlöse uns von dem Bösen."

An welches „Böse" mag hier Jesus wohl gedacht haben? Dass wir nicht erkranken, uns keine Knochen brechen, den Arbeitsplatz nicht verlieren oder dass kein Schaden an unserer Gerätschaft entsteht? Nein! Bestimmt nicht! Das Allerwichtigste für ihn war das Eingehen ins Reich Gottes. Alles was uns daran hindert – zum Beispiel die Hand – soll abgehackt werden. Die Hindernisse auf dem Weg zu himmlischer Heimat gehören zum Bösen. Böse sind also alle Dränge, die unser Denken und Wollen versklaven, die „Süchte" wie die Eifersucht, Rachsucht, Habsucht, Kritiksucht. Böse ist alles, was uns vom Vater im Himmel trennt. Kurz: Das Böse ist das Schuldigwerden durch die Sünde, der immer die bittere Vergeltung folgt. Im Vaterunser bitten wir um die Erlösung oder Verhinderung vom Schuldigwerden mit allen seinen tragischen Folgen.

Die in der Bibel erwähnte Scheidung zwischen Licht (Ordnung, das Gute) und Finsternis (Unordnung, das Böse) hat die Ausbreitung des Bösen im Universum nicht verhindert. Nicht nur der Satan und seine Getreuen sind ein Beispiel für die Rückkehr des Chaos in das geordnete Sein. Auch und besonders die menschlichen Ureltern sind den Verlockungen des Urchaos erlegen – mit dramatischen Folgen für die Menschheit. Bereits ihre Kinder, Kain und Abel, wurden von der Finsternis überschattet. In immer engeren Kreisen breiten sich die Wellen des Bösen über die Geschichte aus. Ist bei der Scheidung zwischen Licht und Finsternis dem Herrgott selbst ein Konzentrationsfehler unterlaufen oder reichte seine Kraft nicht mehr aus? Vielleicht wollte er ganz bewusst die endgültige Abtrennung des Bösen vom Guten nicht vollziehen? Viele biblische Aussagen deuten darauf. Der christlichen Eschatologie nach, ist die endgültige Scheidung zwischen Gut und Böse erst in der Endzeit möglich. Somit hätte das Böse bis in die Endzeit seine Freiheit uns anzugreifen. So hoffnungslos scheint jedoch unsere Lage nicht! Erstens bleibt an den Welt- und Lebenslauf des Einzelnen die Gerechtigkeit gebunden. Jede Unebenheit des unverschuldeten Bösen wird aus überweltlicher Sicht heraus ausgeglichen. Und zweitens: Wir kennen sehr gut den Ursprung des Bösen, wenn wir zu den kosmischen Spekulationen Abstand halten. Ob es nun eine einfache Enttäuschung ist, eine schwere Krankheit, ein Schicksalsschlag oder der vorzeitige Tod: das verursachende Prinzip ist immer unser eigner Wille, auch und besonders, wenn er uns in seiner ganzen Breite und Tiefe nicht bewusst ist. Dass der Mensch nach Thomas von Aquin, das „schlechteste von allen Tieren ist“ geht auf den Gebrauch unserer Freiheit zurück. Seine gesamte intellektuelle und moralische Zerbrechlichkeit wäre die Folge seiner eigenen Entscheidungen. Auch wenn diese Entscheidungen oft nur punktuell gerichtet zu sein scheinen, breiten sie sich wellenartig im geistigen Universum aus und früher oder später kommen sie zum Erzeuger wesentlich verstärkt zurück.

Wer den Weg zum Guten verlässt, liefert sich dem Bösen aus. Eine natürliche Notwendigkeit, dem unverschuldeten Bösen zu begegnen gibt es nicht. Die Boshaftigkeit keimt, wächst heran und reift im Zentrum des eigenen Wesensgefüges aus. Jedoch auch die Impulse zum Guten entstehen im Herzen – die Lauterkeit des Denkens und Wollens, der Großmut des Erbarmens und Liebens und wiederum in Begleitung unzähliger Tugenden.

Entscheidend für die Erhörung unserer Gebete ist darum die Reinheit des Herzens. Sie entsteht nicht spontan. Die geistige Kultur des Herzens ist das Ergebnis täglicher Pflege, weil wir täglich von der Vergiftung des Inneren bedroht sind.

Der innerste Wesensgrund will bewusst gemacht und vor allen weltlichen Beeinflussungen geschützt werden. Alleine die körperlich-sinnliche Seite unserer Natur ist auf das Aussetzen des Herzens, auf den Gegenschlag des Bösen anfällig.

Im Neuen Testament ist die Befreiung vom Bösen gleichbedeutend mit der Befreiung vom bösen Herzen – vom verkehrten Ich. Das Ich eines Christen sollte zum Ich Christi umgewandelt werden. „Nicht ich lebe, sondern Christus in mir!“ „Befreie uns von dem Bösen“ bedeutet somit die Befreiung vom weltlichen und triebbezogenen Ich. Im Gebet gemeint ist der Sinn: „*Befreie mich von meinem weltlichen Ich*!“

Das persönliche Ich als Sitz des Bösen bildet das Haupthindernis in der Pflichterfüllung den Willen Gottes zu tun. Darum verlangt Paulus den „Tod“ des alten Menschen in uns und die Geburt zum „neuen Menschen“, der mit Christus eins geworden ist. Die Umwandlung des Ich auf dem Weg des Gebetes ist für den Christen die Hauptaufgabe des Lebens und nicht das Raffen irdischer Reichtümer. Dazu gibt es Wege der Gottes- und Nächstenliebe, den Weg der Gedankenopferung an Gott, der Opferung jeder Tätigkeit, darunter vor allem der beruflichen Arbeit, Gott, der Verzicht auf jede Art der Anerkennung für die Früchte der Arbeit: Wir tun unsere Arbeit aus Pflicht direkt für Gott.

In der Bitte um Befreiung vom Bösen befinden sich nicht nur religiöse und ethische Inhalte, sondern auch eine tiefenpsychologische und asketische Komponente. Die innere, geistige Natur des Menschen darf durch ihre Vernachlässigung und Verlagerung des Lebensgewichts auf die äußeren Werte nicht frustriert werden. Der daraus entstandene Verlust des Selbstwertgefühls, die Spaltung zwischen dem inneren und äußeren Menschen, die

Abspaltung der Lebensenergie vom Weg zu Gott, bilden ein gefährliches Hindernis, das naturgegebene Lebensziel zu verwirklichen. In der traditionellen, christlichen Lebensführung bestand die Pflicht, sich im Gebet zu vertiefen und der heilenden Gnade Gottes zu überlassen.

Bei flehendem Gebet ist das Anklingen der „niederen Rebellion“ eine Sache von kurzer Dauer. Ohne das Gebet kommt es zu Verleiblichung und Versinnlichung des Geistes und folglich zu Desintegration der religiösen Ausrichtung des Lebens. Immer deutlicher wird das Dasein eine gottwidrige Richtung anzunehmen und die Begehrlichkeit vernichtet schließlich die religiöse Ausrichtung des Denkens. Darum ist die Begierde als Wurzel aller Selbstverfallenheit zu bekämpfen.

Dass sie die Stolzauswüchse nährt und das eigene Ich verabsolutiert und darum in einer Depersonalisierung endet, war den Christen von Anfang an bewusst. Die im Gebet ständig zu überwindende Begierde begleitet das Dasein der Christen von der Antike an.

Kapitel VII: Gebet im rechten Glauben.

a. Was heißt beten?

Das Gebet als Grundakt der Gottesverehrung lässt sich einheitlich nicht bestimmen, weil Gott, an den sich das Gebet richtet, nicht definierbar ist. Alleine auf die Akte der Seele können wir hinweisen, in denen sich das Gebet manifestiert.

Von der Seele her ist das Gebet ein Verweilen bei Gott. Sie verweilt bei ihm mit ihren Emotionen und Gedanken in dem sie ihre Verehrung, Liebe, Hingabe und Dankbarkeit äußert. Sie ist bei ihm auch wenn sie ihre Bitte, ihre Klagen und Ängste mitteilt oder ihre Wünsche äußert. Sie erhofft sich, dass Gott ihr zuhört, ihr helfen wird und zu ihren Ängsten und Sorgen wohlwollend eingestellt ist.

Die älteste Definition des Gebetes stammt von *Evagrius Ponticus* (+ 399): „*Gebet ist Aufstieg des Geistes zu Gott.*" *Augustinus* gibt eine andere Definition: „*Dein Gebet ist Anrede an Gott.*" (En. Ps. 75,7) In seinen „Bekenntnissen" ergänzt er die Definition durch die Angabe des Antwortcharakters des Gebets: Das Gebet ist eine Antwort auf die Stimme Gottes: „*Siehe, Herr, meines Inneren Ohr ist vor dir, tu es auf und sprich zu meiner Seele: Dein Heil bin ich. Laufen will ich hinter dieser Stimme her und ergreifen will ich dich, verbirg es nicht vor mir dein Antlitz.*" (Bekenntnisse, I, 5) Das Reden mit Gott darf sich nicht auf Bitten beschränken, auch nicht zum Monolog ausarten. Wichtiger im Gebet ist die Stimme Gottes wahrzunehmen – das Zuhören! Gott spricht nicht immer in Begriffen der Sprache. Oft sind es die Lösungen schwieriger Probleme, die sich urplötzlich einstellen, die Begegnungen mit den Menschen, die uns weiterhelfen, die unerwarteten Einfälle, die innere Erholung, Zunahme an Kraft, Ruhe, Frieden und der Trost. Es kann sich auch eine Fähigkeit zur Sammlung aller Kräfte einstellen durch die wir selbst unser Problem lösen können. Unabhängig von diesen Ergebnissen konstituiert sich im tiefen Gespräch mit Gott das Selbstbewusstsein des Betenden. Er erfährt, was alles in ihm angelegt ist, auf welches Ziel hin er sich zu entwickeln hat, sein Lebensziel wird ihm bewusster. Dabei entdeckt er, dass nicht der materielle Fortschritt, nicht die Eroberung des Sonnensystems und nicht die Entwicklung der Naturwissenschaften zum Ziele der noch ausgiebigeren Naturplünderung, das objektive Ziel des Menschen bildet. Der Mensch ist ein Abbild Gottes (Gn.1,26 ff) und in Gott soll er eingehen. Sein Leben ist ein Umgang mit Gott.

b. Das Wie und Was des Betens.

Aufwärts steigen nicht die Worte, sondern die Empfindungen. Die Worte kommen vom Verstand, die Empfindungen dagegen vom ganzen Menschen. Die spontane Empfindung zieht alle Seelenkräfte mit nach oben und ist noch nicht durch Worte in Begriffe eingezwängt. Ein spontaner Hilferuf, der in spontaner Not aufsteigt, durchdringt in seiner Stärke auch den Körper und nimmt ihn mit vor Gott. Auch die stärksten Empfindungen dürfen jedoch nicht zu einem Vorwurf an Gott ausarten. Sie sollen in ihrer Reinheit und Demut bleiben. Ohne die Demut kann die Empfindung als Hilferuf zu Gott nicht aufsteigen.

Der zweite Träger unserer Gebete ist die tiefe Freude. Das unerhoffte Glück, der aus der Herzensmitte emporquellende Dank, schwingt sich vor Gottes Thron blitzartig. Auch hier sind die Worte nebensächlich. Der Glücksschrei als Dank ist sofort bei Gott. Die Worte im Gebet sind nicht für Gott, sondern für unseren Verstand. Die gedruckten Gebete sollen die Empfindungen erwekken und ihnen die Richtung auf Gott hin zeigen. Gebete dieser Art werden bei Gottesdiensten zelebriert, jedoch auch privat zu vorbestimmten Zielen gesprochen. Weil sie an Empfindungen arm sind, braucht man auch keine speziell geschulte Konzentration um die in Worten und Begriffen versteckten Empfindungen zu erwecken. Wird die den Worten zugeordnete Empfindung nicht belebt, bleiben solche Gebete wirkungslos. Ein geschriebenes Gebet muss darum emotionell erweckt werden, mit Empfindung und Phantasie, die den Worten entsprechende Erlebnisqualitäten vergegenwärtigt. Wer täglich die gleichen Gebete wiederholt, läuft Gefahr, dass sie zu Gewohnheiten werden, dass der Geist abschaltet, wie er bereits die Begriffe kennt, das Herzzentrum bleibt unberührt und in Folge davon bleibt auch das Gebet in seiner Wirkung eingeschränkt.

c. Zu welcher Zeit beten wir?

Nach der Tradition des Christentums betet man ohne Unterlass. Besondere Akzente werden jedoch auf den Morgen und den Abend gelegt. Das Abendgebet sollte die Versöhnung mit allem bringen, was der Tag so gebracht hat. Vor allem ging es um die Versöhnung mit Menschen, die wir beleidigt oder verärgert haben. Falls eine persönliche Entschuldigung nicht mehr möglich war, hat der Christ vor Gott um Entschuldigung gebeten und versprochen, dass er sich mit der ganzen Kraft um Frieden und die rechte Atmosphäre bemühen wird. Auch wenn am Tag unangenehme Ereignisse eingetreten waren, fühlt er sich verpflichtet, dem allwissenden und allmächtigen Vater zu danken, weil er nur den richtigen Überblick über alles das hat, was für uns gut ist. Als Vater kann er uns nichts Schlechtes gewünscht haben. Im Morgengebet dankte man für seinen Schutz in der Nacht und bat um Segen für alle Tagesunternehmungen.

Das Leben eines rechtgläubigen Christen sollte sich an die Regel der Bibel halten: „*Bete ohne Unterlass*!" Morgens wird der ganze Tag, mit allen seinen Ereignissen Gott geweiht und abends die Nacht Gott geopfert. In Abständen von ca. 15 Minuten wird der Geist zum Gott erhoben, mit einem Kurzgebet, wie z. B. „*Gott segne uns*!"; „*danke dir für alles*."; „*Du wohnst ständig in meinem Herzen*." Somit wird das ganze Leben des Christen zum Gebet. Außer den christlichen Feiertagen beten wir im Stillen, ohne die Zeremonien und ohne sakrale Gestik, im Liegen, abends und nachts, bei Krankheiten und Schwächen. Wir beten im Gehen, beim Spazierengehen, beim Fahren oder im Stehen. Der wahre Beter ist der unsichtbare Geist in unserem Inneren. Er braucht auch keine vorgedruckten Texte und fromme Gebetsbücher. Wer jedoch im Hause eine kleine Kapelle eingerichtet hat und feste Stunden für das Beten festgelegt hatte, sollte auch äußerlich seinen geweihten Ort würdig betreten. Vor der Gebetszeit sollten alle Alltagsgedanken und flachen Gefühle aus dem Gemüt verbannt werden. Die kurze Zeit mit Gott bringt friedvolle Ruhe, Entspannung und Zuversicht.

Um eine Erhörung zu erreichen betet man solange, bis sie eingetreten ist. Das Gebet verfeinert die Psyche, veredelt den Geist, erhebt unsere Gedanken und stählt den Willen. Im nicht nachlassenden Beten tragen wir auch unsere Schuld ab, die einer Erhörung im Wege steht. Zur Erhörung der Gebete tragen nicht die poetischen Worte, nicht die blumigen Wendungen, auch nicht die Länge eines Gebets bei. Alleine die Herzens-liebe zu Gott, zu den Menschen und zum Guten überhaupt ist entscheidend. Wer Gott mit allen Kräften liebt, ist nicht mehr selbstsüchtig, hat allen vergeben und ist mit der Schöpfung versöhnt. Diese Liebe erwidert Gott mit der Erhörung. Wer dagegen sich selbst sucht, mehr Sein und mehr Haben anstrebt, liebt in seiner reduzierten, irdischen Form nur sich selbst. Seine Gebete werden vom Strahl der Liebe nicht zu Gott hinaufgetragen und stürzen kurz nach ihrer Aussendung ins Nichts des Wirkungslosen. Egoistische Gebete sind lauwarm, ihre Worte hölzern und hohl. Die echten Gebete wollen den Himmel hinaufstürmen und dazu brauchen sie Kraft. Vom selbstsüchtigen Kalkül kommt sie nicht. Das mächtigste Himmelszentrum in uns ist das glühende Herz. Auch das göttliche Gnadenzentrum sendet auf der Wellenlänge des Herzens zurück.

Für die Gebetserhörung ist der rechte Glaube mit entscheidend. Weil die meisten Menschen eine weltorientierte Bildung, fern von religiösen Deutungen genossen haben, ist der rechte Glaube seltener anzutreffen. Vorherrschend ist eher der Zweifel an dem Sinn der Gebete. Der Glaube an die Nützlichkeit des Betens in einer Welt voller Versicherungen, Absicherungen, technischer Neuigkeiten, Spitzenmedizinern, Sozialhilfen usw. ist im Schwinden. Wer das Leben kennt, weiß, dass alles Menschliche nur menschlich, d. h. fehlerhaft, betrügerisch und oft nutzlos ist. Die Glorie wird durch kommerzielle Werbung aufgesetzt. Ohne den Glauben werden die Gebete ihr Ziel nicht erreichen. Wenn der Glaube fehlt ist auch keine Liebe, kein Vertrauen und keine Einheit mit Gott da.

d. Der Glaubensgrund.

Glaube hat immer einen Grund in der Vernunft. Einerseits gründet er mit der Wurzelschicht in den Gottesbotschaften, die durch Propheten Gottes verkündet oder direkt von Jahwe dem Volk Israel offenbart wurden, andererseits in seiner Schöpfung. Wer beispielsweise das Sein und Werden der Natur beobachtet und studiert, gleichzeitig die Einheit der Naturgesetze im Mikro- und Makrokosmos versteht, der verharrt in stiller Gottesverehrung. Die freudige Gottesbejahung mündet im tiefen Gottvertrauen, das jeder Waffe eines oberflächlichen und seichten Verstandes Widerstand leisten wird. Der gläubige Verstand fürchtet kein Lächeln der Zweifler und widersteht dem Hochmut der einäugigen Wissenschaft.

Der Glaube muss als Voraussetzung der Gebetserhörung lebendig sein. Alleine in der oberflächlichen Vernunft darf er nicht versteckt bleiben. Er muss in der Tat münden und im Leben sichtbar werden. Der lebendige Glaube im Alltag und nicht nur bloß sein Sonntagsanzug findet Würdigung vor Gott. Durch die

Offenbarungen Jahwes in der Geschichte Israel war der Glaube an Gott ein Sich-Bergen im Gott, eine Zufluchtssuche in seiner bergenden Kraft, ein Beharren auf seiner Führung.

Die Evangelien, besonders das Evangelium nach Johannes, sehen den Glaubensgrund in Jesus selbst. Wer an Jesus glaubt, erreicht die Erkenntnis Gottes. Hier beispielsweise einige Zeugenaussagen von Johannes: *„Niemand hat je Gott gesehen. Der einzige der Gott ist und am Herzen des Vaters ruht, er hat Kunde gebracht.“* (1, 17) diese Kunde bildet den Inhalt von unserem Glauben. Der Glaube bei Johannes ist strikt an Jesus gebunden. Geglaubt wird an die Person Jesu, der damit auch unseren christlichen Glauben begründet:

„So tat Jesus sein erstes Zeichen in Kana in Galiläa und offenbarte seine Herrlichkeit und seine Jünger glaubten an ihn.“ (2, 11)

Die Liebe Gottes zu uns Menschen war der entscheidende Grund für Gott, dass er seinen Sohn in die Welt schickte um uns zu erlösen:

„Denn Gott hat die Welt so sehr geliebt, dass er seinen einzigen Sohn hin gab, damit jeder, der an ihn glaubt, nicht zu Grunde geht, sondern das ewige Leben hat.“ (3, 16)

Jesus ist sich seiner Mission voll bewusst und verkündet das, was den Inhalt von unserem Glauben bildet:

„Ich bin das Brot des Lebens; wer zu mir kommt, wird nie mehr hungern, und wer an mich glaubt, wird nie mehr Durst haben.“ (6, 35)

Wer an Jesus glaubt, wird am Letzten Tag auferweckt:

„Denn es ist der Wille meines Vaters, dass alle, die den Sohn sehen und an ihn glauben, das ewige Leben haben und dass ich sie aufwecke am Letzten Tag.“ (6, 40)

Somit liegt die Begründung für den christlichen Glauben in der Annahme der Botschaft von Jesus Christus. Unsere Gebete hätten ohne den Glauben an Jesus keine Begründung.

e. Gebetserhörung durch rechten Glauben.

Mit den Worten „*wachet und betet*!“ mahnt Jesus zur Überwindung der Schläfrigkeit und zur Erhaltung der Empfindungsfähigkeit des Geistes. Den Appell an die Verstärkung der geistigen Empfindungsfähigkeit, an die Pflicht zu ihrer Verfeinerung und Subtilmachung durch Beten und Wachbleiben, richtet Jesus an alle, die dem Körper, der Welt und damit der hypnotischen Schläfrigkeit der materiellen Verlockungen erliegen. Ohne das Bewusstsein, das Leben als Nachfolge Christi zu führen und den Sirenenrufen der Welt zu entsagen, kann niemand seinem Leben den christlich geforderten Sinn verleihen. So lange wie wir durch den christlichen Glauben innerlich nicht erweckt sind, ist auch nicht alles, was wir für ein Gebet halten, auch wirklich ein Gebet. Das Gebet muss aus dem Geiste christlicher Frömmigkeit entstehen und nicht aus dem Nebel der Wünsche. Die Norm für das Beten: „Dein Wille geschehe!“, ist für alle Christen bindend. Wer damit Schwierigkeiten hat, muss sich von seiner Selbstsucht noch freimachen, notfalls mit Hilfe der Askese. In allen Notsituationen des Lebens, in denen wir das Gemüt zu Gott erheben, sollen wir nach dem Willen Gottes fragen und ihn geschehen lassen. Die meisten wollen statt dessen ihren eigenen Willen Gott aufzwingen. Dabei geht es auch um die Inhalte der Gerechtigkeit. Der fromme Christ fragt, was vor Gott gerecht ist und ist zu jeder Zeit bereit seinen eigenen Willen Gott zu unterwerfen. Es ist ihm bewusst, dass alleine Gott heilig und allwissend ist und seine Heiligkeit identisch mit der absoluten Gerechtigkeit ist. Die meisten Begriffe für das Gute und besonders für das persönlich Gute, entstammen unseren irdischen Wünschen und gehören der Eigensucht. Wer sein irdisches Begehren auf Gott überträgt, macht aus dem Allheiligen einen Diener des egoistischen Ich des Menschen. Die Allmacht Gottes für die Verwirklichung irdischer Wünsche zu nutzen kann den Zorn Gottes heraufbeschwören.

Unsere Erdexistenz hat einen von Gott verliehenen überirdischen Sinn. Dieser Sinn ist zur Selbstsucht konträr. Zum von Gott gedachten Menschen werden wir nicht durch Eitelkeit und Geistesträgheit, sondern durch Weisheit. Die Erfüllung irdischer Gelüste endet nicht im Glückszustand, sondern im Leid, in Krankheit und Tod. Das Gewissen warnt uns vor dem Aufgeben der Verantwortung für den Verlauf der eigenen Existenz. Die Erntezeit kann unerbittlich sein: sie ergibt das Vielfache der Saat! Das Böse, was uns trifft, kommt vom gleichen Willen, der auch das Gute bewirken konnte. Darum soll das Wollen unter die strengste Kontrolle des Bewusstseins gestellt werden.

Die Sittlichkeit mit ihrem Tugendsystem und die Askese haben immer das einzige Ziel verfolgt, dem Willen die Richtung auf Gott zu geben, auf die Versenkung des Verstandes in Gott. Die Lenkung des

Willens auf ein einziges Ziel – die Vereinigung mit Gott – erspart dem Menschen die größtmögliche Enttäuschung, dass wir sinnwidrig gelebt haben. Ein von irdischen Wünschen besetztes und in die Welt eingesperrtes Bewusstsein kann sich in Gott nicht versenken. Die ungestillte Gier nach Haben macht den Menschen unfähig, nach dem Gewissen zu leben und das Bewusstsein auf die Assistenz Gottes in uns zu lenken.

Seit zwei Tausend Jahren betont die christliche Tradition die Notwendigkeit, unser Herz Gott zu weihen und nach dem Willen des himmlischen Vaters zu leben. Wir sind nicht aus dieser Welt. Wir gehören zum Königreich Gottes! Der Schlüssel zum Reich Gottes liegt in der Freiheit von allen Begierden nach irdischen Gütern. Vor dem Eindringen der Weltlichkeit haben sich die Christen mit der Askese geschützt.

Die Askese ist altgriechischen Ursprungs und bedeutete – z. B. bei *Plato* – körperliche Ertüchtigung. In der späteren hellenistischen Zeit verstand man unter diesem Begriff den Verzicht auf die Laschheit der Sitten und die Schulung des Willens. Bezeichnend für das asketische Vorgehen war die systematische Wiederholung der auferlegten Übungen. Der Sinn der Askese lag im Erwerb der Tugenden, die vor dem Verlust der Persönlichkeit an die vergängliche Welt schützten. *Sokrates* verlangte z. B. den Erwerb der Besonnenheit, ohne die das Erreichen der Weisheit nicht möglich wäre. Das Einüben der Besonnenheit und das Meiden der Zuchtlosigkeit gehörte damals zum Begriff der Askese. Askese war somit eine methodische Schulung des Verstandes und gleichzeitig des Willens und vollzog sich in der Beherrschung der

Gedanken, Emotionen und Triebe. In dieser Gestalt ist sie in die Philosophenschule der Stoiker eingegangen. Bei den Stoikern bekam die Askese den höchsten Rang als Mittel für die Freimachung von allen Begierden und Wünschen. Den Hauptgedanken stoischer Askese bildete die Enthaltung von jedem unmoralischen Tun und allen unethischen Gedanken. Der moralische Mensch war das Ergebnis der lebenslangen Selbstzucht. Die griechische Kultur hatte noch den religiösen Sinn der Askese hervorgebracht. Er war gepflegt bei den Nachfolgern von *Pythagoras* und später wurde die Askese von *Philo von Alexandrien* neu formuliert. Bei Philo diente sie dem Lösen aus der Verhaftung an die Welt und dem Aufstieg zur Kontemplation. Seine Askese unterstützte den Kampf um die Befreiung aus der Materialität der Welt und um den Eingang in die Gottheit.

Für die christliche Askese sind besonders die stoischen Gedanken und das philosophische System von Philo von Bedeutung. Von *Origines* und seiner Schule wurde die Askese in die christliche Lehre integriert. Die nun christliche Askese hat sich zum Ziel gesetzt, durch unablässiges Beten eine vollkommene Erkenntnis durch die mystische Schau zu erreichen. Sie sollte im Vorfeld der Schau Gottes alle Begierden und Leidenschaften, jede Form von Weltzuwendung und jeder Zerstreutheit beseitigen. Das Element der täglichen Übung ist ihr gemein mit der klassischen Körperaskese. Ihr Hauptziel bestand in der Sammlung aller Kräfte auf Gott, in der Ausbildung von Tugenden, besonders der Tugend des Glaubens, der Liebe, der Hoffnung, aber ihr klassisches Feld – die Abwendung von der Welt, die Triebkontrolle, die Buße und Leidenschaftslosigkeit, gehörte zu ihrem Inhalt. Die Askese wurde in der Folgezeit - charakteristisch für das Klosterleben. Allerdings das Leben als beharrliche Übung der Enthaltsamkeit auf dem Weg der Nachfolge Christi, war für alle Gläubigen verpflichtend. Das Erlangen der christlichen Vollkommenheit war ohne die Abtötung weltlicher Impulse und ohne die Ichumwandlung zum Ich Christi nicht vorstellbar. In der christlichen Askese gehörte auch die freiwillige Enthaltung von Speisen, Schlaf und Geschlechtsverkehr, der reduzierte Umgang mit Menschen und die Einsamkeit.

Das christliche Leben ist von seiner Doktrin her eine dauerhafte und systematische Übung der Tugenden, besonders des Glaubens und bringt einen notwendigen Verzicht mit sich, ein Nein-Sagen zum eigenen Ego. Die „Welt" zu der die Christen berufen sind, ist das Gegenteil der natürlichen Welt, in der sich die Christen zu Lebzeiten auf Erden befinden. Die leibliche Welt bleibt eine ständige Versuchung, nach ihren verbotenen Früchten zu greifen. Die Askese sollte vor dem Fall in diese Welt schützen, d. h. vor der Verweigerung der christlichen Berufung.

Der Heilweg ist ein Weg der Askese, der Einübung des christlichen Glaubens. Ein wesentliches Stück „Welt", besonders, wo sie die Sinnlichkeit anspricht, muss jeder Mensch opfern. Wer sich zum Höheren berufen fühlt, verzichtet auf Besitz, auf Familie und Heim, vor allem jedoch auf den eigenen Willen. Gemeint sind hier nicht nur die Ordensfrauen und Mönche, sondern prinzipiell alle Christen. Jesus verlangt von jedem, der an ihn glaubt, die Preisgabe des irdisch gemeinten Lebens, die

Selbstverleugnung. Diese gewaltige Umformung des Bewusstseins ist ohne das tiefe Gebet, ohne den festen Glauben und ohne die systematische Askese nicht vorstellbar. Jesus benutzt das Bild vom Abhacken der Hand, die dich ärgert und vom Ausreißen des Auges, das nicht gehorcht, um die Bedeutung von den Ketten dieser Welt zu betonen. *Paulus* spricht vom *„Ausziehen des alten Menschen*", der von der Zuneigung zu dieser Welt beherrscht ist.

Ich habe nicht ohne Absicht an die Grundsätze der christlichen Lebensführung erinnert. Unsere Gebete sollen nämlich christlich sein und das sowohl in ihrer Thematik, als auch in ihrer Durchführung. Ohne die Kenntnis der Glaubens, ohne die Einübung der Tugenden und ohne das Leben im Einklang mit der Sittlichkeit, würden die Gebete wirkungslos bleiben. Nur wenn der Gebetsinhalt den geistigen Normen entspricht, wird das Gebet mit Sicherheit erhört.

f. Glaube und Gehorsam.

Der Gehorsam wird als Willensbereitschaft verstanden, sich der rechtmäßigen Autorität innerlich und äußerlich anzugleichen. Der innere Gehorsam, der sich in der Anpassung des Willens vollzieht, mündet in den äußeren Gehorsam, in die Durchführung der Anordnungen. Der religiöse Gehorsam bezieht sich auf die Inhalte des Glaubens und der religiösen Ethik.

Nach dem Alten Testament schenkt sogar Jahwe den Gehorsam an seine Anordnungen. Ohne den Gehorsam wäre der Mensch nur Sünder und damit straffällig. So spricht Gott durch den Mund von *Ezehie*l: *„Ich*

schenke euch ein neues Herz und lege einen neuen Geist in euch. Ich nehme das Herz von Stein aus eurer Brust und gebe euch ein Herz aus Fleisch. Ich lege meinen Geist in euch und bewirke, dass ihr meinen Gesetzen folgt und auf meine Gebote achtet und sie erfüllt.“
(Ez. 36, 26-27)

Auch durch *Jeremija* spricht der Herr vom Verlegen seiner Gesetze direkt ins Herz des Volkes:
„*Spruch des Herren: Ich lege mein Gesetz in sie hinein und schreibe es auf ihr Herz. Ich werde ihr Gott sein, und sie werden mein Volk sein. Keiner wird mehr den anderen belehren, man wird nicht zueinander sagen: Erkennt den Herren! Sondern sie alle klein und groß, werden mich erkennen – Spruch des Herren.*“
(Jr. 31, 33 – 34)

Wahrscheinlich war das nur eine einmalige Aktion des Herren, weil die nachfolgenden Generationen Gott immer wieder verleugnet haben. Der Glaube ergreift eine verborgene Wirklichkeit, die für den irdischen Verstand nicht zugänglich ist. Es ist bedauerlich, dass unser Verstand infolge der Versenkung im Hirn und als Folge seiner Abhängigkeit von den Sinnen, nicht alles das leisten kann, wozu er in Reinkultur fähig wäre. Für den reinen Verstand, der frei von Körperlichkeit ist, ist die Wirklichkeit unendlich reicher an Universen geistiger Art, an Wesenheiten und Intelligenzen, die unser Verstand, sobald er körperlos ist, vollkommen begreift. Diese Erkenntnis hat Plato bewogen, den angehenden Philosophen zu Ichaustritten zu bewegen. Ohne die Scheidung vom Körper – mindestens für kurze Zeit – kann niemand ein echter Philosoph werden. Wer körperlos die geistigen Universen nicht besucht hat, kann sich vermittels des Glaubens, doch ein Bild von der verborgenen Welt machen. Damit er nicht unsinnig zweifelt, verpflichtet ihn die Religion zum Glauben.

Den Glauben setzt das Heil voraus. Wer nach Erlösung sucht, muss die heilige Überlieferung annehmen. Der feste Glaube belebt die im Westen vernachlässigte Kontemplation, führt zu mystischer Erleuchtung und zu ewiger Einheit mit Gott. Ohne die Erkenntnis durch den Glauben, würden sich die Suchenden aus den Fangnetzen spekulativer Philosophien kaum noch befreien können. Die Tradition der mystischen Gotteserkenntnis, besonders in der franziskanischen Theologie sehr stark ausgeprägt, hat die einseitige philosophische Interpretation des Glaubens eingedämmt. Glaube ist bei den Franziskanern kein rein intellektueller und damit rationaler Vorgang, sondern vor allem eine überwältigende affektive Macht. In beiden Fällen behält jedoch der Glaube seine Objektivität und liefert verbürgte Erkenntnisse über Gott, die das Beten auf sicheren Grund stellen.

g. Die Gebetserhörung.

Das Geheimnis der Gebetserhörung hat Jesus in knappen Worten offenbart: „*Alles, um was ihr in meinem Namen bittet, werde ich tun!*“ (Jo 14, 13) Wer im Namen Christi Gott sein Anliegen vorträgt muss allerdings ein wahrhaftiger Christ sein, d. h. nach seinem Vorbild leben.

Damit wird die Wirksamkeit von Gebeten abhängig, von der inneren Reinheit der Betenden. Wichtig ist auch die Fähigkeit des Betenden zur Sammlung, zu Konzentration aller seiner Kräfte auf Gott, sein Vertrauen auf

Gott selbst und die Tiefe seines Glaubens. Ein von Wünschen an die angebliche Lustwelt verunreinigtes Bewusstsein kann sich nur aus egoistischen Motiven an Gott wenden und damit niemals den Gleichklang mit der göttlichen Energie erreichen. Von den Meistern des Betens lernen wir, dass es für den Betenden besser wäre, sich immer nur auf eine einzige Angelegenheit zu konzentrieren und mit aufsteigender Sammlung und wachsender Gefühlskraft bis zur Erhörung beten. Das Beten ist ein dynamischer Kraftakt, der alle uns zur Verfügung stehenden Energien bündelt und wachsen lässt. Von der Seite des Betenden ist die dauerhafte Selbstzucht, die hohe Askese, die Hingabe an Gott, aber auch die Selbsterkenntnis die Garanten der Gebetserhörung. Die wirklichen Kräfte unserer Natur – die Liebe zu Gott, der geistige Wille und der Tiefenverstand, werden durch Gebete ständig entfaltet. Sie bewirken eine Läuterung der Persönlichkeit, ihre Abkehr vom Diesseits und den begründeten Verzicht auf Hypothesenwissen der Naturwissenschaften.

h. Dem Glauben steht im Wege...

Es gibt heute drei Hauptfaktoren, die dem Glauben an Gott, der Pflicht zur Sanftheit sowie dem Bemühen zur Veredelung unserer Natur im Wege stehen. Es ist unsere materialistische Erziehung, die vererbte raubtierhafte Natur und der darauf aufgebaute Hochmut.

Die materialistische Erziehung macht uns nicht mehr zum besseren Menschen, sondern zum widerspruchslosen Diener der herrschenden Zivilisation. Der Treibstoff der Zivilisation ist das Geld. Das moderne Geldverdienen verträgt keine ethischen Normen. Die Geldgier ruiniert heute ganze Nationen. Das Raubtier im Menschen will Freiheit für seine Triebe und dunklen Dränge. Güte, Liebe und Edelmut hat im Dschungel keinen Sinn. Der Hochmut schließlich lässt keine „weiche“ Weltanschauung zu. Zu ihm passt die biologische Vitalität, das Ablehnen jeder geistigen Aufklärung, das Festhalten an eigener Meinung und an der daraus resultierenden Opposition zu jeder geistig inspirierten Lösung, die Trunksucht, Überfütterung, sexuelle Freiheit und instinkthaftes Verhalten. Die Menschen hören sich mit Interesse nur das an, was ihrem triebhaften Gemüt entspricht. Bei tieferen Geistesthemen schalten sie sofort auf Distanz um. Es wird nicht überlegt, sondern kritisiert und abgelehnt. Der triebhafte Wille verhindert eine ernsthafte Überprüfung höherer Standpunkte. Der Glaube an die Allmacht Gottes wurde vom Glauben an die „Allmacht“ der wissenschaftlichen Rationalität ersetzt. Die Niederwerfung der Vernunft unter die biologische Natur bewirkte die Massenflucht der Menschen aus der Teilhaftigkeit an der geistigen Kultur. Die neue zivilisatorische Menschenzucht ist dem Glauben an Gott verschlossen und dem Gebet nicht zugänglich. Die meisten setzen ihren Lebenssinn im Zusammenraffen von irdischen Gütern und in Gott erblicken sie höchstens den kosmischen Polizisten, der ihr Haben zu bewachen hat. Wir dürfen zwar unser Leben nicht als Bettelmönche verbringen und auf Kosten anderer leben. Aber leben, alleine um Güter zu raffen, widerspricht unserer geistigen Berufung.

Für die meisten steht im Mittelpunkt des Gebets

eine Bitte um die Wunscherfüllung. Sie haben nur die eigene irdische Sucht im Sinne und versuchen sie – wenn es geht – mit Gottes Hilfe abzusichern. Selbstsucht stellt die eigene Wichtigkeit über alles und sogar von Gott erwartet sie Unterordnung und Hörigkeit.

Kapitel VIII: Heilung durch Gebet.

a. „*Ich bin dein Arzt.*“

„*Er sagte: Wenn du auf die Stimme des Herren, deines Gottes, hörst und tust was in seinen Augen gut ist, wenn du seinen Geboten gehorchst und auf alle seine Gesetze achtest, werde ich dir keine der Krankheiten schicken, die ich den Ägyptern geschickt habe. Denn ich bin der Herr, dein Arzt.*“ (Ex 15, 26) Krankheit war für die Israeliten eine Strafe Gottes für begangene Sünden und damit ein offenes Zeichen, dass man Sünder ist. Zuständig für die Krankheit waren die Priester. Wie in keiner anderen Kultur haben die Israeliten die Folge beziehung zwischen der Krankheit und dem Charakter eines Menschen erkannt. Die Sünde, die Verletzung geistiger Gesetze der Lebensführung, war Ursache der Krankheit: „*Ihr sollt nur auf den Weg gehen, den der Herr, euer Gott, euch vorgeschrieben hat, damit ihr Leben habt und es euch gut geht und ihr lange lebt.*“ (Dt 6, 31 – 32) Jesus weicht von dieser Erkenntnis nicht ab: „*Wer den Willen Gottes erfüllt, der ist für mich Bruder und Schwester und Mutter*“ (Mk 3, 35) und ergänzend sagt er: „*Nicht jeder, der zu mir sagt: „Herr! Herr! Wird in das Himmelreich kommen, sondern nur, wer den Willen meines Vaters im Himmel erfüllt.*“ (Mt 7, 21) Nicht nur Krankheiten, auch andere Katastrophen schickt der Herr den Menschen, wenn sie nicht nach seinen Gesetzen leben wollen: „*Wenn ihr bereit seid zu hören, sollt ihr den Ertrag des Landes genießen. Wenn ihr aber trotzig seid und euch weigert, werdet ihr vom Schwert gefressen.*“ (Is. 1, 19 – 20) Die Erkenntnis einer direkten

Beziehung zwischen der moralischen Qualität der Menschen und ihrem äußeren Schicksal ist seit Tausenden von Jahren bekannt. Von dieser Erkenntnis machen die Menschen jedoch weiterhin keinen Gebrauch: „*Als ich immer wieder zu euch redete, habt ihr nicht gehört, als ich euch rief, habt ihr nicht geantwortet.*" (Jr 7, 13)

Die Krankheiten, Naturkatastrophen und Schicksalsschläge stehen alle in direkter Beziehung zu dem, was wir selber aussäen. Dazu sagt Jesus kurz: „*Was jemand sät, das wird er auch ernten.*" Diese Worte offenbaren ein unerbittliches Lebensgesetz und sind eine Warnung, dieses Gesetz gering zu schätzen. Der Begriff „Saat" bezieht sich vorwiegend auf unsere Gedanken. Sie werden zu Keimlingen einer Wirklichkeit, die in allem, dem Inhalt und der Energie unserer Gedanken entspricht. Die Hebräer wussten ausnahmslos alle, dass die Krankheiten aus den bösen Gedanken geschlüpft sind und zu ihrem Erzeuger zurückkehren. Negativ waren und sind alle Gedanken, die mit bösen Affekten und amoralischen Wünschen verbunden sind wie Hass, Neid, Zorn, Rachsucht, Kritiksucht, Habsucht, Grausamkeit, Eifersucht und ähnliches. Das dahinter stehende Gesetz besagt, dass diese negative Gedankenenergie den Erzeuger selbst angreift und in ihm eine bunte Palette von Krankheiten und Schicksalsschlägen erzeugt. Sie gehören in die Kategorie der selbst verschuldeten Krankheiten, die sich von den anderen Krankheiten durch ihre Resistenz auf alle Heilungsversuche unterscheiden. Von hellsichtigen Heilern wurden sie nicht behandelt und in den katholischen Heiligtümern wie z. B. „*Lourdes*", geschehen an diesen Menschen keine Wunderheilungen. Bei privaten Gebeten des Kranken selbst, treten hier auch keine Heilungen ein. Zuallererst muss der Erzeuger und Träger menschenfeindlicher Gedanken und Emotionen sich selbst als „schwarze Blume“ erkennen, seine Giftzähne ausreißen, seine giftigen Gedanken zutiefst bereuen und auf den Weg des Wohlwollens, der Nächstenliebe – auch zu seinen Feinden – zurückkehren. Erst dann darf er durch das eigene, liebevolle Gebet, die Heilung für sich erwirken. Die Erstarrung des Herzens, das „Herz aus Stein“, muss durch ein Herz voller Güte und Liebe zu Gott und den Menschen ersetzt werden. Nur der Herr ist der Arzt, weil nur er die Schulden vergeben kann: *„Wohl dem Menschen, dem der Herr die Schuld nicht mehr zu Last legt und dessen Herz keine Falschheit kennt.“*

„Solange ich es verschwieg waren meine Glieder matt, den ganzen Tag musste ich stöhnen...

Da bekannte ich meine Sünde und verbarg nicht lange meine Schuld vor dir.

Ich sagte: Ich will dem Herren meine Frevel bekennen und du hast mir die Schuld vergeben.“ (Ps. 32, 2 – 5)

Begangene Sünden belasten das Gewissen. Die innere Unordnung des Geistes überträgt sich spontan auf den Körper, der über seine Krankheitssymptome dem Bewusstsein mitteilt, dass die geistige Ordnung herzustellen ist. Die Sündenbekenntnis und die folgende Reue und Buße entlasten das Gewissen und der harmonische Ordnungszustand kehrt allmählich zurück. Weil alleine Gott Schulden vergeben und damit Gesundheit wiederherstellen kann, ist auch Gott der einzig wahre Arzt des Menschen. Kurz: Krankheiten haben ihre Quelle in bösen Taten, in Sünden der Vernachlässigung, im Übelwollen. Das Böse der Tat und des Wollens entspringen wiederum dem Bösen der Gedanken, die unter dem Einfluss böser Gefühle und Wünsche entstanden sind. Darum: das ungeläuterte Herz, die Persönlichkeit, ist Ursache der Krankheiten. Ohne Läuterung des Inneren kann es keine Heilung geben. Somit verursachen Charakterdefizite die Entstehung der Krankheiten.

Im Einflussbereich christlicher Kultur wird gegen das Böse in uns mit Gebeten vorgegangen, weil Gebete den Charakter veredeln und wandeln. Liebe, Güte, Barmherzigkeit und der ganze Katalog spiritueller Gewohnheiten erstellen eine hohe Mauer um die Persönlichkeit, eine Mauer, die eine Sendung von negativen Energien verhindert. Der Körper bildet eine energetische Einheit mit den Schwingungen des Geistes. Wahrscheinlich werden auf das bereits masselose subatomare Feld des Körpers die Geistschwingungen übertragen. Gebete lassen unseren Geist in Frequenzen schwingen, die das Schwingungsfeld einer Krankheit abwehrt. Davon soll selbstverständlich die göttliche Erhörung unserer Heilgebete nicht angetastet werden: Zuerst muss die Sündenvergebung – mit Reue, Buße, Gutmachung und festen Entschluss – nicht mehr zu sündigen, bei Gott erwirkt werden. Wenn auch die innigsten Bitten nicht erhört werden, liegt es am Menschen, der ungereinigt vor Gott zu erscheinen wagt.

b. Krankheiten als Ausdruck ethischer Defizite.

Der Körper wird genau nach den Inhalten des Bewusstseins ständig aktuell korrigiert. Die Krankheit selbst, in ihrer immateriellen Existenzform ist zuerst in den tiefen

Schichten des Bewusstseins auf der Lauer. Durch Ausbildung von Tugenden, durch Askese, Glaubensgehorsam und Selbstkontrolle werden die zu Charakterfehlern konträren Energien erzeugt. Diese wiederum lösen das entstehende Krankheitsbild auf. Sie bilden weiter im Körper ein Immunitätsfeld, das jedes Entstehen von krankmachenden Energien verhindert. Es steht heute fest, dass die Materie des Körpers durch die Akte des Denkens und Wollens beeinflussbar ist. Durch die Veredelung des Inneren können wir unsere Krankheiten beeinflussen und schließlich auch heilen. Eine exakte Bewusstseinsanalyse unter dem Aspekt der Normen für eine geistig- sittliche Lebensführung wäre dazu unerlässlich. Um die Rückkehr der Ordnung im Körper mit Gebet zu bewirken, muss das Innere so umgewandelt werden, dass der eigene „Sender" die höchste göttliche Seinsebene – die ewige Wirklichkeit – sicher erreicht. Das sich Erheben in die überrationalen Seinsebenen oder direkt zu Gott lädt die Persönlichkeit mit Heilenergien auf, die direkt aus der Quelle kommen.

Wie wir bereits vernommen haben liegen die Ursachen von Krankheiten im Verleugnen der Stimme des Gewissens – der Stimme des zu uns sprechenden göttlichen Vaters. Dieses nicht Hören auf Gott beklagen ausnahmslos alle Propheten des Alten Testaments. Gott spricht auch täglich mit uns, wir jedoch hören ihn nicht, weil wir andere Stimmen vorziehen. Das Gewissen erinnert an die Normen kosmischer Urgesetze und schützt damit vor Verletzung der Einheit allen Seins. Das erfolgte Verletzen, besonders der Einheit mit allen Menschen, schlägt mit gleicher Notwendigkeit den Täter wie die

Nichtbeachtung physischer Gesetze. Die Gegenkraft zu allen Krankheiten besteht darum in der Gesinnung der Liebe und Güte. Wenn uns die Liebe und Güte fehlt, leben wir im Zustand geistiger und moralischer Defizite. Unserem Geist fehlt die wichtigste „Ernährung" und die nötige Atmosphäre. In diesem Zusammenhang ist die Krankheit ein körperlicher Ausdruck geistiger Anomalien.

Gebete sind vorbeugende Maßnahmen gegen Krankheiten, weil sie den Geist veredeln und vor aggressiven Gefühlen und Gedanken schützen. Bei vorhandenen Leiden sollen die Gebete intensiviert werden und das Bewusstsein von Spuren sündhaften Denkens gereinigt werden.

Mit Medikamenten alleine können wir niemals genesen. Ein Medikament kann nicht Grausamkeit, Hass, Neid, Zorn etc. aufheben. Bis zu Vernichtung des Körpers werden sich immer weiter andere Krankheiten im Körper tummeln. Wir müssen uns zu Gesundheit erziehen und das nicht alleine durch das richtige Essen, Bewegung und Körperhygiene. Jeder muss zum Beter werden! Die selbstsüchtige Lebenseinstellung, die sich im Wahn ausdrückt, dass jeder so Denken und Handeln darf wie er will, steht als Fundament aller modernen Sünden fest. Aus ihnen erfließen uns die modernen Krankheiten. Durch intensive Gebete und Liebesgesinnung wird die innere Getrenntheit von Menschen und Normen langsam behoben. Die wahren Heilmittel sind somit immateriell.

c. Heilung durch inneren Frieden.

In den Offenbarungsschriften ist der Friede von Weisheit Gottes umhegte Lebensordnung, die auf seinen Gesetzen gegründet ist. Heute ist der religiöse Friede durch weltliche Vorstellungen überfremdet. Der klassische Friede, wie er seit über 2 Tausend Jahren gepredigt wird, ruht in der Herzensgemeinschaft mit Jesus. Thomas von Aquin definiert den Frieden unter dem sozialen Aspekt und meint, er wäre die von allen erstrebte Ordnungsruhe. Sie würde im geordneten Zusammenleben auf dem Boden der Gerechtigkeit bestehen. (S. Th I, II, 70,3) Im Alten Testament ist der Friede ein Gebetsanliegen, wie die folgenden Zitate belegen:

„*Im Frieden leg ich mich nieder und schlafe ein;*
denn du allein, Herr, lässt mich sorglos ruhen." (Ps 4,9)

„*Friede wohne in deinen Mauern,*
in deinen Häusern Geborgenheit.
Wegen meiner Brüder und Freunde,
will ich sagen: In dir sei Friede." (Ps 122, 7f)

„*Doch wer auf krumme Wege abbiegt*
den jage, Herr, samt den Frevlern davon.
Friede über Israel!" (Ps 125,5)

Nach Jesaja ist Friede die erhoffte Segensfülle:

„*Das Werk der Gerechtigkeit wird der Friede sein, der Ertrag der Gerechtigkeit sind Ruhe und Sicherheit für immer.*" (Ps 32, 17)

In den Schriften des Neuen Testaments ist Friede das schöpferische Ordnungsprinzip:

„*Gott ist nicht ein Gott der Unordnung, sondern ein Gott des Friedens.*" (1 Kor. 14,33)

Der Friede muss aktiv erstrebt werden:
„Lass uns also nach dem streben, was zum Frieden und Aufbau beiträgt.“ (Röm. 14, 19)

Ohne Frieden und Heilung wird keiner den Herrn sehen:
„Strebt voll Eifer nach Frieden mit allen und nach der Heilung, ohne die keiner den Herrn sehen wird.
(Hbr. 12,4)

Der wahre Friede, als Geborgenheit im Frieden des Herzens, kann durch weltliche Vorstellung nicht ersetzt werden. Wer den Herzensfrieden erreicht hat, lebt auch in der Norm des äußeren, sozialen Friedens. Wenn jedoch der äußere Friede als Maß allen Friedens propagiert wird, kann der Friede des Herzens nicht in den Geist einziehen. Das geordnete Zusammenleben auf dem Boden der Gerechtigkeit ist nur dann realistisch, wenn zuvor jeder den Herzensfrieden gefunden hat. Wer erreicht jedoch den inneren Frieden und zu welchem Preis?

Wer ständig seinen Wünschen, Begierden und Strebungen nachläuft, kann keine Ruhe erfahren. Er wird auch noch im Schlaf von seinen unruhigen Geistern geplagt. Auch der Stolz, besonders wenn er verletzt ist, vertreibt den Frieden. Weiter: Neid und Hass vergiften jeden sonnigen Tag und verhindern jedes Gebet. Niemand entgeht dem Terror des Unfriedens, der sich nicht beherrschen kann. Dazu braucht er gesammelten Geist, ordentliche Zucht und stilles Gemüt. Ein wirrer Geist kennt keinen Frieden.

Um den inneren Frieden zu erreichen, müssen die Gedanken kontrolliert werden, der Wille restlos beherrscht sein und der Lebenssinn täglich von neuem bewusst gemacht werden. Die tägliche Lebensführung muss mit dem Lebensziel in Einklang stehen. So entzieht man den Begierden das Innere, strebt man nur noch nach dem übersinnlichen Gut, löst jede Angst auf, kennt keinen Unwillen, distanziert sich von allen weltlichen Lustquellen. Ein beherrschter Mensch lebt um Gott näher zu kommen.

d. Krank durch falsche Weltzuwendung.

Der Glaube an eine ausschließlich physische Existenz und das Festhalten an sinnlichen Vergnügungen, geht heute vom herrschenden Zivilisationstypus aus. Um aus dieser Klemme herauszukommen brauchen wir eine Erziehung nicht für, sondern gegen diese Zivilisation! Schaffen wir es nicht, werden weiterhin die Zahl von bekannten Krankheiten und dutzende Neubenennungen von Krankheiten entstehen. Alleine, um den Krankheiten zu entgehen, sind wir ethisch verpflichtet, der Egozentrik der profitorientierten Macher den Rücken zu kehren. Eine Entwöhnung von der Zivilisation, die den Wert eines Menschen nach seinem Nutzwert für den Markt bestimmt und damit die christliche Bildungstradition pervertiert und die Humanität leugnet, diese geforderte Entwöhnung ist die primäre Pflicht eines geistig strebenden Menschen.

Nicht mehr die Religion oder Ethik, sondern die niedrige Vitalität, die dazu noch die Verstandeskräfte beherrscht, dem Denken ausschließlich diesseitige Ziele stellt, prägen das Gesicht der Zivilisation. Sie hat sich auf das reine Körperdasein verkleinert, die großen Gebiete des Geistes verraten, das Göttliche Prinzip verdrängt, die unterhumanen Kräfte aus dem Dunkel des Unterbewusstseins ans Licht befördert, die Egozentrik als die entscheidende Antriebskraft im Bereich der Motivation sanktioniert. Der Brennpunkt des Bewusstseins wurde von innen nach außen verlegt – auf die rein körperliche Lebenswelt. Um überhaupt beten zu können, muss der Beter sein Bewusstsein aus dem Bereich maschineller Nützlichkeit abziehen, Gott im Inneren bewusst machen und alleine auf ihn den Schwerpunkt seines Denkens, des Willens und seine Emotionalität verlagern. Das Abschütteln vom Zivilisationsmüll, das sich stündlich in der Seele neu anhäuft, bildet eine zusätzliche Aufgabe für die Konzentration. Das Vergängliche, Sterbliche und Irrige der Zivilisation ist ein Unwert im Vergleich mit der zeitlosen Dauer unserer Individualität in den übersinnlichen Welten.

e. Die psychischen Früchte des Betens.

Die Zunahme psychisch kranker Menschen aus allen Schichten der Bevölkerung, die Zahl wachsender Suizidfälle, die um sich greifende Demenz, die Reizbarkeit und Unausgeglichenheit der Menschen um uns herum, die steigende Zahl der Ehescheidungen aber auch Vergewaltigungen, Diebstähle, Internetkriminalität und ähnliches, zeigt ganz deutlich, dass wir mit der maschinellen Welt und mit ihrem Tempo nicht mehr zurecht kommen und uns mit ihr immer weniger verwandt fühlen. Wir sind keine Roboter in den Händen von „weisen" Konstrukteuren und wir vertragen es nicht, wenn man uns kneten will und in Form presst, wie ein Weihnachtsgebäck.

Den Mund halten wir zu, um die Lage nicht noch schlimmer zu machen. Die Seele schreit jedoch immer lauter bis sie von Lebensenttäuschung und Weltunzufriedenheit zusammenbricht. Die materialistischen Gegner der Religion haben die so genannte Psychologie und Psychotherapie entwickelt, um die Flut der Seelenkranken aufzunehmen und sie wieder aufzurichten. Wenn wir jedoch die modernen Seelenprofis nach ihren Heilerfolgen zu beurteilen hätten, würde es für sie düster ausfallen. Sie haben ein abhängiges, süchtiges Volk gezüchtet, das ohne Pillen (mit kriminellen Nebenwirkungen) und Gespräche nicht mehr auskommt. Von Heilung keine Spur, nicht mal nach zehnjähriger „Behandlung". Haben wir da nicht bei allen unseren Angriffen auf das Christentum das Kind im Badewasser mit beseitigt? Waren z. B. nicht die Beichte, die feierliche Sonntagsmesse und alleine schon die täglichen Gebete wirksamer als die modernen „Seelentechniken"?

Ein aufrichtiges Gebet setzt in der leidenden Seele ein reines Gemüt frei. Je intensiver und öfter wir beten, desto schneller gelingt es uns, eine verfeinerte Gefühlsnatur zu entwickeln, die wiederum behilflich ist, niedere Gefühle, wie Hass, Neid, Zorn, Übelwollen u. ä. abzuschwächen und mit der Zeit ganz zu löschen. Der Betende wird ruhiger, gelassener, ausgeglichener und heiterer. Das Wechselbad der Gefühle wird der Vergangenheit angehören.

Besinnen wir uns auch darauf, dass wir uns immer für alles, was wir bereits haben – auch dann, wenn unser Haben der Norm der Wünsche noch nicht entspricht – zu bedanken haben. Das Gefühl der Dankbarkeit – das dankbare Herz – wird die schlimmsten Gemütsgifte, besonders das ständige Vergleichen mit anderen und die daraus entstandenen bösen Gedanken, aus unseren Herzen vertreiben. Nicht mit Menschen sollen wir uns vergleichen, die angeblich „sind" oder „haben", sondern mit denen, die vom Schicksal benachteiligt sind. Auch die Ruhe und Gelassenheit des Inneren sind Früchte des Gebets. Das Gebet vertreibt die Eigensucht, die Unruhe des Begehrens und die Angst vor Verlust. Wer alle seine Kräfte und sein gesamtes Wirken Gott weiht, findet mit Sicherheit ein ungetrübtes Gemüt. Sein Ziel ist die Erkenntnis Gottes und die tägliche Vertiefung der Freundschaft mit Ihm. Wenn Entscheidungen zu treffen sind, vereinigt ein Gottesfreund sein Herz mit Gottes Herz und danach handelt er. Weil seine Inspiration zum Wirken von Gott kommt, entgeht er der Manipulation durch weltliche Bedürfnisse.

Kapitel IX: Die Psalmgebete

„*Du, Herr, verlässt keinen, der dich sucht.*“ (Ps. 9,11)

a) Gebet als Antwort auf Gottes Rufen.

Im alten Israel gehören Gebete zur Pflicht der Kulturgemeinschaft. Der einzelne Israelit galt vor Gott nur als Glied des Volkes. Nicht die menschliche Not war der Anlass zum Beten! Die Initiative dazu wurde von Gott erweckt und von ihm auch ermöglicht. In diesem Glauben lag der Grund für die Überzeugung, dass der Impuls zum Beten von Gott ausgeht, dass also der Grundakt des Betens im Hören auf das Wort Gottes bestand:

„*Höre Israel!*“ (Dt. 6,4); „*Hier bin ich! Du hast mich ja gerufen! Rede, Herr*“ (1 Sam. 3, 5.9).

Jahwe sprach zu den Vätern und Propheten und spricht jedem ins Herz. Er fordert, aber verheißt auch. Das Hören auf sein Wort verlangt Gehorsam und Hingabe. Gehorsam auf sein Ruf:

„*Ihr sollt lieben den Herren, euren Gott, seiner Stimme gehorchen und ihm in Treue anhängen. Denn das ist dein Leben.*“ (Dt. 30, 20)

Jahwe hat dem Volk Unglück angedroht, wenn sein Rufen ohne Antwort blieb:

„*Ich will über Juda und die Bewohner Jerusalems all das Unglück kommen lassen, das ich ihnen angedroht, weil sie nicht hören.*

So oft ich zu ihnen redete und sie keine Antwort gaben, wenn ich sie anrief.“ (Jr 35,17)

Gebet war für die Israeliten ein antwortender Gehorsam.

In der Annahme des Wortes Gottes lag das lebendige Vertrauen zwischen dem Hörer und Gott. Was aus der Geschichte Israels, besonders für die heutige Zeit zu lernen ist, war der ausgebliebene Kampf gegen die Stummheit, gegen den Rückgang der Feinfühligkeit in der das Sprechen Gottes wahrgenommen werden kann. Wie auch die Menschen heute noch, war das Volk Israel nach außen hin gerichtet, interessierte sich für die Welt und suchte in der materiellen Realität seine Vorteile. Das Hören auf die Weisung Gottes im Inneren ist zu leise geworden, weil die Aufmerksamkeit von innen nach außen abgezogen wurde. Jahwe versuchte das Volk „umzudrehen", aber die Masse des Volkes sah die Vorteile ihres Lebens nicht in Gott, sondern in der Welt. Für die einzelnen Frommen war Gott weiterhin der Vater:

„*Du, Herr, bist unser Vater, unser „Erlöser von Urzeit an" ist dein Name.*" (Is. 63,16)

Gott wollte geliebt werden und forderte die Israeliten auf, ihn als Vater anzurufen:

„*Er rufe mich an: Mein Vater bist du, mein Gott und der Fels meines Heiles.*" (Ps. 89, 27)

Die Väterlichkeit bildet eine Seite Gottes. Ihr gehört seine Liebe zu den Menschen. Durch ihr Verhalten kommt jedoch die andere Seite Gottes immer mehr in der Geschichte Israel zum Vorschein: die Gerechtigkeit! In ihr zeigt sich Gott als die ferne, majestätische, himmlische Urmacht. Das Volk zitterte als sich Gott am Sinai kundtat, Moses verhüllte sein Gesicht. Isaja glaubte zu vergehen beim Anblick Gottes. Diese zweite Gotteserfahrung entspricht der Gerechtigkeit seines Wesens:

Er ist beides: Liebe und Gerechtigkeit! Diese Erfahrung Gottes wird besonders in den Zeiten der Sittenlockerung vergessen. Gott als der Gerechte straft dann die Sünder mit voller Härte! Dem Zugeneigten, Gnädigen und Barmherzigen, entspricht der Abweisende, Fremde und Strafende. So lange, wie sich die Menschen nach seinem Willen richten und ihn innigst lieben, wird ihnen die Konfrontation mit der strafenden Gerechtigkeit erspart. Er fordert, dass der Mensch beide Aspekte seiner Natur anerkennt:

„Bin ich nun Vater, wo bleibt meine Ehre, und bin ich Herr, wo bleibt die Furcht vor mir?“ (Mal. 1, 6)

Diese Erfahrung Gottes hat das Volk Israel gemacht. Das Wesen Gottes jedoch, das sich hier offenbarte ist zeitlos und für alle Völker bindend.

Erst mit dem Zerbrechen der Volksgemeinschaft, mit der Verbannung und dem Exil, taucht in den Gebeten die Frage nach dem eigenen Schicksal auf. Das Los der einzeln Leidenden rückt in den Vordergrund. Das Volk ist nicht mehr der schützende, geistige Ort in dem die Güter des Einzelnen, sein Land, der Schutz gegen Feinde, zahlreiche Nachkommenschaft und langes Leben abgesichert waren. Die irdischen Güter sind verloren gegangen und die einzelnen Israeliten begannen nach den unvergänglichen überirdischen Gütern zu suchen. Der Bedrängte sichert nun bei Gott sein Leben:

„Sei mir gnädig Gott, sei mir gnädig; denn ich flüchte mich zu dir.
Im Schatten deiner Flügel finde ich Zuflucht bis das Unheil vorüber geht.
Ich rufe zu Gott dem Höchsten, zu Gott, der mir beisteht.“ (Ps. 57, 2-3)

„Ich aber will deine Macht besingen, will über deine Huld jubeln am Morgen.
Denn du bist eine Burg für mich, bist meine Zuflucht Am Tag der Not.“ (Ps. 59, 17)

„Der Gerechte freut sich am Herren und sucht bei ihm Zuflucht.
Und es rühmen sich alle Menschen mit redlichen Herzen.“ (Ps. 64, 11)

Die Menschen bergen sich in der schützenden Nähe Gottes:
„In deinem Zelt möchte ich Gast sein auf ewig, mich bergen im Schutz deiner Flügel.“ (Ps. 17, 8)

Der Israelit erwartet nun die Hilfe des Herren:
„Bei Gott allein kommt meine Seele zur Ruhe, von ihm kommt mir Hilfe.“ (Ps. 62,2)

Allmählich lernen die Menschen, dass die unmittelbare Gottesgemeinschaft höher ist als alle Vorteile der Volksgemeinschaft. Nun findet der erfahrene Beter in der Tiefe seines Herzens die Anwesenheit Gottes:
„Jahwe ist mein Land- und Becheranteil, du hast mein Los weit gemacht; die Messschnur fiel mir auf lieblichen Grund, ja, mein Erbe gefällt mir wohl.“ (Ps. 16, 51)

„Deine Gnade ist besser als Leben.“ (Ps. 63,4)

„Mein Glück ruht in dir ganz allein.“ (Ps. 16,2)

Der durch Leid Geprüfte verlässt sich nun auf Gott: „*Ich aber bin bei dir. Du fassest mich an meiner rechten Hand.*
Nach deinem Rat wirst du mich leiten und dann in Herrlichkeit entrücken. Wen habe ich im Himmel? Neben dir begehre ich nichts auf Erden. Mag mein Fleisch und mein Herz vergehen, so bleibt doch Gott allezeit mein Fels und mein Teil.“ (Ps. 73, 23)

Zur Findung der unvergänglichen, spirituellen Güter, wurden die Israeliten durch das Leid geprüft. Sie fanden Frieden des Herzens und das persönliche Gebet. Jedem einzelnen Menschen und nicht nur dem Volk, wie früher, hat sich nun Gott offenbart. Seine Vaterliebe steht jedoch weiterhin nicht außerhalb der Gerechtigkeit. Seine Strafgerichte treffen die Menschen, sobald sie sich von den irdischen Gütern versklaven lassen. Dieses Bild Gottes hat Jesus nicht korrigiert. Auch sein Beten ist zunächst ein Hinhören auf den Zuruf des Vaters. Auf den vernommenen Ruf folgt Antwort. Seine Antwort ist ein liebender Gehorsam. Erhellend dazu sagt Paulus im Hebräerbrief: „*In den Tagen seines Erdenlebens hat er mit lautem Rufen und mit Tränen Gebete und Flehrufe vor den gebracht, der ihn vom Tode retten konnte und er fand Erhörung wegen seiner Gottesfurcht. Und obwohl der Sohn war, hat er durch das, was er litt, den Gehorsam gelernt, und zur Vollendung gelangt, ist er für alle die ihm folgen, Urheber ewigen Heils geworden.*“
(Hebräer 5, 7-9)

b) Das Wissen in den Psalmen über die Natur des Menschen.

1. Die Vergänglichkeit des Menschen.

„*Von Jahr zu Jahr säst du, die Menschen aus;*
sie gleichen dem sprossenden Gras.
Am Morgen grünt es und blüht, am
Abend wird es geschnitten und welkt." (Ps. 90, 5-6)

Der Psalmist fühlt sich von schneller Vergänglichkeit der menschlichen Existenz tief getroffen. Das Verharren im Sein, die Resistenz gegenüber der Zeit, ist nicht seine Sache. Bereits nach kurzer Zeit verschlingt ihn der hungrige Rachen der Zeit. Gott ist ein Sämann, der ständig neue Menschen aussät, die gleich wieder, wie das Gras auf den Auen verwelken. Kann man hier auf Erden überhaupt noch etwas behalten, wenn man selbst zerfällt? Lohnt es sich für den Reichtum zu leben?

„*Denn man sieht: Weise sterben; genauso gehen Tor und Narr zugrunde. Sie müssen anderen ihren Reichtum lassen!*
Der Mensch bleibt nicht in einer Pracht;
Er gleicht dem Vieh, das verstummt.
So geht es denen, die auf sich selbst vertrauen,
und so ist das Ende derer, die sich in großen Worten gefallen.
Der Tod führt sie auf seine Weide, wie Schafe, sie stürzen hinab zur Unterwelt." (Ps. 49, 1-15)

Die gläubigen Israeliten haben viel über den Tod nachgedacht und lebten mit dem klaren Bewusstsein ihrer Vergänglichkeit. Dieses Bewusstsein hat sie vor falschen Entscheidungen bewahrt.

„Herr, tu mir mein Ende kund und die Zahl meiner Tage!
Lass mich erkennen, wie sehr ich vergänglich bin!
Du machtest meine Tage nur eine Spanne lang,
meine Lebenszeit ist vor dir wie ein Nichts.
Ein Hauch ist nur jeder Mensch.
Nur wie ein Schatten geht der Mensch einher,
um ein Nichts macht er Lärm. Er rafft zusammen,
und weiß nicht, wer es einheimst?
Und nun Herr, worauf soll ich hoffen?
Auf dich allein will ich harren...
Du strafst und züchtigst den Menschen wegen seiner Schuld, du zerstörst seine Anmut wie Motten das Kleid,
ein Hauch nur ist jeder Mensch." (Ps. 39, 5-13)

Der Psalm entzieht die philosophische Grundlage allen Bemühungen der Menschen, den Lebenssinn in Haben und Erleben zu sehen. Das schnelle Schwinden seines Seins verhindert das Behalten der Früchte seines Tuns.

2. Der zum Bösen geneigte Mensch.
In den Psalmen wiederholt sich die Klage über die lügnerische Welt:
„Hilf doch, o Herr, die Frommen schwinden dahin,
unter den Menschen gibt es keine Treue mehr.
Sie lügen einander an, einer den anderen,
mit falscher Zunge und zwiespältigen Herzen reden sie...
sie sagen: Durch unsere Zunge sind wir mächtig;
unsere Lippen sind unsere Stärke.
Wer ist uns überlegen?
Die Schwachen werden unterdrückt,
die Armen seufzen." (Ps. 12, 2-6)

Wenn man bedenkt, dass diese Klage vor Jahrtausenden entstand, beginnt man zu zweifeln, ob die Welt sich jemals zum Besseren verändern kann? Trotz der Revolutionen und Fortschritte, dominiert uns das Böse nach wie vor! Wenn wir von dem typisch orientalischen Stil der Psalmen absehen, haben wir das Gefühl, dass auch der nächste Psalmist, zu unserer Gegenwart gehört:

„*Rette mich, Herr, vor bösen Menschen,*
vor gewalttätigen Menschen schütze mich!
Denn sie sinnen in ihren Herzen auf Böses,
jeden Tag schüren sie Streit.
Wie die Schlangen haben sie scharfe Zungen,
und hinter den Lippen Gift wie die Nattern.
Behüte mich, Herr, vor den Händen der Frevler,
vor gewalttätigen Leuten schütze mich, die darauf sinnen, mich zu Boden zu stoßen.
Hochmütige legen mir heimlich Schlingen,
Böse spannen ein Netz aus, stellen mir Fallen am Wegrand." (Ps. 140, 1-7)

Auch der nächste antike Menschenkenner hat Wahrheiten formuliert, die an Aktualität nicht zu überbieten sind:

„*Überheblich sagt der Frevler: Gott straft nicht!*
Es gibt keinen Gott! Zu jeder Zeit glückt ihm sein Tun.
Hoch droben und fern von sich wähnt er deine Gerichte.
All seine Gegner faucht er an...
Sein Mund ist voll Fluch und Trug und Gewalt;
Auf seiner Zunge sind Verderben und Unheil."
(Ps. 10, 4-7)

Ein anderer Autor wird vom gleichen Problem gequält und findet Trost in Gedanken an Gott:

„*Denn du bist kein Gott, dem das Unrecht gefällt:*
der Frevler darf nicht bei dir weilen.
Wer sich brüstet, besteht nicht vor deinen Augen,
denn dein Hass trifft alle die Böses tun.
Du lässt die Lügner zugrunde gehen,
Mörder und Betrüger sind dem Herrn ein Greuel...
Aus ihrem Mund kommt kein wahres Wort,
ihr Inneres ist voll Verderben.
Ihre Kehle ist ein offenes Grab,
aalglatt ist ihre Zunge. Gott lässt sie dafür büßen:
Sie sollen fallen durch ihre eigenen Ränke.“
(Ps. 5, 5-7; 10-11)

3. Eigenschaften eines guten Menschen.
Wie die Boshaftigkeit der Schlechten bis heute noch die Welt regiert, so sehnt sich der moralisch Gute nach den Eigenschaften eines gottfürchtigen Menschen auch heute noch:

„*Herr, wer darf Gast sein in deinem Zelt,*
wer darf weilen auf deinem Heiligen Berg?
Der makellos lebt und das Rechte tut; der vom Herzen die Wahrheit sagt und mit seiner Zunge nicht verleumdet; der seinem Freund nichts Böses antut und seinen Nächsten nicht schmäht: der die Verworfenen verachtet, doch alle die den Herren fürchten, in Ehren hält; der sein Versprechen nicht ändert, das er seinen Nächsten geschworen hat; der sein Geld nicht auf Wucher ausleiht und nicht zum Nachteil der Schuldlosen Bestechung annimmt. Wer sich danach richtet, der wird niemals wanken.“
(Ps. 15, 1-5)

Makellos leben, das Rechte tun, die Wahrheit sagen, nicht verleumden, niemandem Böses antun, niemanden schmähen, den Herren fürchten, sein Versprechen einlösen, keine Bestechung annehmen – alles Werte, die noch heute ihre moralische Aura besitzen. Mit moralisch geschultem Charakter, darf man vor Gott erscheinen und sicher auf Erhörung der Gebete hoffen.

Der Psalm 34 belehrt, auf wen die Augen des Herren blicken und seine Ohren sein Flehen wahrnehmen:

„*Wer ist der Mensch, der sein Leben liebt*
und gute Tage zu sehen wünscht?
Bewahre deine Zunge vor Bösem
Und deine Lippen vor falscher Rede!
Meide das Böse und tue das Gute;
Suche Frieden und jage ihm nach!“ (Ps. 34, 12-16)

Der gute Mensch weiß, dass jeder der reinen Herzens ist, alles von Gott erhält. Darum betet er zu Gott um das Richtige:

„*Erschaffe mir, Gott, ein reines Herz, und gib mir einen neuen beständigen Geist*.“ (Ps. 51, 12)

In der heutigen Zeit suchen die unruhigen und nervösen Menschen Hilfe bei Nervenärzten und Psychotherapeuten. Der alte Israelit wusste jedoch schon damals:

„*Bei Gott alleine kommt meine Seele zur Ruhe; denn von ihm kommt meine Hoffnung. Nur er ist mein Fels, meine Hilfe, meine Burg, darum werde ich nicht wanken. Bei Gott ist mein Heil, meine Ehre; Gott ist mein schützender Fels, meine Zuflucht*.“ (Ps. 62, 6-8)

Das lebendige Vertrauen auf Gott war der Garant der Sicherheit im Leben:

„Behüte mich Gott, denn ich vertraue dir. Ich sage zum Herren: Du bist mein Herr; mein ganzes Glück bist du allein... Ich habe den Herren beständig vor Augen. Er steht mir zur Rechten, ich wanke nicht.
Darum freut sich mein Herz und frohlockt meine Seele; Auch mein Leib wird wohnen in Sicherheit.“ (Ps. 16, 1,8)

Dieser Psalm ist ein ausgezeichnetes Beispiel für das Verhalten eines Gottverehrers. Gott ist sein ganzes Glück – er alleine! Ständig denkt er an ihn mit größter Freude und tiefster Liebe. Dafür beschützt ihn Gott vor allen Krankheiten und Katastrophen. Die Frömmigkeit und Treue zu allen Geboten Gottes macht das Gebet wirksam. Dem gegenüber ist ein Gebet ohne die Treue zu Gott unwirksam:

„Wer den Nächsten heimlich verleumdet,
den bringe ich zum Schweigen.
Stolze Augen und hochmütige Herzen
kann ich nicht ertragen.
Meine Augen suchen die Treuen im Land.
Sie sollen bei mir wohnen. Wer auf rechtem Wege geht, der darf mir dienen. In meinem Haus soll kein Betrüger wohnen; kein Lügner kann vor meinen Augen bestehen.“
(Ps. 101, 5-6)

Alleine, die den Schutz Gottes suchen, haben die antiken hebräischen und christlichen Weisheitslehrer – den Psalm 91 zum Beten empfohlen. Er stellt die Perle der Weisheitsliteratur weltweit dar. Tausende Heilige, Bekenner und Eremiten haben ihn auswendig gelernt und täglich gebetet. In ihm ruht die Kraft der gläubigen und liebenden Herzen des Judentums und der Christenheit. Wenn wir den Psalm mit dem Bewusstsein beten, dass durch ihn unzählige Wunder auf der ganzen Welt geschehen und weiterhin geschehen, dürfen wir sicher sein: Der Psalm wird unser Bewusstsein auf Gott ausrichten und unser Leben unter den Schirm Gottes stellen. Nach der überlieferten Tradition sollte er auswendig gelernt und täglich gebetet werden. Dabei soll unsere Vorstellungskraft jedes Wort und jeden Begriff bildhaft entfalten und die Emotionen erwecken:

„Wer im Schutz des Höchsten wohnt und ruht im Schatten des Allmächtigen,
der sagt zum Herrn: „Du bist für mich Zuflucht und Burg, mein Gott auf den ich vertraue.
Er errettet mich aus der Schlinge des Jägers und aus allen Verderben.
Er beschirmt dich mit seinen Flügeln, unter seinen Schwingen findest du Zuflucht, Schild und Schutz sind dir seine Treue.
Du brauchst dich vor dem Schrecken der Nacht nicht zu fürchten, noch vor dem Pfeil, der am Tage dahinfliegt, nicht vor der Pest, die im Finsteren schleicht, vor der Seuche die wütet am Mittag.
Fallen auch tausend zu deiner Seite, dir zu rechten zehnmal tausend, so wird es doch dich nicht treffen.
Ja, du wirst es sehen mit eigenen Augen, wirst zuschauen wie den Frevlern vergolten wird.
Denn der Herr ist deine Zuflucht, du hast dir den Höchsten als Schutz erwählt.
Dir begegnet kein Unheil, kein Unglück naht deinem Zelt.

Denn er befiehlt seinen Engeln, dich zu behüten
auf all deinen Wegen.
Sie tragen dich auf ihren Händen, damit dein Fuß
nicht auf einen Stein stößt.
Du schreitest über Löwen und Nattern,
triffst auf Löwen und Drachen.
Weil er an mir hängt, will ich ihn retten, ich will ihn
schützen, denn er kennt meinen Namen.
Wenn er mich anruft, dann will ich ihn erhören.
Ich bin bei ihm in der Not,
befreie ihn und bringe ihn zu Ehren.
Ich sättige ihn mit langem Leben
und lasse ihn schauen mein Heil.

c) Jüdisch-christliche Medizin: Gesund durch Psalmgebete.

1. Die wahre Krankheitsursache.

Die Offenbarungsschriften lehren, dass Gott jedem Lebewesen, die Heilkraft mit auf den Weg gegeben hat. Sie ist der Seele bei ihrer Erschaffung gegeben worden. Die Sünde jedoch blockiert und isoliert sie und so bleibt sie in der Natur des Menschen verschlossen. Die Krankheit bricht aus, weil dem Organismus die Abwehr fehlt. Wenn wir nach dem Begriff der Sünde und ihrer Ursachenbeziehung zur Krankheit fragen, müssen wir unser heutiges Verständnis der Diagnose erweitern.

Für uns Menschen beginnt alles mit dem Denken. Es gibt das richtige und falsche Denken. Das richtige Den--ken vollzieht sich in der Übereinstimmung mit den offenbarten Wahrheiten. Das falsche dagegen kümmert sich um den Bezug zu Gott nicht mehr. Die grundsätzliche

Unwahrheit, der immer mehr Menschen verfallen, ist die Überzeugung, dass der Mensch nichts mehr sei, als ein eindimensionales, rein körperliches Wesen. In ihm gäbe es nichts Ätherisches oder Feinstoffliches mehr, keine von der Materie freie Seele, die Heilkräfte bergen würde. Heilung wäre damit ein rein materieller Vorgang. Dieser substanzielle Denkfehler hat eine ganze Gefolgschaft von gravierenden Irrtümern zur Folge, die den Menschen von den Heilquellen entfernen. Dazu gehört primär die Überzeugung, dass es keinen Gott gäbe, der der einzige Arzt ist und die absolute Quelle aller Heilenergien darstellt, die es in der Seele, bei den Engeln und in der Natur gibt. Menschen, die so denken, gehören in den Psalmen zu den Frevlern. Der Frevler ist von den göttlichen Energien abgeschnitten und geht den Weg der Selbstzerstörung.

Das falsche Denken, heute noch zusätzlich über Schulbildung und die Medien transportiert, wird zu Gewohnheit, zu einer festgefahrenen Haltung. Der mental verpanzerte Mensch ist von seiner inneren Natur – dem persönlichen Sitz seiner Heilkräfte – hermetisch abgeriegelt. Die intellektuell eingeengten Perspektiven verhindern den Erwerb von neuem Wissen und die Öffnung für die eigene, innere Natur. Das Festhalten am „erworbenen“ Unwissen ist die primäre Ursache der Ablehnung der traditionellen christlichen Medizin.

Nicht nur die falsche Lenkung der Gedanken, sondern auch die falsch geleiteten Emotionen wie Hass, Neid, Zorn, Eifersucht, Selbstsucht usw. blockieren den Zugang zu den Heilenergien. Die Emotionen überrennen das Denken, entmachten den Geist, der infolge des

Verlustes seiner Autonomie, nur noch die Gedanken produziert, die der herrschenden Emotion willig sind. Dadurch wird das Abrufen der inneren Heilkräfte kaum noch möglich.

Für alle, die mit Hilfe von Psalmgebeten sich selbst heilen wollen, folgende Überlegung:

Jeder Kranke besitzt genügend Heilkraft in seinem Inneren, um jede Erkrankung zu besiegen! Der Betende richtet sich an Gott mit der Bitte, ihn zum „neuen Menschen" zu verhelfen, d. h. zum Menschen, wie Gott ihn haben will. Sobald er die Entfernung des Selbstbildes von der Vorstellung Gottes über ihn verstanden hat und es ihm klar geworden ist, dass Gott ihn anders haben will, als er geworden ist, betritt er bereits den Weg der Heilung. Der nach Genesung Strebende will nun zu seiner Identität als Kind Gottes zurück, er will nun so leben, wie der allmächtige Gott seinen Lebensweg bestimmt hat. Er weiß nun, dass die Abweichung von seinem Bild in der Vorstellung Gottes und dem Bild seines Selbstes im eigenen Kopf aus ihm den Sünder und den Frevler und damit den Kranken gemacht hat. Um gesund zu werden, muss er die Übereinstimmung mit der Vorstellung seines Wesens im Gott und seinem tatsächlichen Leben erzielen. Jede Abweichung von seinem idealen Selbstbild in Gott ist Sünde und bildet den wahrhaften Keim der Krankheit.

Gott ist jedoch kein abstraktes Maß für die vollkommene Lebensführung. Er ist die lebendige, ichbewusste, allmächtige Wesenheit, der helfende, erziehende Vater, der zu jeder Hilfe bereit ist. Bei Erhörung von Bitten, die die Entfernung von ihm nur noch vergrößern würden, wird er nicht helfen. Er weiß besser als wir selbst, ob wir die Genesung anstreben, um weiter zu sündigen, oder ob wir tatsächlich nur ihm unser Leben weihen würden. Eine versteckte Lüge ist bei absoluter Allsichtigkeit Gottes sinnlos.

Die Heilungsprinzipien der uralten christlichen Medizin werden wir nun an konkreten Krankheitsbildern verdeutlichen.

Zu beachten:
Die hier angewandte Nummerierung der Psalmen entspricht der ökumenischen Einheitsübersetzung der *Neuen Jerusalemer Bibel* aus dem *Jahre 1980*.

Die im nun folgenden Text immer wieder erwähnten **Bußpsalme**, die zu den obligatorischen Psalmgebeten hinzukommen, haben folgende Nummern: **6, 32, 38, 51, 102, 130, 142**.

Kapitel IX: A. Psalme – die göttliche Universalmedizin.

In der Theologie des Alten Testaments sind die Krankheiten eine Folge von Verstößen gegen das von Gott offenbarte Gesetz. Die inneren Verfehlungen, die erworbenen Verkrümmungen des Inneren, die unreinen Gedanken und Wünsche, die verdorbenen Neigungen, ziehen die Krankheiten als gerechten Ausgleich der göttlichen Gerechtigkeit nach sich. Dass im Krankheitsfall nicht das Messer des Chirurgen, die Bestrahlung, Psychopharmaka und die restlichen tausenden Pillen mit abertausenden Nebenwirkungen, die Heilung bringen, ist sogar den alten Fans der „wissenschaftlichen" Medizin bekannt. Alleine die „resistenten Keime", die ausnahmslos jedes Krankenhaus der Welt heimsuchen, die Rückkehr der als ausgestorben geglaubten Infektionskrankheiten, die Tsunamiwelle der auf uns rollenden Zivilisationskrankheiten, lassen den denkenden Teil der Weltbevölkerung an der Alleinseligmachung der Medizin stark zweifeln. Der religiös treu gebliebene Teil der Menschen denkt wieder an die Bibel zurück:

„*Ich, dein Gott, bin dein Arzt*!"

Er verlangt die Umkehr von der Welt, zu der wir, vom Wesen her, gar nicht hingehören, das Sündenbekenntnis, die Reue und Gutmachung und das flehende Gebet um seine Hilfe.

Die offenbarte Wahrheit, dass der einzig wahre Mediziner Gott ist, hat sich Jahrhunderte lang im Christentum gehalten und wie die Geschichte belegt, sind in allen Gnadenorten stets für die „wissenschaftliche“ Welt unfassbare Wunderheilungen geschehen.

Statt Pillen und Messer hat die traditionelle christliche Medizin mit Gebeten geheilt.

Und das tut sie auch heute noch, weil die Gottesgesetze ewig sind. Auch wenn die Pilgerreisen zu den Gnadenorten nachgelassen haben und die Heiligenverehrungen zeitlich ein wenig in den Schatten verdrängt wurden, so beobachten wir doch eine große Renaissance der Heilungen durch Anrufung der Engel und eine Vertiefung der Gebete zu Gott bei „unheilbaren“ Krankheiten.

Zum wichtigsten Bestandteil der traditionellen christlichen Medizin, gehörte jedoch das Beten der Psalmen. Denken wir daran, dass Jesus selbst Psalme gebetet hatte und sie mit den Kräften seines heiligen Herzens aufgeladen hatte, dass die größten Heiligen sie gesprochen haben und dass der gesamte Klerus sie als Pflichtgebete täglich im *Breviarium* wiederholte. In konzentrierter Form ist in den Psalmen die ganze Offenbarung in klaren Begriffen angegeben und in ihrer Wirkung manifestiert sich die heilige und heilende Gnade Gottes. Es liegt an uns, ob wir das mächtigste Bollwerk gegen alles Böse in uns und der Welt nutzen und auch das Wissen über die Anwendungsgebiete der Psalmen erwerben.

Ich möchte noch vorausschicken, dass wir - mit *Paulus* gesprochen – keine *„Knechte Gottes*“, sondern seine Kinder sind! Er ist unser Vater und Erzieher. Demut vor dem allmächtigen Vater zwingend angegeben, aber im gleichen Maße auch das Bewusstsein, dass wir das Recht haben, alles vom Vater zu verlangen, was uns zusteht. Der Himmlische Vater kommt auch seinen Pflichten uns gegenüber im vollkommenen Maß nach. Von den Heiligen lernen wir, dass ein Gebet, keine Lippenbewegung ist. Das gesprochene Wort muss mit den Gedanken übereinstimmen und der Gedanke mit Vertrauen und der Liebe im Herzen. Alleine die Konzentration aller Persönlichkeitskräfte auf Gott, die durch einen Notschrei aus der tiefsten Tiefe unseres Wesens bewirkt wird, erweckt die eigenen Heilenergien. Das Zusammenziehen aller emotionalen Kräfte im Gebet ist der entscheidende Moment für die Erhörung.

Das Wundersame an der christlichen Gebetsmedizin ist ihre universale Heilwirkung. Ihr Kernstück besteht aus der Wirkung von Psalmen, die eine strikte Zuordnung zu den einzelnen Krankheiten besitzen. Kennt man die Krankheit, braucht man nur noch den zugeordneten Psalm zu beten um die Krankheit zu besiegen. Dieses Wissen besaß meine Großmutter und ihrem Psalmgebet habe ich meine Gesundheit zu verdanken. Erst viele Jahre später habe ich in der Hausbibliothek ein Buch von „***Abbé Julio***" mit Titel „*Le livre secret des grands exorcismes et bénédictions*" aus dem Jahre 1908 gefunden in dem der Pariser Erzbischof Julio, in geordneter Weise allen damals bekannten Krankheiten einen oder mehrere Psalme zugeordnet hat. Er beruft sich dabei auf die uralte Heiltradition in der katholischen Kirche. Im Jahre 1970 hat der Verlag „N. Bussiere, 94, Rue Saint Jacques, Paris" eine Reproduktion der Ausgabe von 1908 veröffentlicht. Für mich war das die Bestätigung der Heilmethode meiner Großmutter, die gegen jede Krankheit einen Psalm wusste. Gestärkt durch diesen Fund habe ich mich der Erforschung der Heilung durch Beten von Psalmen gewidmet. Wer mit Glauben und Gottvertrauen diese Heilmethode gewählt hat, wurde tatsächlich gesund. In seiner erstaunlichen Voraussicht hat Abbé Julio auch Psalme genannt, die gegen jede Krankheit wirksam sind. Die naturwissenschaftliche Medizin produziert fast täglich neue Krankheitsbenennungen, die im alten Verzeichnis nicht angegeben sind. Wenn wir also mit einer Krankheit zu tun haben, die in unserem Verzeichnis angegeben ist, beten wir die ihr zugeordneten Psalme. Sonst gilt folgende Regelung:

1. Gegen jedes Gebrechen und jede Krankheit: Ps. 6 und Ps. 16
2. Gegen alle Nervenkrankheiten: Ps. 13
3. Bei medizinisch ausweglosen Krankheiten und bei seelisch schwersten Leiden und Verzweiflungen: Ps. 22;
4. Bei allen seelischen und körperlichen Leiden: Ps. 30
5. Um die Gesundung der Seele und des Körpers zu beschleunigen: Ps. 103
6. Bei allen kritischen Lebenslagen, die in unserem Verzeichnis nicht angegeben sind: Ps. 86

Bei Fluchpsalmen, besonders Psalm 109, ist nicht gestattet, Hassgefühle auffahren zu lassen. Wie die Verwünschungen zu verstehen sind, gibt es eine Hypothese, die ich für richtig halte: In der negativen und angreifenden Sprache wurde das künftige Los der Frevler hellsichtig aufgenommen. Für die Heilung ist die

Mobilisierung aller positiven Seelenkräfte gegen das böse und frevelhafte Tun und Denken bei sich selbst entscheidend. Mit entschiedener Ablehnung bösen Verhaltens, stehen wir bereits auf dem Weg zum Guten.

B. Die Wirksamkeit der Psalmen.

Weil Gott der allmächtige und allwissende Vater aller Menschen ist, haben sich die Gläubigen mit allen quälenden Problemen und Sorgen an Ihn gewandt, stets mit der Bitte um Befreiung aus der bösen Lage. Das allerwichtigste Anliegen waren die Krankheiten, damit die Gefahrenabwehr von Seite der bösen Menschen, der gefährlichen Natur und die Erfüllung der Wünsche. In dieser Reihenfolge wollen wir nun den Ansatz der Psalmen traditionsgemäß besprechen.

a) Heilung mit Psalmen:

Alkoholismus

Die Zahl der Alkoholkranken in Deutschland wird auf neun Millionen geschätzt. Getrunken wird ab der Pubertät. Die meisten Untersuchungen legen eine traurige Folge des Alkoholismus ans Licht: Alkohol verkürzt die Lebensdauer im Durchschnitt um 20 Jahre! Das Durchschnittsalter für Männer beträgt in Deutschland 77 Jahre und bei Alkoholkonsum beenden sie ihr Leben mit ca. 57 Jahren. Die Frauen erreichen in Deutschland 82 Jahre und bei Alkoholkonsum sterben sie mit 62 Jahren. Die Grenze zwischen einem Menschen den man Alkoholiker nennt und dem Gelegenheitstrinker ist labil und auch die Alkoholmenge ist relativ. Jeder der Alkohol trinkt, muss mit Lebensverkürzung rechnen. Die

Länge des Lebens ist nicht die einzige Folge, die der Alkohol herbeiführt. Die Unglückslawine, die der Alkoholkranke auf seine Familie herabstürzen lässt ist oft schlimmer als sein eigener Tod. Die Jahre voller Grauen und Leid, die ein Alkoholiker seiner Familie beschert, sind in Zahlen nicht zu bemessen. Für den Trinker ist alleine der Alkohol, der in seinem Leben zählt. Alles andere hat für ihn den Wert verloren. Für Alkohol wagt er und opfert alles. Er lebt um zu trinken. Durch sein Verhalten ist er zur Karikatur des Menschen geworden. Medikamente gegen diese Sucht, gibt es in Wahrheit keine. Die Pharmakahersteller folgen hier einer längst veralteten Theorie der Medizin, nach der die Sucht im Körper situiert wäre. Weil jedoch die Sucht in der Psyche sitzt sind sie unwirksam.

Die christliche Medizin befreit den Menschen durch die Reinigung der Seele und ihrer anschließenden Rückkehr zu Gott. Der reuige Süchtige sollte seine Heilkur mit den Bußpsalmen beginnen und dazu den Psalm 69 morgens und abends beten. Nach 30 Tagen können die Bußpsalmen abgestellt werden und der Psalm 69 wird weiterhin 2 mal täglich gebetet. Bei starker Versuchung soll man zu den Bußpsalmen zurückkehren und das Rufen zu Gott verstärken. Der Psalm 69 verändert das Innere des Menschen, erweckt seine Willenskraft, verstärkt die Denkfähigkeit, wirft die Frage nach dem Lebenssinn auf, führt in die sittliche Lebensführung zurück und erbaut eine unüberwindliche Distanz zum Alkohol. Wenn der Suchtkranke sich dieser Kur nicht mehr unterziehen kann, soll jemand von seinen Bezugspersonen diese Gebete in seiner Intention durchführen.

Alter

Wie wichtig das Bedürfnis nach einem gesunden Alter im christlichen Kulturraum war, zeigt alleine die hohe Zahl der Psalmgebete an. Es sind acht Psalme, die in dieser Intention gebetet wurden. Entsprechende Untersuchungen haben auch gezeigt, dass je stärker das Bedürfnis ausgeprägt ist, im Alter gesund und arbeitsfähig zu bleiben, desto gesünder wird man auch in diesem Lebensabschnitt. Der Geist in uns, der dieses Wollen erzeugt, ist gleichzeitig der Inhaber des Körpers und er formt ihn bis zum Zeitpunkt der endgültigen Trennung. Vom christlichen Standpunkt aus ist das Alter der wichtigste Zeitabschnitt im Leben, weil das die Vorbereitung auf die Geburt für den Himmel ist. Alter bereitet uns auf die Ewigkeit vor und in der zeitlosen Dauer der himmlischen Existenz haben die irdischen Gewohnheiten und Strebungen nichts zu suchen. Um sich von der Schwerkraft der Erde zu befreien, um die Flügel zu bekommen, um den wahren Lebenssinn zu verstehen, brauchen wir im Alter durchdringenden Verstand und geschulten Willen. Diesen Bedürfnissen widerspricht die Überschüttung des Körpers mit geriatrischen Medikamenten, die den Körper einigermaßen mobil halten, aber den Geist verscheuchen. Heute lauert die größte Gefahr für die Gesundheit im Alter in der Verordnung von Altersmedikamenten, die eine bewusste Lebenssteuerung verhindern. Die Altersheime berauben uns der natürlichen Aufgaben, für uns selbst zu sorgen und uns bewusst allen Pflichten des Alters zu widmen. Darum soll man die Schwerfälligkeit im Alter überwinden und um uns herum alles selber tun. Mit der Aufgabe der

Leistungen wird unsere Gesundheit immer mehr schwinden. Es wäre auch grundverkehrt, wenn wir uns auf das Alter in den physisch stärksten Lebensjahren nicht vorbereitet haben. Es gehört zu unseren religiösen Pflichten, täglich für ein gesundes Alter zu beten. Die acht Psalme, die ein gesundes Alter garantieren, sollen im Zyklus von 8 Tagen – einen Psalm pro Tag – gebetet werden. Auch wiederhole ich die alte und bekannte Regel: Wir beten nicht mit den Lippen, sondern mit dem Herzen, mit höchster Konzentration und mit vollem Bewusstsein unserer Bitte an Gott. Die Reihenfolge der Psalmen: 30, 31, 71, 78, 90, 92, 114, 122.

Alzheimer Krankheit

In der christlichen Medizin wurde der Psalm 55 gegen die geistige Umnachtung vorgegeben. Wir sollen, aus Anlass dieser Erkrankung die Beziehung zwischen Hirn und Geist in die richtige Perspektive setzen: Nicht das Hirn ist der Vater des Geistes, sondern der Geist ist der Hirnerbauer. Nur weil der Geist nicht sinnhaft wahrnehmbar ist, bedeutet das noch lange nicht, dass er nicht existiert. Wenn wir unseren Geist als den wahren Träger unserer Identität verstehen und gleichzeitig wissen, dass die gesamte Körperlichkeit, das Hirn inbegriffen, von unserem Geist erbaut wurde, haben wir den Schlüssel in der Hand, der uns vor dieser Erkrankung schützt. Auf diese Wahrheit bewegen sich auch die Neurobiologen zu. Bei allen Nonnen und Mönchen haben sie zwar am Hirn sklerotische Veränderungen festgestellt, die jedoch auf ihr Denken und Verhalten nicht den geringsten negativen Einfluss ausgeübt haben: keine Verwirrung, keine

Desorientierung, keine Vergesslichkeit. Statt dessen Geistesfrische, intaktes Erinnerungsvermögen, erstaunliche Lebendigkeit. Was unterscheidet die Nonnen vom Philosophen Kant, der an Alzheimer elendig zu Grunde gegangen ist? Sie beten! Sie geben ihren Geist seine tägliche Nahrung, indem sie ihn an die Quelle göttlicher Energie täglich hinausführen – direkt zum Gott! Die gesunde Nahrung für den Geist besteht nicht aus philosophischen Syllogismen oder mathematischen Formeln, sondern aus täglich belebendem Kontakt mit unserem Gott, dem Vater. Der Mensch ist für Gott erschaffen, seine Bestimmung liegt in der Adoranz Gottes, in der Liebe zu ihm und im Gehorsam seinen Satzungen gegenüber. Wer durch kluge Lebensführung und den inneren Instinkt, die Ausrichtung auf Gott nie vergessen hat, bleibt auch im hohen Alter von Demenz befreit. Die ständige Zunahme an der Erkrankung ist ein Beweis für die falsche Lebensführung unter den Bedingungen einer falschen Zivilisation. Wer sich vor dieser Erkrankung fürchtet, oder die ersten Anzeichen ihrer Nähe bemerkt, sollte den Psalm 55 morgens und abends beten. Wenn der Fortschritt der Krankheit bei jemandem ein Beten nicht mehr gestattet, sollte das Beten die Bezugsperson für den Kranken übernehmen.

Anämie und Lymphkrebs

Gegen diese Krankheit werden die Psalme 22, 38 und 73 gebetet. Im Psalm 22 betet David:

„*Von Geburt an bin ich geworfen auf dich, vom Mutterleib an bist du mein Gott. Sei mir nicht fern, denn die Not ist nahe und niemand ist da, der hilft.*“

Besonders beim Lymphkrebs ist niemand da, der hilft. Auf das Vertrauen auf Gott antwortet Jahwe mit Heilung. Im Psalm 38 beginnt David zu beten:

„Herr, strafe mich nicht in deinem Zorn und züchtige mich nicht mit deinem Grimm!
Denn deine Pfeile haben mich getroffen
Deine Hand lastet schwer auf mir.
Nichts bleibt gesund an meinem Leib,
weil du mir grollst, weil ich gesündigt,
blieb an meinen Gliedern nichts heil...
Doch auf dich, Herr, beharre ich, du wirst mich
Erhören, Herr, mein Gott... Ja, ich bekenne
Meine Schuld, ich bin wegen meiner Sünde in Angst."

Die Tradition hat hier, wie in vielen anderen Psalmen das Gesetz der Analogie zwischen einer Krankheit und dem äußeren Feind angewandt. Krankheit ist wie ein Feind, der einen zerstören will. Gleichzeitig ist wiederum der Zuchtcharakter der Krankheit sichtbar: weil gesündigt wurde, straft Gott den Sünder mit Krankheit. Alleine das Flehen zu Gott, die Liebe zu ihm und die feste Absicht auf dem Weg zu ihm zu bleiben, überzeugen Gott zur Hilfe. Der Psalm 73 betont die felsenhafte Treue zu Gott auch wenn

„mir bohrte der Schmerz in den Nieren."

Asaf, der Psalmschreiber, schwört auf Gott:

„Ich aber bleibe immer bei dir, du hältst mich an meinem Rechten. Du leitest mich nach deinem Ratschluss und nimmst mich am Ende auf in Herrlichkeit. Was habe ich im Himmel außer dir? Neben dir erfreut mich nichts auf der Erde."

Ich habe die Psalmauszüge zitiert, um die unbeugsame Treue zu Gott auch bei schwersten Krankheiten zu halten. Das Vertrauen auf transzendente Heilung darf in keiner Phase der Krankheit nachlassen. Mit dem Vertrauen muss auch das Siegesbewusstsein von Tag zu Tag stärker werden. In der angegebenen Reihenfolge soll jeder Psalm 1 mal täglich gebetet werden. Bei schwerem Krankheitsverlauf sollte ein Bußpsalm in die Gebete einbezogen werden.

Ängste

In der Heiltradition des Christentums gibt es vier Psalme 13, 27, 55 und 89, die durch intensives Beten Ängste auflösen.

Es gibt Ängste, die das Leben psychisch kranker Menschen begleiten und Ängste als Reaktion auf den drohenden Verlust unserer Güter. Zu den Gütern gehört unser Ruf, das Recht auf guten Leumund, der Besitz als geistiges und materielles Eigentum. Dazu gehört auch die Gesundheit. Je wahrscheinlicher das Eintreten von Verlust, desto stärker die Angst. Weil auch der Tod für viele ein „Räuber" ist, er nimmt den Körper mit – ist die Todesangst die stärkste unter den Verlustängsten. Die neurotischen Ängste begleiten die psychisch Kranken Tag und Nacht, ohne dass ein Verlust erkennbar im Raum stünde. Diese Ängste werden mit chemischen Stoffen gedämpft. Bei Ängsten betet die christliche Medizin und gleichzeitig appelliert sie an den Verstand: Güter, die wir verlieren können, gehören eigentlich im tiefsten Sinne gar nicht uns. Das wahrhaft Gute, das uns niemals verlassen kann, befindet sich im Inneren. Wer sich ängstigt, hat es noch nicht gefunden. Und er findet sie auch nicht, wenn er in der falschen Richtung sucht. Die irdischen Güter werden alle ohne eine einzige Ausnahme, von der Zeit restlos vernichtet. Auch der Körper ist ein begrenztes Zeitgut. Praktisch alle christlichen Heiligen zählen den Körper nicht zu ihrem Sein, sondern zu ihrem zeitlichen Besitz: Sie wussten, dass, wenn der Körper stirbt, wird der Mensch von seiner Hülle befreit, die sein wahres Leben behindert hatte. Das Leben kommt mit der Seele in den Körper und nach der Entkörperung geht es auch mit der Seele hinauf. Tod befreit die Seele und das Leben. Sterben würde man nur, wenn das Ich verlöschen würde. Eben das geschieht nie, weil unsere Seele unsterblich ist.

Das Beten der Psalme reinigt die Seele von intellektuellen Zweifeln, erleuchtet den Tiefenverstand und hilft uns den wahren Ort unserer unvergänglichen Güter zu finden. Die angegebenen Psalme heilen beide Gattungen von Ängsten. Die Psalme 13 und 27 sollen morgens und die Psalme 55 und 89 abends gebetet werden. Falls Psychopharmaka genommen werden, kann man sie nach Absprache mit dem Arzt stufenweise – 1 Viertel pro zwei Wochen – absetzen. Je tiefer der uns begleitende Glaube an die Hilfe Gottes ist, desto reibungsloser die Entwöhnung und stabiler der Erfolg. Ich kenne ein paar Freundinnen, die über ihren Entwöhnungserfolg glücklich sind und nicht einmal auf den Gedanken kommen, bei Stress und Überlastung an ein Beruhigungsmittel zu denken.

Apathie

Die Psalme 32 und 102 erwecken und aktivieren unseren Geist, der wiederum den Körper zur Aktivität anspornt. Auch wenn im Ursachenfeld der Apathie rein körperliche Anomalien stünden, werden sie durch die Aktivität des Geistes, der den Körper geformt hat, ausgeglichen. Antriebslosigkeit resultiert aus der Schwäche unserer Motive für das Handeln. Je weniger Interesse wir für die materielle Welt und ihre maschinelle Zivilisation entwickeln, desto mächtiger erwacht im Inneren unser Interesse für die wahre Welt des Geistes. Er ist und bleibt ewig und sobald er den Körper verlassen hat, nimmt er alle seine Schätze mit. Dazu gehören nicht nur die Ergebnisse guter Taten, sondern vor allem die Tugenden, der geschulte Wille und die erworbene Weisheit. Je höher die auf Erden gewonnenen Gotteserkenntnisse, desto glücklicher das jenseitige Leben. Ein Leben ohne geistige Perspektive wird, früher oder später, alleine schon durch die immer bewusster werdende Vergänglichkeit alles Irdischen in Apathie enden.

Den Psalm 32 beten wir morgens und den Psalm 102 abends. Die in beiden Psalmen gespeicherten Energien werden von Tag zu Tag deutlicher unsere Persönlichkeit durchströmen und uns in den aktiven Leistungszustand versetzen.

Armschmerzen

Das Greifwerkzeug der Seele streckt sich auch nach der Frucht. Dadurch haben wir bereits das Paradies verloren und bis heute leben wir in der Verbannung. Der für Armschmerzen zuständige Psalm 114 wirkt zuerst innerlich, indem er die Distanzierung zur Welt erweckt. Beginnen wir nach der Weisheit zu greifen, verschwindet auch der Armschmerz – unabhängig von jeder beteiligten medizinischen Diagnose. Wir beten den Psalm 114 zwei mal am Tag – morgens und abends.

Augenkrankheiten

Jesus und die Heiligen haben sogar angeborene Blindheit geheilt.

Wie die tausendfachen, belegten Berichte von klinisch Toten eindeutig zeigen, ist die aus dem Körper ausgetretene Seele in vollem Besitz ihrer fünf Sinne. Ihr ursprünglicher Sitz hat das Augenlicht nicht im Körper. Sobald die Seele den Körper verlässt, nimmt sie auch ihre Sinnesfähigkeiten mit. Für uns hat diese Tatsache klare Konsequenzen. Weil die Seele den Körper nach ihrem Plan formt, kann sie auch zu jeder Zeit die Augenerkrankungen im Körper korrigieren. Und weil wir Seele sind, hängt es von uns ab, ob wir unsere ordnende Heilkraft einsetzen. Die Psalmen vermitteln uns den Glauben dazu und den Segen des allmächtigen Vaters.

Die christliche Tradition hinterlässt uns neun Psalmen zu Wiederherstellung und Erhaltung des Augenlichtes: 6, 11, 13, 38, 92, 114, 123, 131, 146. In dieser Reihenfolge wird ein Psalm pro Tag gebetet und nach 9 Tagen beginnt man wieder mit dem ersten Psalm. Die Psalmtexte können auch auf einen Tonträger übertragen werden.

Beinschmerzen

Als Gebetsfolge stellt sich die innere Ruhe ein. Sie erlaubt unserem Bewusstsein die Erkenntnis der Schmerzursache. Es kann an der Wirbelsäule liegen, am Rauchen, an mangelhafter Bewegung oder an falscher Ernährung. Von ihrer symbolischen Bedeutung her, sollen uns die Beine zum Ziel unserer Bewegung bringen. Wer sich nur um sich selbst herum dreht, kennt keinen geraden Weg. Seine Schritte führen nicht zum Ziel. Die in den Beinschmerzen verborgene Analogie soll das Bewusstsein auf die Selbsterkenntnis lenken, dass unser Leben einen vorbestimmten Sinn hat und um diesen Sinn zu erfüllen, sind wir da. Um diese substanzielle Wahrheit präziser zu erfassen, hat die christliche Medizin einen von den Bußpsalmen zum Beten empfohlen, um sich von der Vererdung zu reinigen und den Sinn der irdischen Pilgerschaft besser zu verstehen. Erst die von allen Irrungen befreite Seele kann den Körper befreien. Die angeführten Psalmen 94 und 114 bewirken diese Heilprozesse.

Blutkrankheiten

Meine Schulfreundin bekam mit 29 Jahren Lymphogranulomatose – einen Lymphkrebs. Sie wurde bestrahlt, bekam Chemotherapie und wurde an den Lymphknoten operiert. Die Behandlungen sind erfolglos verlaufen und die Krankheit brach immer wieder aus. Ich habe ihr von der alten heiligen Medizin des Christentums erzählt in der alleine Gott der Arzt ist. Zögernd hat sie die Botschaft angenommen, weil in ihrem Bewusstsein, die Religion im Rückzug war. In ihrer Ausweglosigkeit hatte sie jedoch das Beten angenommen. Ich habe ihr die Psalmen 6 und 124, die bei Blutkrankheiten vorgesehen sind empfohlen: Sie sollte morgens den Psalm 6 und abends den Psalm 124 mit voller Konzentration, direkt aus dem Herzen zu Gott beten. Nach einem Monat wiederholte sie die Chemotherapie und nun – seit über 5 Jahren – hat sie keinen negativen Befund mehr. Beide Psalmen betet sie mit Dankbarkeitsgefühlen im Herzen weiter.

Das unvorhersehbare Böse

Es gibt drei Psalmen – 41, 107 und 143 – die uns vor dem Bösen schützen. Das böse, eigene Innere, zieht nach der traditionellen Lehre des Christentums das äußere Böse an. Es trifft uns selbst. Sobald wir innerlich gereinigt werden und das eigene Böse nicht mehr auf die anderen herausschleudern, stehen wir unter dem Schutz des Allmächtigen. Die drei Psalme beten wir anfangs morgens, mittags und abends jeweils einen und nach Beruhigung der äußeren Lage, nur noch einen – nach unserer Wahl – morgens.

Darmkrankheiten

Der Körper mit allen seinen Organen ist uns von der Seele zur Pflege übergeben worden. Wir haben die Pflicht ihn so zu ernähren, wie es seiner Natur entspricht. Das Sollen der Ernährung schließt Wissen und Selbstbeherrschung ein. Nicht die Lust oder die Kunst des Schmeckens darf im Vordergrund stehen. Für die Darmerkrankungen steht die mangelhafte Resonanz zwischen dem Sollen der Ernährung und dem faktischen

Zustand unserer Ernährung. Darmkrankheiten sind die Folge der vernachlässigten Selbstdisziplin.

Die Psalmen 17 und 22 lassen der Seele Heilenergien zufließen, die unser Ich und unseren Willen reinigen, die jedoch auch direkt den Darm heilen. Bei Darmkrebs soll zusätzlich der Psalm 38 gebetet werden. Der Psalm 17 wird morgens und abends und der Psalm 22 abends gebetet. Der Psalm 38 - mittags.

Depressionen

Depressionen sind die Geißeln unserer Zeit. Zum größten Teil sind sie Folge unserer eigenen Unfähigkeit das Leben präzise zu dem von Gott bestimmten Ziel zu führen. Wer über den objektiven Lebenssinn Bescheid weiß und auch danach lebt, ist vor Depressionen geschützt. Bei allen anderen Menschen, die den irdischen Gütern tüchtig nachlaufen, ist eine depressive Verstimmung als Folge von täglichen Portionen von Enttäuschung und Frustration unausweichlich. Auch für den tiefer denkenden Teil der Gesellschaft – für Menschen, die ihre Lage in der Welt verstanden haben und die neurotischen Lustschreie von überall her wahrnehmen, gibt die Existenz nicht den geringsten Anlass zum Frohlocken. Der unersättliche Rachen der Zeit, der alle und alles verschlingt, der unbarmherzig und allgegenwärtige Tod, die Lernunfähigkeit der Artgenossen und all die Mühlsteine, die sich die Menschen um ihren Hals hängen, geben keinen Anlass zur Fröhlichkeit. Für das Herausfallen aus dem Ordnungsgefüge des Lebens ist die fehlende Übereinstimmung zwischen dem eigenen Weltbild und der objektiven Weltqualität verantwortlich.

Die Mahnung Jesu, wir wären nicht von dieser Welt und wir sollten nach dem Reich Gottes streben, will diese Generation von Menschen nicht mehr hören. Ohne Weisheit lässt sich jedoch das Leben nicht mehr führen. Die Depression ist dann die natürliche Folge der Verführung zum Leben, wie es eben nicht ist.

Um die Depression abklingen zu lassen, beten wir den Psalm 57. Er weckt das Bedürfnis, die Ausrichtung des Lebens nach außen hin zu überdenken und uns dem Herrgott zu übergeben.

Durchblutungsstörungen

Herr „Arnold“ (Name wurde geändert), ein 70 jähriger Rentner und mein Nachbar hatte schwere Schmerzen bekommen und konnte kaum noch 10 Schritte gehen. Sein Arzt hatte einen arteriellen Verschluss diagnostiziert und ihm eine Operation mit einer künstlichen Ausdehnung der Arterie vorgeschlagen. Der Diabetologe hat ihn jedoch gewarnt, er hätte zu hohen Zucker und es bestehe die Gefahr, dass seine Operationswunden nicht heilen würden. Trotz der Schmerzen machte Herr Arnold seine zögernden Spaziergänge und pflichtmäßig besuchte er auch seine Fußpflege. Beim Schneiden eines Zehnagels verletzte die gute Dame Herrn Arnold an der Großzehe. Trotz der Einnahme von Medikamenten wollte die Wunde nicht heilen. Der Zeh wurde nicht nur taub, er begann auch noch zu faulen. Der Zeh musste amputiert werden. Nun heilte auch die Amputationswunde nicht und die Chirurgen haben Herrn Arnold eine weitere Operation vorgeschlagen. Dieses Mal sollte das Bein auf Kniehöhe amputiert werden. Es wurde nicht ausgeschlossen, dass später eine Auskugelung in der Hüfte folgen kann. Als er mir sein Leid klagte, habe ich ihm den Psalm 38 zum Beten 3 mal täglich vorgeschlagen und zusätzlich alle 7 Bußpsalme. Als ein gläubiger Christ hat er ohne Bedenken mein Angebot angenommen. Nach zwei Wochen intensiver Gebete begann Herr Arnold den Puls im Fuß zu spüren und die Wunde begann langsam zu heilen. Nach weiteren 2 Monaten konnte mein Nachbar seine Spaziergänge wieder aufnehmen. Vor möglichen Operationen hatte er jede Angst verloren. Nun weiß er: Diese medizinischen Maßnahmen haben sich für ihn erübrigt.

Der Psalm 38 wird bei allen Durchblutungsstörungen 3 mal täglich gebetet.

Demut

Die Demut wird hier nicht als Krankheit, sondern als Heilmittel gegen die gefährlichste aller seelischen Erkrankungen aufgeführt – gegen den Stolz! Aus der Vielzahl der Psalmen – 74, 89, 106, 113, 114, 115, 119, 131, 138 – die zur Auflösung des Stolzes durch Erwerb der Demut führen, erkennen wir die Bedeutung dieser Tugend in der christlichen Tradition. Dahinter steht auch die Erinnerung, dass der Stolz zu der Sündenfalle gehört in der mit Krankheiten bis heute gebüßt wird. Das Christentum wurde vom Gottessohn gegründet, der sich bis zum Tode am Kreuz demütigen ließ um uns von den Sünden zu befreien. In der Nachfolge Christi ist Demut eine Pflichttugend eines jeden Christen und das Mittel gegen die Selbstauslieferung an die materielle Welt.

Die neun Psalmen zum Erwerb der Demut sollten in der aufgestellten Reihenfolge, einen Psalm pro Tag, gebetet werden. Am zehnten Tag beginnen wir wieder mit dem Psalm 74.

Epilepsie

Jesus und seine heiligen Nachfolger haben alle Krankheiten geheilt, wenn die Seele des Kranken durch Reue und Buße gereinigt war. Sie konnten im Augenblick den gesunden Normalzustand herbeiführen. Sie hatten den unerschütterlichen Glauben an die tiefste Liebe zu Gott und darum waren sie mit Gotteskraft gesegnet. Epilepsie wird heute noch als unheilbar betrachtet – unheilbar mit der Kunst der weltlichen Medizin! In der christlichen Medizin heilt nicht der Mensch, sondern Gott selbst! Als Bedingung verlangt er den Glauben an seine Heilmacht und das Öffnen des Herzens für seine Liebe.

Die Tradition hat uns zwei Psalme überliefert, den Psalm 17 und 38, die in unserer Seele alle Bedingungen erfüllen um auch diese Krankheit zu heilen. Den Psalm 17 beten wir morgens und den Psalm 38 abends. Die begleitende Atmosphäre im Inneren sollte sich als absoluter Glaube an die Heilmacht Gottes kundtun.

Erscheinungen; böse, beunruhigende Gesichter und Stimmen

Die Medizin interpretiert diese Phänomene als Hirnerkrankung und verordnet psychiatrische Medikamente. In Der Parapsychologie dagegen, die sich bereits in der Mehrzahl der Universitäten mit eigenem Lehrstuhl gemeldet hat, werden die Erscheinungen als objektive Wahrnehmungen interpretiert. Im Universum sind wir nicht alleine und als Körperwesen sogar eine schwindende Minderheit. Feinstoffliche Wesen sind immer unter uns. Dass wir sie nicht direkt wahrnehmen, liegt an der Isolierung des Bewusstseins durch das Hirn.

Im Schlaf ist die Seele frei vom Körper und hat einen lebendigen Kontakt zu nichtmateriellen Wesen. Dass sie böse Intelligenzen anzieht, liegt an ihrer moralischen Qualität. Die Heilkraft des Psalms 91 – einer der wirksamsten Psalme überhaupt – bewirkt die Ausrichtung des Inneren auf Gott und seine heilenden Energien. Böse Geister wagen nicht mehr an eine Seele heranzutreten, die unter den Flügeln des Allmächtigen ihren Schutz gefunden hat. Für die Heilung wird empfohlen, den Psalm 91 auswendig zu lernen und in den Arbeitspausen am Tag zu beten. Obligatorisch ist das Psalmgebet vor dem Schlafengehen.

Energiefluss blockiert

Wenn bei normalen Blutwerten und dem Fehlen jeglicher Erkrankung eine allgemeine Schwäche und Müdigkeit besteht, liegt es am blockierten Energiefluss von der Seele. Beide Psalmgebete – 44 und 92 – reinigen das Bewusstsein von blockierenden Gedanken und Emotionen und öffnen damit den Energiefluss von der Seele auf den Körper. Beide Psalme sollen 1 mal am Tag gebetet werden.

Epidemien; gegen die Ausbreitung und um den eigenen Schutz.

Epidemien gab es nicht nur im Mittelalter, sondern bereits im alten Israel, in Jerusalem, zu Zeiten von König David. Auch Athen, in seiner klassischen Kulturepoche, war von Epidemien heimgesucht. Es gab kein wirksames Mittel gegen das plötzliche Massensterben. Heute dürfen wir gar nicht zufrieden sein, dass die epidemischen Zeiten vorbei wären. Trotz aller Aufklärung und Forschung, breitet sich z. B. das AIDS-Virus in der ganzen Welt aus. Resistente Bakterien und Viren nisten sich in den Krankenhäusern ein und bedrohen die Kranken weltweit. Lungentuberkulose ist fast in allen Nationen der Welt wieder heimisch geworden. Die Grippeepidemien breiten sich von Jahr zu Jahr gefährlich aus. Bakteriell verseuchte Lebensmittel und sogar Medikamente breiten gefährliche Krankheiten aus, die uns die Gesundheit und das Leben kosten.

Die christliche Medizin empfiehlt die Psalmen 78, 18, 15 und 119 zu beten bei Gefahr einer Ansteckung. Die zwei ersten sollen morgens und die letzten beiden abends gebetet werden.

Fieber

Fieber ist ein Zeichen einer funktionierenden Abwehr. Die angewandten Antibiotika ruinieren jedoch ihrerseits oft die gesamte natürliche Abwehr. Nach 200 Jahren Erfahrung mit der Schulmedizin, bricht nun die Ernüchterung aus: heilen kann sie immer noch nicht! Sie tüftelt an den Symptomen, stellt oft Luftdiagnosen auf, kuriert an Symptomen und versucht noch nicht einmal das Verhalten der Kranken zu ändern, das Verhalten, in dem die wahren geistigen Krankheitskeime verborgen sind. Das flache materialistische Menschenbild der Medizin verhindert eine Ganzheitsdiagnose zu stellen.

Die traditionelle christliche Medizin schlägt bei Fieber die Psalmen 16, 17 und 35 vor. Sie sollen einzeln morgens, mittags und abends gebetet werden, im vollen Vertrauen auf Gott, der unser wahrer Arzt ist.

Furunkel

Gegen Furunkel, die nicht heilen wollen, oder die sich immer von neuem bilden, schlägt die traditionelle christliche Medizin den Psalm 35 vor. Es ist ein Gebet eines verfolgten Gerechten, ein langes Klagelied. In der Vorstellung des betenden Kranken soll eine Analogie entstehen zwischen den Feinden Davids und den Geschwüren des Betenden. Der durch den Psalm geweckte Zorn auf die Feinde Davids überträgt sich auf die Furunkel. Die tiefe Distanznahme zu der Krankheit isoliert sie vom gesunden Körper. Sie zieht sich zurück. Den Psalm soll man morgens und abends beten.

Friede

Der Friede ist selbstverständlich keine Krankheit. Das Gegenteil von Frieden, der Unfriede zwischen den Menschen und seiner Umwelt, oder die inneren Konflikte in seiner Seele, führen zu seelischen Leiden und psychischen Erkrankungen. Durch seine Anpassung an die zivilisatorische Wirklichkeit ist der moderne Mensch zu Unruhe und dauerhaften Hetze verurteilt. Hinzu kommt der schwere Entschluss, den uns die Sittlichkeit auferlegt, ein entschiedenes „Nein“ zu allen süßen Verführungen zu sagen. Lässt er sich durch Filme, Musik, Partys, Alkohol, Computerspiele u. ä. vereinnahmen, erwirbt er eine Sklavenpersönlichkeit, die dauerhaft nach neuen Reizen schreit und die innere Sehnsucht nach Frieden zum Erlöschen bringt. Wer Frieden mit sich selbst und der Welt sucht, muss sich von dem geschilderten Weltgesicht verabschieden und in den Lebensernst zurückkehren. Zu diesem Weg führt der Psalm 21, der mit voller Konzentration auf jedes Wort, 3 mal täglich wiederholt werden soll. Durch seine Kraft kehrt die Persönlichkeit in ihr Herz zurück und das gewinnt Distanz zu der Lustwelt und verinnerlicht sich. Mit der Veredelung der Seele wächst wieder der innere Friede.

Gesundheit; für die Erhaltung guter Gesundheit

Zur Erhaltung unserer Gesundheit gehört viel mehr als die meisten von uns tun. Gesunde Ernährung, Sport und frische Luft sind nur ein Teil der Pflichten, die auf uns lasten. Der Körper wird von der Seele am Leben erhalten und darum bildet die Seelenpflege die primäre Pflicht bei der Erhaltung guter Gesundheit. Eine verschmutzte Seele verursacht größeren Schaden als die verstrahlte Erde. Ein einziger Wutanfall kann mit Herzschlag enden, eine Panikattacke kann zum Hirnschlag führen. Selbstanklagen führen meistens zum Krebs. Abhängigkeit von Lustgefühlen und sexuelle Unbeherrschtheit bringt die Ansteckungsgefahr mit sich. Verlust der Kontrolle über unsere Gefühle und Bedürfnisse entmündigt uns. Wer sich nicht mal die Mühe macht, ein begründetes Wissen über das „Woraufhin“ seines Lebens zu erwerben und sein Leben dorthin zu führen wo der Schöpfer uns sehen will, hat seine Gesundheit aufgegeben.

Die Tradition empfiehlt für die Erhaltung guter Gesundheit das Beten von Psalm 105. Er weckt das Bewusstsein für unsere Ganzheit und gibt uns die Kraft für die Reinheit unseres Wesens zu sorgen. Der Psalm muss morgens und abends gebetet werden.

Gliederschmerzen

Unsere Glieder sind die ausführenden Werkzeuge der Persönlichkeit, die nach der materiellen Welt greift. Die Beine sind auch zum Knien da und die Hände sollen auch im Gebet gefaltet werden. Auch wenn hinter dem Gliederschmerz ein rheumatischer Ursprung steht, warnt diese Erkrankung vor dem weiteren Verlust unserer Kräfte an die Außenwelt und mahnt uns, die innere Welt nicht zu vernachlässigen.

Der Psalm 68, morgens und abends gebetet, vertieft unsere Sicht und bringt das Gleichgewicht zwischen Innen und Außen. Der Schmerz als Erzieher erübrigt sich.

Gangrän

Bei Diabetes, Erfrierungen und Durchblutungsstörungen fault das Gewebe ab! Heute wird ausschließlich chirurgisch behandelt. Mit dem Gebet im Psalm 38 wenden wir uns an Gott und bitten um seine allmächtige Hilfe. Von der Tiefe unseres Vertrauens hängt es ab, wie schnell wir genesen. Der Psalm wird morgens und abends gebetet.

Geistkrankheiten
Gemeint ist hier die Schizophrenie und der manisch-depressive Komplex. Die alte Begriffsbezeichnung täuscht, weil der Geist nicht krank werden kann. Er verlässt die oberflächliche Sicht des Tagesbewusstseins und zieht sich in seine Tiefendimension zurück. Um eine endgültige Heilung zu bewerkstelligen, empfiehlt die Tradition das Beten der Psalme 16, 38, 99, 73, 92, 94. Im akuten Krankheitsfall sollen die Psalme von einer Bezugsperson im 6-Tage Rhythmus gebetet werden, immer ein Psalm pro Tag. Nach 6 Tagen beginnt man wieder mit Psalm 16. Bei tiefem und intensivem Gebet wird die Heilung beschleunigt.

Gewissen
Es gibt seelische Persönlichkeitsstörungen, die sich auf unser Gewissen auswirken. Wenn z. B. die Gewissensstimme nicht beachtet wird, stillt sich das Gewissen langsam aus und der betroffene Mensch handelt ohne Gewissen. Der umgekehrte Fall tritt ein, wenn jemand vor oder nach einer Handlung von Gewissensbissen angegriffen wird. Das Zuviel, Zuwenig oder überhaupt kein Gewissen mehr, charakterisiert nicht das Gewissen selbst, sondern die Persönlichkeit, ihre psychologische Struktur, die sich auf die Arbeit des Gewissens auswirkt. Die Tradition bietet uns zwei Psalmgebete an, die den psychologischen Träger des Gewissens normalisieren. Es ist der Psalm 22 und 100. Beide Psalme sollen morgens und abends gebetet werden. Die Psyche kann sich infolge dieser Pflege schnell normalisieren.

Geschlechtskrankheiten

Nachdem alle traditionellen Schranken zur Regulierung der geschlechtlichen Aktivität abgerissen wurden, verursachte die „sexuelle Revolution" einen wahren Tsunami von Geschlechtskrankheiten. Auch auf diesem „Gelände" entstehen resistente Keime, die auf Antibiotika nicht reagieren. Das AIDS-Virus ist und war unheilbar aus sich selbst. Die Rückkehr zur festen Bindung entspricht zwar der Vernunft, die fehlt jedoch auf den weiten Fluren.

Die Tradition schlägt gegen die Ausbreitung und für Heilung von Geschlechtskrankheiten die Psalme 15 und 119 vor. Die sollen in dieser Reihenfolge morgens und abends gebetet werden. Außerdem soll mittags ein Bußpsalm eigener Wahl hinzukommen.

Genesung; um sie zu beschleunigen

Immer wieder treten Situationen ein, wo sich die Heilung verzögert. Der Zustrom von Heilenergien aus dem Inneren wird blockiert. Solche Blockaden werden oft auf die verfehlte Wirkung von Medikamenten zurückgeführt. Nach der Erfahrung der christlichen Medizin liegt es am isolierten Bewusstsein des Kranken, der seine Tiefendimension nicht erschlossen hat und dadurch die Fluten göttlicher Kräfte verhindert.

Der Psalm 66 erweckt das Bewusstsein seiner Gottbezogenheit und verlagert den Schwerpunkt seines Denkens von der Welt auf Gott. Die Heilkraft strömt wieder in ihren natürlichen Kanälen.

Gesichtserkrankungen

Die hier gedachten Erkrankungen des Gesichts beziehen sich auf Schädigungen der Gesichtshaut, auf Hautkrebs am Gesicht, Wunden am Gesicht, die nicht heilen wollen, Gewächse (Warzen, Pickel, Verdickungen, Schwellungen), Hautpigmentstörungen.

Empfohlen wird der Psalm 114, der morgens und abends gebetet wird. Wer sein Gesicht als Aushängeschild seiner Persönlichkeit betrachtet, sollte für die Entdeckung seiner wahren, unkörperlichen Identität einen Selbsterkenntniskurs absolvieren.

Heilenkönnen

Das Heilen mit geistiger Energie ist die weltälteste Form der Krankenbehandlung. Bei allen Völkern der Welt gab es begabte Persönlichkeiten, die Kranken Beistand und Heilung brachten. Um die Heilkraft brauchen wir eigentlich nicht zu beten, denn Gott hat sie uns allen in die Wiege gelegt. Es geht immer nur um das Freiwerden dieser Kraft, einfach um Vergeistigung des eigenen Lebens, des Denkens und Handelns. Wer aus Wunsch nach Geld heraus Heiler werden will, hat seine Sache bereits verloren.

Ich traf einmal eine schweizerische Geistheilerin, die sich ihre Behandlung niemals bezahlen ließ. Sie ging einem weltlichen Beruf nach und davon lebte sie. Sie verstand sich als Nachfolgerin Christi und wie er die Sünden der Menschen auf sich nahm, so zog sie die Krankheiten ihrer Patienten auf sich selbst. Wenn sie beladen mit den Krankheiten der Patienten nicht mehr konnte, ging sie ins Krankenhaus. Sie war hellsichtig, hat auch die Krankheiten gesehen und war sehr herzlich im Umgang mit Menschen. Nach einer schweren Krebserkrankung, die sie einer Patientin abgenommen hatte, ist sie in einem Baseler Krankenhaus gestorben.

Ich durfte noch eine andere Erfahrung mit dem Freiwerden der Heilkraft machen. Menschen – und hier vor allem Frauen – die klinisch tot waren, haben manche paranormale Fähigkeiten erworben, um die sie jeder Geistheiler beneiden würde.

So z. B. Annette (Name geändert), eine vierzig jährige Mutter von 8 Kindern, die während einer Herzoperation aus dem Körper herausgetreten ist und einige Minuten über dem Operationstisch, bei vollem Bewusstsein und mit allen Sinnen, schwebte. Sie beobachtete jeden Handgriff der Ärzte und hörte allen Gesprächen konzentriert zu. Danach ging sie auf die Strasse und beobachtete die Menschen. Plötzlich musste sie stehen bleiben und fühlte sich von rückwärts zurück ins Krankenhaus gezwungen. Sie erwachte in ihrem schweren Körper und war bodenlos unglücklich. Mit der Schwerelosigkeit, mit dem Freisein von allen Sorgen und Beschwerden, war es vorbei. Der klinische Tod hat sie jedoch merklich verändert. Sie wurde rund herum hellsichtig. Ihr war nichts mehr verborgen. Sie erkannte Krankheiten auf Entfernung auch bei Menschen, die sie nie zu Gesicht bekam. Sie wusste auch, bis auf die Stunde genau den Todestag eines jeden Menschen, dem sie zufällig begegnet war. Durch Gedankenkonzentration heilte sie jede Beschwerde. Aus ihren neuen Fähigkeiten machte sie keinen Beruf und blieb bis heute eine anonyme Mutter und Hausfrau. Das Schicksal dieser Frauen habe ich nicht ohne Grund erwähnt. Die Seele ist im Körper wie im Eis eingefroren. Sie verfügt in diesem Zustand nur über einen kleinen Teil ihrer Kraft und Energie. Erst wenn die Festigkeit des Körpers nachlässt, lockert sich die materielle Umklammerung der Seele. Dadurch kommt die ursprüngliche Lebensenergie der Seele und die ganze Palette ihrer angeborenen Fähigkeiten zum Vorschein. Genau dieser Zustand entsteht als Folge von intensiven Gebeten, besonders mit dem Psalm 103. Das Verhältnis zwischen dem Körper und der Seele wird immer ätherischer und die Seele selbst immer unabhängiger vom Körper. Diese Eigenschaften braucht jeder wahre Geistheiler.

Halsschmerzen

Durch Luftverschmutzung und Antibiotikamissbrauch leiden immer mehr Menschen – besonders Kinder – unter Rachen-; Kehlkopf- und Mandelentzündungen, folglich auch unter Schluckbeschwerden und schließlich auch unter Beschwerden mit den Bronchien und der Lunge. Aus Angst vor Ansteckung mit resistenten Infekten, wollen immer weniger Eltern ihre Kinder in ein Krankenhaus abgeben. Die Psalmtherapie mit den Psalmen 3, 69 und 114 sollen die Eltern oder andere Bezugspersonen des Kindes und in seiner Intention durchgeführt werden. Alle drei Psalmen werden täglich 1 mal gebetet. Erwachsene, die von dieser Erkrankung betroffen sind, beten die Psalme morgens, mittags und abends nach der hier angegebenen Reihenfolge.

Hirnhautentzündung
Hirnhautentzündung ist eine schwere Infektionskrankheit, die tödlich ausgehen kann. Die drei Psalmgebete – 16, 17, 35 – sind ein Hilferuf zu Gott und seinen Engeln. Der Hilferuf muss aus dem Herzen kommen und als Notschrei ausgestoßen werden. Das unumstößliche Gottvertrauen und der feste Glaube an die Güte und Barmherzigkeit Gottes sind die Garanten für die Wirksamkeit der drei Psalmen. Alle drei Psalme sollten täglich von der erkrankten Person oder seiner Betreuung 2 mal täglich gebetet werden.

Hirnschlag; um seine Folgen zu mildern
Nicht das Hirn – sondern der Geist ist die höchste Instanz im Menschen. Der Geist muss im Gebet sein unbegrenztes Vertrauen zu Gott offenlegen. Jeder Zweifel, der angeblich wissenschaftlich untermauert wäre, schwächt die Wirkung der Gebete. Für Heilung der Folgen von Hirnschlag beten wir 3 mal täglich den Psalm 17.

Ein Ausschnitt:
„Ich rufe dich an, denn du, Gott, erhörst mich
Wende dein Ohr mir zu,
vernimm meine Rede!...
Behüte mich, wie den Augapfel, den Stern des Auges,
birg mich im Schatten deiner Flügel.“...
Das Gebet ruft die Hilfe ab, die uns Gott versprochen hat.

Herzkrankheiten
In der materialistischen Zeit ist das Herz eine physiologische Blutpumpe. In der christlichen Medizin

dagegen ist das Herz Sitz des Lebens, die Quelle der Sittlichkeit, der Ort des Guten oder des Bösen. Mit den weltlichen Suggestionstherapien, wie Autogenes Training, Selbsthypnose, japanische Atemtherapie oder die *Emil Coué* Methode lassen sich anfängliche Herzbeschwerden einwandfrei ausheilen. Die spirituell geleiteten Visualisierungen, wie wir sie bei Heiligen und Mystikern finden, schützen das Herz wesentlich stärker vor Krankheiten und vorhandenen Beschwerden. Das Herz erfährt hier, die ihm gebührende Würdigung als Ort der göttlichen Anwesenheit. So z. B. die Vorstellung einer Rose im leeren Brustkorbraum, einer lebenden Rose, die man Christus schenkt. Andere Heilige hatten in ihrem Brustkorb den lebendigen Christus, sprachen mit ihm, oder bewunderten in ihrem Herzen die heiligen Engel Gottes. Andere betrachteten in ihrem Herzen ein strahlendes Licht Gottes, das den gesamten Körper füllte. Ein Herz, das durch die innigsten Gebete entriegelt und zu einem Ort aller Wunder wird, kann nicht krank werden.

Die fünf Herz-Psalmen – 14, 22, 73, 94, 102 – haben die Kraft unsere Gedanken und Gefühle heimzuholen und an das geheimnisvolle Lebenszentrum im Herzen anzubinden. Es ist erstaunlich, wie schnell sich das Herz regeneriert. Von den fünf Psalmen wählen wir nach unserer Intuition zwei und beten sie morgens und abends 1 mal.

Ignoranz; gegen die eigene und fremde

Das von uns verschuldete Unwissen, das Desinteresse für schicksalsentscheidendes Wissen, ist der Ursprung aller

Sünden. In diesem Zustand zeigt sich am deutlichsten, dass wir nicht dem objektiven Lebenssinn folgen, dass wir nicht nach dem Willen Gottes leben wollen, sondern uns von unseren Neigungen und biologischen Bedürfnissen im Leib treiben lassen. Durch das Beten der angeführten Psalme – 18, 105, 107 – entsteht in uns das Bedürfnis nach einem vertieften Leben. Die Distanz zu allen Weltangeboten wird immer größer. Der Geist öffnet sich für spirituelle Literatur und für die Weisheitsbücher des Alten Testaments. Es bezeugt ein Gnadengeschenk, wenn jemand von sich aus sein bisheriges „Wissen" als pures Unwissen erkannt hat und beginnt, nach dem ewigen Wissen Ausschau zu halten.

Die Psalme sollen – wie in der angeführten Reihenfolge – morgens, mittags und abends gebetet werden.

Kopfschmerzen; besonders Migräne

Als ich vor Jahren an einem Wochenendseminar teilgenommen hatte und bereits am dritten Tag starke Migräne bekam, hatte mich eine Seminarteilnehmerin angesprochen und gesagt, ich würde im Moment unter starken Kopfschmerzen leiden. Ich soll mir deswegen keine Sorgen machen, diese Beschwerde sei heilbar. Sie hätte selbst unter Kopfschmerzen gelitten und durch beten von Psalmen wurde sie von diesem Leid befreit. Mir war jedoch in diesem Zustand nicht nach Psalmgebeten zumute. Dann erzählte sie jedoch weiter. Nach ihrer Heilung hätte sich bei ihr eine merkwürdige Gabe entwickelt, die sie eigentlich gar nicht wollte: sie kann bei anderen jeden Kopfschmerz in ein paar Minuten heilen, ohne den Leidenden zu berühren. Sie fragte mich, ob ich mit ihrem Versuch an mir einverstanden wäre. Selbstverständlich – sagte ich – bin ich damit einverstanden! So richtig glaubte ich jedoch an das Unternehmen nicht. Zu meiner Überraschung merkte ich jedoch wie die Spannung im Schädel nachließ und in drei Minuten war ich vollkommen frei von meinem Schmerz. Wir saßen in einem großen Raum quer gegenüber und ich wollte mit meiner Wohltäterin dankbaren Augenkontakt aufnehmen. Unterhalten konnten wir uns nämlich nicht, weil gerade ein Vortrag stattfand. Mir ist nun aufgefallen, dass meine Geistheilerin anders aussah, als vor ein paar Minuten. Ihr Gesicht war grau, der Oberkörper beugte sich nach vorn, wie unter einer schweren Last, das strahlende Licht in ihrem blauen, schönen Augen erlosch, die Lippen waren fest zusammen gepresst. In der Pause bedankte ich mich herzlich für die ungewöhnliche Heilung und fragte, worunter sie selbst leidet. Die Antwort kam prompt und mit einer gedrückten Stimme sagte sie: „*Unter deinen Kopfschmerzen! Ich kann sie kaum aushalten*!" Das hatte mich sehr überrascht, weil ich noch nirgends gelesen habe, dass jemand in kürzester Zeit eine Krankheit abnehmen kann und stellvertretend für ihn weiter leidet. Ich war schockiert und bekam starke Schuldgefühle. Auch meine angepasste Weltanschauung bekam die ersten Risse. Meine leidende Wohltäterin bemerkte meine innere Zerrissenheit und tröstete mich wiederholt: „Mach Dir keine Gedanken: Schmerzen für andere zu tragen gehört zu meinem Lebensweg. Das ist mein Beitrag zum Gebot der Nächstenliebe. Jetzt bist du dran deinen Beitrag zum Wohle der Menschen zu finden."

Die christliche Medizin hat gegen Kopfschmerzen zwei Psalme vorgeschlagen, den Psalm 3 und 7. Sie sollen einzeln morgens und abends gebetet werden, immer wissend, dass wir in einer geistigen Welt leben, die voller Wunder ist.

Krankheiten; unheilbare, schwerer Krebs

An allen Heilorten der katholischen Welt geschehen plötzliche Heilungen von „unheilbaren" Krankheiten, ohne den milliarden-schweren Aufwand der wissenschaftlichen Medizin. Sie sind so schwer zu begreifen, weil unsere Denkgewohnheiten in der materiellen Welt gefangen bleiben. Bereits im dritten Jahrhundert hat *Tertulian* den konvertierten Römern die Frage gestellt: *„Wozu brauchen wir die alte Zivilisation? Wozu brauchen wir die Krankenhäuser, wenn wir Christus und seine Macht besitzen*?" Er meinte es noch ernst mit dem Glauben. Um von schweren Krankheiten herauszukommen, müssen unsere Gebete ihre ursprüngliche Tiefe erreichen, in der es mit der Liebe Gottes zu uns und unsere Liebe zu ihm zur Resonanz kommt. Ereignet sich die Deckung, überträgt sich göttliche Energie automatisch auf uns und unabhängig von der Schwere einer Erkrankung kommt es zu Sofortheilung. Der Begriff „unheilbare Krankheit" ist ein Produkt der wissenschaftlichen Medizin und setzt nicht die Heilung selbst, sondern dem Können der Ärzte eine Grenze. Um das Problem zu verdeutlichen, werde ich das Schicksal einer 40-jährigen Frau schildern, Mutter von 3 Kindern. Auf der Suche nach der Ursache ihrer Beschwerden haben die Mediziner Tumore in der Lunge und Metastasen in der Leber und im Hirn festgestellt. Ihre Erkrankung wäre eigentlich aussichtslos. Beratend habe ich sie zum Durchhalten ermuntert aber auch gleichzeitig eine harte Kur vorgeschlagen. Von mir erwartete sie eigentlich einen wirksamen Psalm gegen Krebs. Ich merkte jedoch, dass ihr Glaube sehr oberflächlich war und dass sie sich vom Terror ihrer Erkrankung nicht befreien konnte. Ich gab ihr die gewünschten Psalme und gleichzeitig die Adresse einer Fastenklinik in der Schweiz. Sie sollte, wie Jesus in der Wüste, 42 Tage lang, nur bei Wasser und einem Vitaminpräparat ausharren. Zuerst erschrak sie und zweifelte, ob ein so langes Fasten, in ihrem Zustand überhaupt durchzustehen wäre. Ich empfahl ihr mit der Klinik Kontakt aufzunehmen und sich die Sache gründlich erklären zu lassen. Nach drei Tagen rief sie mich an, um ihre Bereitschaft zu dieser Kur zu bekunden. Nun erklärte ich ihr die Wirkung der Psalme. Während der Fastenkur sollte sie einen Bußpsalm nach ihrer Wahl 3 mal am Tag beten. Danach den Psalm 38, der seit Jahrhunderten als das Geschenk des Himmels gegen den Krebs verehrt wird. Nach 6 Wochen hörte ich von ihr abermals. Im Unterschied zu früher sprach sie sanft und vergeistigt, war langsam und konzentriert. Sie verkündete mir, dass der Körper selbst alle ihre Tumore aufgelöst hatte, nachdem er kein Eiweiß noch andere Stoffe während des Fastens bekommen hatte. Sie würde sich wohl fühlen, hat eine Menge über die geistige Lebensführung erfahren, wird sich ganz anders ernähren und für ihren Krankheitsausbruch trägt sie alleine die Verantwortung. Einige Zeit pflegte sie noch Kontakt zu mir und dann siedelte sie, wieder kerngesund, ins Ausland um.

Krankheiten; um sie abzuwehren

In der antiken Zeit war die Flut der Diagnosen unbekannt. Für die Menschen war alleine der Unterschied zwischen Gesund- und Kranksein wichtig. Das Kranksein war Folge von Missachtung göttlicher Gebote. Die Rückkehr zur Gesundheit konnte nach Vergebung der Sünden stattfinden und der Vergebung folgte die Buße und Veredelung der Seele. Gesundheit begleitete einen geistig gesunden Lebenslauf, der in Erfüllung der religiösen Pflichten bestand.

Das Christentum hat den lebendigen Kontakt der Seele mit Christus verlangt und das Leben selbst als Nachfolge Christi verstanden. Weil jedoch Jesus gelitten hat, wurde auch die Krankheit als Strafe Gottes relativiert. Trotzdem beten die Christen seit Jahrhunderten Psalme, die für das Abwehren der Krankheiten vorgesehen sind. Man wünscht sich, bis ans Lebensende, bei guter Gesundheit zu bleiben. Die vier Psalme – 5, 30, 88, 114 – sollen im 4-Tage Rhythmus gebetet werden, d. h. jeder Psalm soll einmal am Tag gebetet werden und in der hier aufgeschriebenen Reihenfolge. In meinem Bekanntenkreis ist unter allen, die sich an diese Regel halten, niemand ernsthaft erkrankt.

Kraftlosigkeit

Nicht nur unser Geist, auch Gott, die Natur und das Universum, bestehen aus Kraft und Energie. Der Psalm 38 befähigt uns, den uns umgebenden Überfluss an Kräften zu nutzen, um die eigene Energie zu erwecken. Dieser Weg ist bei allen Erkrankungen zu empfehlen. Ein passives Verharren im Krankenzustand fördert nicht die

Heilung, sondern den Fortschritt der Krankheit. Die Psalmtherapie lehrt uns, sich an Gott als unseren Vater zu wenden, damit er uns hilft, die unerschöpflichen Reservoire an Energie in uns zu entdecken. In dieser Intention wird der Psalm 38 morgens und abends gebetet.

Kinderkrankheiten; Schutz vor Kinderkrankheiten und Heilung

Kinder sollen von ihren Eltern unter den besonderen Schutz Gottes gestellt werden. Dazu dienen sechs Psalme – 36, 71, 114, 115, 127, 148 – die vor und während einer Erkrankung schützen. Zusätzlich vermitteln sie den Schutz vor kriminellen Übergriffen und vor Unfällen. Bei geistig zurückgebliebenen Kindern soll der Psalm 16 gebetet werden. Von den sechs Psalmen sollen zwei gewählt und beide zweimal täglich gebetet werden. Dadurch steht das Kind unter dauerhaften sicherem Schutz der übersinnlichen Kräfte.

Lähmungen

Auch bei Lähmungen haben die Schulmediziner die Bedeutung von positiven Vorstellungsbildern erkannt. Wenn es tatsächlich sehr schwer fällt sich eine Seele vorzustellen, eingehüllt mit intensiver Heilenergie und im Vergleich zu ihr den Körper, der trotz seiner Bedeutung nichts mehr ist als ein Werkzeug, erschaffen und ständig repariert von der Seele, so ist doch der Nutzen unübertroffen, wenn täglich mit dem Bild der Seele gearbeitet wird, einer Seele, die ihren Körper auf Vordermann bringt und alle Schäden an ihm ausräumt. Die Vorstellungsbilder der reparierenden Seele sind feinstofflich und erreichen mühelos ihr Wesen. Die intensiven Bilder von ihrer Heilkraft, das Mitfühlen ihrer Heilenergie, die sie in die zuständigen Hirnareale senkt und den Körper belebt, ist der königliche Weg zur Beseitigung aller Körperschäden.

Vor Jahren habe ich einen damals 30-jährigen Goldschmied aus Norddeutschland kennen gelernt, der in seinem Fach alle Preise gewonnen hatte. Eines Tages war plötzlich die ganze rechte Körperhälfte gelähmt und sein Sprachvermögen funktionierte nicht mehr. Trotz aller Therapien, darunter auch eine Frischzellenkur, an seinen Lähmungen und der Sprache hatte sich nichts gebessert. Auch privat begann alles schief zu laufen, das Geschäft ging nicht mehr richtig und sogar seine junge Frau hatte ihn verlassen. Ich habe ihm angeraten Buße zu tun und dabei zwei Wochen lang alle sieben Bußpsalme morgens und abends zu beten. Er solle sich auch innerlich – im Geiste – bei allen Kunden entschuldigen, bei denen er kein reines Gewissen hatte. Nachdem er die Versöhnung mit Menschen abgeschlossen hatte, begann er die fünf Psalme gegen Lähmungen – 5, 17, 38, 69, 73 – 1 mal am Tag mit der Vorstellung zu beten, mit der Überzeugung, Gott kann ihm seine Bitte nicht abschlagen, da er seine Sünden abgebüßt hat, und nun geht er zu ihm - seinem göttlichen Vater – zurück. Er hatte auch verstanden, dass sein Leben keine Privatsache ist, die nur ihn etwas angeht.

Nach 6 Monaten hatte er mich angerufen und voller Freude, in einwandfreier Sprache mitgeteilt, dass er wieder in seinem alten Beruf tätig ist und kunstvolle Preziosen herstellt.

Ich habe mich in dem Kommentar alleine auf Lähmungen konzentriert, die auf Hirnschlag zurückgehen. Die hier zitierten Psalme wirken jedoch genau so gut bei Lähmungen, die andere Ursachen haben.

Lebensangst; damit sie vergeht

Das geschichtlich akkumulierte Leiden in der eigenen Biographie und dem Volksgedächtnis schreckt sensible Menschen vor der Übernahme der Verantwortung für das eigene Schicksal. In keiner geschichtlichen Zeit war das Leben leicht und bequem. Bereits die alten Römer haben eine Vorstellung vom Leben als Kunst gepflegt und richtig genießen konnte es nur der Lebenskünstler. Wer kein Künstler war musste lernen, das Leben einfach zu ertragen und zu erdulden. In der modernen Zeit werden die jungen Menschen auf das Leben eine lange Zeit in den Schulden vorbereitet. Die Vorbereitung bezieht sich allerdings nicht auf das Leben in allen seinen Aspekten, sondern auf die Tätigkeit in der Zivilisation, auf den Beruf. Das Einschränken des Lebens auf den Beruf allein, entspricht jedoch keinesfalls der Vielfalt der Bedürfnisse, die in unserer Natur auf Verwirklichung harren. Vor der Vereinnahmung des Lebens durch praktische, rein irdisch verstandene Interessen, haben alle Religionen gewarnt. Auch die Philosophen haben über den Sinn des Lebens nachgedacht und ihn gar nicht in der engen Ecke von Profit und Durchsetzungskraft erblickt. Sie haben auch vor dem Hineintreiben der Menschen durch die modernen Macher in die Sackgasse utilitaristischer Unwerte gewarnt. Von der christlichen Perspektive aus ist das Leben kein Mittel, das sich für zivilisatorische Unwerte verzwecken lässt. Das Leben ist ein Geschenk Gottes zum Erreichen der hohen Vollkommenheit, die uns in der Gemeinschaft mit Christus das ewige Leben führen lassen soll: „*Seid vollkommen wie der Vater im Himmel*" lautet unser Ideal. Sind wir politisch, sozial und privat tatsächlich auf dem Weg dorthin? Ist vielleicht in diesem Zusammenhang die weit verbreitete Lebensangst, nicht ein leiser Protest unseres Geistes gegen das Betreten der Lebensbühne, auf der wir nicht den Lebenssinn verwirklichen können, sondern in die Falle der Sinnwidrigkeit hinein rennen?

Das Beten beider Psalmen gegen die Lebensangst – 57 und 107 – bringt Klarheit über den Sinn unseres Lebens, jenseits aller materiellen Interessen. Durch die Reinigung unseres Bewusstseins von sinnlichen Wünschen verspürt der ängstliche Mensch den Mut, um für Gott und den Nächsten zu leben. Er nimmt den leisen Ruf Gottes an, der Pflicht der Liebe zu folgen. Beide Psalme sollen morgens und abends gebetet werden.

Lungenkrankheiten; Entzündungen, Emphysem, Tuberkulose, Krebs

Bei allen schweren Erkrankungen ist der Glaube an die Allmacht Gottes und an seine Liebe zu uns entscheidend. Zweifel, der oft eine Prüfung ist, steht immer an der Seite der Krankheit. Der Rationalist kann vor den Menschen auf seine Logik stolz sein, aber im Angesicht seiner schweren Krankheit, geht er unter. Dem Zweifel und dem Stolz ist im Krankheitsfall eine Einschränkung zu verordnen. Ohne den festen Glauben gibt es keine Anbindung des Bewusstseins an Gott. Ohne das Gottbewusstsein gibt es keine innere Erweckung der Heilenergie und damit auch keine Heilung.

Zu meinem erweiterten Freundeskreis gehört ein Mann, Mitte 30, der einen Lungenkrebs bekam. Er hatte bei den Ärzten alles machen lassen, was medizinisch möglich war. Unter den bekannten Nebenwirkungen der Therapien hatte er sehr gelitten. Sein praktisches Leben war sehr chaotisch und undiszipliniert. Die Abende verbrachte er in den Kneipen bei Bier, Zigaretten und leerer Unterhaltung. Zu einer festen Bindung mit Verantwortungsübernahme für Frau und Kind war er gar nicht fähig. Ständig wechselte er seine Partnerinnen. Als die Ärzte ihm keine Chance mehr eingeräumt haben, wollte er alles tun, um weiter zu leben. Ich habe vertiefte Gespräche mit ihm geführt und konnte schließlich sein Vertrauen zu der Psalmtherapie gewinnen. Für sein Verhalten hatte er sich bei allen seinen Exfreundinnen entschuldigt und jede um Verzeihung gebeten. Die hat er bekommen. Bei seinem Ortspfarrer hat er die Beichte abgelegt und sich in die christlichen Pflichten integriert.

Allgemein bei Lungenkrankheiten werden der Psalm 22 und 73 gebetet – morgens und abends – und bei Krebs zusätzlich der Psalm 38. Er wurde noch verpflichtet, einen der Bußpsalmen während der ganzen Therapie zu beten. Durch die Belehrung und seine Gebete hat sich sein Inneres gereinigt, an seinem Gesicht und in seinen Augen war die innere Umwandlung sichtbar. Nach zwei Wochen unternahm er leichte Spaziergänge und nach 7 Monaten konnten die Ärzte an seinen Lungen keinen Krebs mehr finden.

Magenkrankheiten

Probleme, die uns schwer am „Magen“ liegen, führen früher oder später zu Magenkrankheiten. Wer Probleme vor sich hinwälzt, hat sein Weltproblem noch nicht gelöst. Auf dieser Grundlage bewirken viele andere Ursachen die Magenerkrankungen. Der Psalm 14, der nach Überlieferung bei Magenerkrankungen zum Einsatz kommt, hilft dem Bewusstsein, für irdische Probleme zu geistigen Lösungen zu kommen. Wie bei anderen Erkrankungen, muss auch hier die Heilachse stimmen: Abwendung von der Welt, zu der wir doch gar nicht gehören, Distanz zu der Bedürfnisnatur, Verinnerlichung, Ausrichtung aller Kräfte auf Gott. Der Psalm 14 wird 3 mal täglich gebetet. Bei Magenkrebs kommt ein Bußpsalm eigener Wahl und der Psalm 38 zum Einsatz.

Neidgefühle

Neid wird nicht unmittelbar als körperliche Erkrankung betrachtet. Er führt jedoch zu seelischen Störungen, die sich körperlich auswirken. Ein neidisches Herz verhindert jede Zufriedenheit und lenkt die Aufmerksamkeit auf fremdes Gut und Haben. Seine „Mutter“ ist die Gier – ein vergleichendes und rechnendes Ungeheuer. Neid gedeiht am besten auf kargen und ausgetrockneten Boden und verträgt keine Tugend. Er verdrängt das Wohlwollen und die Nächstenliebe, ist Feind der Gerechtigkeit und der Nächstenliebe. Der Neider steht im Leben auf der Seite des Nehmens, und auch wenn er viel bekommt, hat er immer noch Hunger. Mit dem, was er hat, ist er ständig unzufrieden. In seinem Stolz verträgt er es nicht, wenn das Mehrsein und Mehrhaben nicht auf seiner Seite steht. Neid ist eine giftige Substanz. Sie vergiftet die Seele, die Umwelt und die Mitmenschen. Die in seinem Inneren ruhenden Besitztümer kennt er nicht und es wäre ihm zu schade um die Zeit, die er in die Selbsterkenntnis investieren würde. Die Neider befinden sich alle auf dem Weg zu Herzerkrankungen. Die beiden Psalme gegen Neid – 52 und 112 – lenken die Aufmerksamkeit auf Gott und auf die inneren Werte, die alleine von der Vergänglichkeit aller irdischen Güter nicht betroffen sind. Der Psalm 52 soll morgens und der 112 abends gebetet werden. Ein Neider, der sich zu Gott um Hilfe gegen seine psychische Sucht wendet, wird mit Sicherheit geheilt. Auch seine Bezugsperson oder ein Betroffener, kann in Intention einer neidischen Person die zitierten Psalme beten.

Nierenerkrankungen

Besonders schmerzhaft sind Nierenkoliken. Ich betone es, weil ein 50-jähriger Gärtner, bei dem ich oft Blumen kaufte und von meinem Interesse für die christliche Gebetsmedizin wusste, mir auf dem Gehweg begegnet ist und mit traurigem Gesicht, dunkelbraun angelaufenen Augenlidern erzählte, er könne seine Nierenkoliken nicht mehr aushalten und er wird wahrscheinlich eine Niere verlieren. Ich habe ihm Mut zum Durchhalten gemacht und die „Nierenpsalme“ 16 und 73 zum Beten 3-mal täglich vorgeschlagen. Zusätzlich sollte er einen Nierentee bestellen und 3-mal täglich eine Tasse voll trinken. Die Koliken haben sich erstaunlich schnell aufgelöst und bis zum heutigen Tag – nach 4 Jahren – niemals mehr gemeldet. Sein Gesicht strahlt Freude aus und seine Augen funkeln, wenn er mich sieht. Beide Psalme betet er täglich weiter. Auch bei allen anderen Nierenerkrankungen sind die Psalme 16 und 73 zu empfehlen und bei Nierenkrebs sollte zusätzlich der Psalm 38 gebetet werden.

Ohrenschmerzen

In den alten Kulturen hatte das Herz eine mystische Bedeutung. Im Alten Testament finden wir immer wieder den Ausdruck „Hör Israel!“ als Aufforderung zum Folgen der Stimme Gottes. Das Hören bildet zusammen mit dem Sprechen das Wesen des Gebets. Gott antwortet auf jede Frage, die wir ihm stellen. Wer Antworten nicht wahrnimmt, hat das Beten noch nicht gelernt. Ohne die innere Stille können wir die Antworten Gottes nicht aufnehmen. Wir kommen schnell vom Wege ab, wenn wir zum inneren Hören nicht zurück finden. Die Großen des Christentums haben bei Ohrerkrankungen eine Mahnung an die Vernunft, das innere Hören, besonders das Hören auf die Stimme des Gewissens nicht zu vernachlässigen. Das innere Ohr ist das Organ der Verständigung mit Gott, der Ort der Wahrnehmung täglicher Botschaften aus der inneren Welt, die an uns gerichtet sind. Menschen, die nur der Welt zugehören wollen oder sogar ihre Ohren als ein weiteres Lustorgan empfinden, verlieren das Bewusstsein der Verbindung mit ihrem Zentrum, mit der Stimme des Vaters.

Die christliche Medizin bietet zur Heilung der Ohrenschmerzen den Psalm 94 und 114 an. Der erste morgens und der zweite soll abends gebetet werden. Sie erwecken gleichzeitig in uns die Energien, die uns vor der Selbstauslieferung an die Welt schützen und uns bei der Konzentration auf das eigene Innenleben helfen.

Psychische Erkrankungen

Es ist erstaunlich, dass die psychosomatische Medizin die Ursache vieler Erkrankungen des Körpers am Verhalten der Seele findet aber eine systematische Seelenmedizin sich nicht im Feld ihrer Aufmerksamkeit befindet. Wenn die Psyche Krankheiten erzeugt, dann brauchen wir eine Medizin der Seele. Wenn wir uns diesem Problem öffnen und die Vorurteile aus dem Wege räumen, werden wir schnell verstehen, dass die Religion von Anfang an eine Medizin der Seele war. Sie behandelt die Seele als den wahren Entstehungsort aller Krankheiten. Die religiöse Tradition predigt seit Jahrhunderten, dass die Gesundheit nur im Rahmen der Seinsordnung möglich ist. Das Herausfallen der Seele aus dem Ordnungsgefüge der spirituellen und irdischen Pflichten, bedeutet als Konsequenz immer die Strafe der Krankheit. Diese diagnostische Erkenntnis gehört zu den Hauptbotschaften des Alten Testaments. Die Psyche war und ist der wahre Antreiber des Geistes zur Verletzung aller Gesetze, zum Aufstand gegen Gott und seiner Seinsordnung. Die Vergröberung und Verbosung der Seele ist die Ursache aller psychischen Störungen. Die religiösen Denker haben zu Recht erkannt, dass der direkte Weg in die psychische Normalität und Harmonie über die Verfeinerung der Psyche führt. Wer aus seinen Neurosen herauskommen will, muss den Alltag radikal ändern. Es wurde mir einmal eine junge Frau vorgestellt, die unter ihren psychiatrischen Medikamenten sehr gelitten hatte. Sie hatte schrecklich zugenommen, bewegte sich wie ein Roboter und alle ihre Freunde haben sie verlassen. Nachdem sie mir ihre Lebensgeschichte erzählt hatte, empfahl ich ihr – nach Absprache mit dem Arzt – die Pharmaka um ein Viertel alle drei bis vier Wochen zu reduzieren. Dafür musste sie aber täglich spazieren gehen, unabhängig vom Wetter und im gleichen Zug den Fernseher bis auf reine Nachrichten ausschalten. In der eingesparten Zeit sollte sie alle 10 Psalme – 18, 21, 30, 39, 42, 55, 69, 77, 90, 119 – in der angegebenen Reihenfolge beten und sich auf die Rückkehr ihrer Gesundheit einstellen. Nach einem Jahr hatte sie mich wieder angerufen und mitgeteilt, dass sie vollkommen gesund wäre, hätte ihre Arbeit als Krankenschwester wieder aufgenommen, betet aber weiterhin die Psalme und auf das Fernsehen hätte sie gänzlich verzichtet. Sie wäre nun innerlich ausgeglichen, nimmt sich selbst nicht so wichtig wie früher, verträgt auch Kritik und kann leicht verzeihen. Ihre religiösen Pflichten hat sie wieder aufgenommen und ihren Beruf empfindet sie als Übung in der Nächstenliebe.

Die 10 Psalme sind als das „Hauptmedikament“ gegen alle psychischen Störungen zu verstehen. Sie haben die Kraft, die Seele in das Gefüge der Gesundheit der eigenen Natur zu integrieren. Es genügt schon, wenn sie in der aufgestellten Reihenfolge einzeln – einen Psalm pro Tag – gebetet werden.

Rheumatische Erkrankungen

Die Schulmedizin gibt zu, dass sie Rheuma nicht heilen kann. Die Naturheilkunde kann auch nur mäßigen Fortschritt erreichen. Ich habe die Erfahrung gemacht, dass ein Rheumakranker, lange bevor er über seine Gelenke und Muskeln klagte, zum kleinen Tyrannen geworden ist, wenn es um die Unbeweglichkeit und Versteinerung seiner Ansichten geht. Das allmächtige Ego feiert seine Feste, ohne Rücksicht auf Anstand und die Freiheit der Mitmenschen. Die Heilenergien sind bei Rheuma durch unbewegliche mentale Mauern blockiert. Der Rheumakranke muss sein Leben auf Gott ausrichten und für die zugefügten Verletzungen an Menschen Buße tun, bis sein Denken und seine Gefühle in die Gottes- und Nächstenliebe einmünden.

Die christliche Heiltradition schlägt bei Rheumaerkrankungen drei Psalme vor: 16, 17, 35. In dieser Reihenfolge sollen sie dreimal gebetet werden. Zusätzlich kommt ein Bußpsalm hinzu, der 1-mal täglich gebetet wird. Sobald die geistige Versteifung nachlässt, zieht sich das Rheuma zurück.

Schlaf; für erholsamen Schlaf

Die Schlafforscher sind noch nicht auf die alte religiöse Wahrheit gestoßen, dass unsere Seele den Körperschlaf braucht. Sie braucht den schlafenden Körper, um ihn zeitlich zu verlassen und sich von den Strapazen der körperlichen Welt in die ätherischen Realität zu erheben, im Kreise der Heimgegangenen und der Engel, um Energien für weitere Stunden der körperlichen Gefangenschaft zu tanken. Der Tabletten-Schlaf ist unnatürlich, erzeugt Abhängigkeit und ruiniert das Nervensystem. Die Nacht gehört der Seele. Sie will vor dem Raub der Zeit durch Gartenpartys und elektronischer Geräte geschützt werden. Systematischer Schlafentzug führt zu schweren seelischen und damit auch zu nachfolgenden körperlichen Beschwerden.

Die religiöse Medizin schlägt für den erholsamen Schlaf den Psalm 131 vor. Er soll abends gebetet werden.

Selbstlob, als moralische Verfehlung

Selbstlob war in der griechischen und römischen Kultur als Untugend und Verletzung der Gerechtigkeit betrachtet. Es war eine Art der Schamlosigkeit. Lob – inwieweit man es verdient hat – war von anderen zu erwarten. Sie drückten ihre Ehrgefühle und Bewunderung vor einer Ausnahmepersönlichkeit aus. Was der Prahler tat, war den Berufenen vorbehalten, sobald der Anlass dazu gegeben war. Darum sah man im Selbstlob ein Element der Ungerechtigkeit.

Heute ist Selbstlob zu einer Massenseuche geworden. Es verdrängt den eigenen kritischen Verstand und ruiniert oft den sozialen Aufstieg. Der Zwang sich vor anderen herauszustellen kennt keine Sittlichkeitsnormen und keine Anstandsgrenzen. Die Prahler tun es nicht nur mit Worten. Sie stellen Bilder ins Internet, schreiben Bücher über ihre tolle Persönlichkeit und lassen Filme über ihr Privatleben drehen. Mit Stolz wird der eigene Körper gezeigt, auch der nackte, das eigene Gebaren in den Ferien, seine Gewohnheiten und den stolzen Besitz. Den künftigen Generationen soll ein Bild ihrer Größe vermittelt werden. Der Drang sich zu verewigen geht jedoch nach hinten los. Lob vor der Menge mit dem Sinn „Ich bin der/die Größte!“ ist unter dem religiösen Blick eine Überheblichkeit, ein Mangel an Demut und Kritiklosigkeit. Nach den Wertesystemen der Bibel ist der Prahler ein Frevler.

Die Tradition vermittelt gegen Prahlsucht und Selbstlob den Psalm 141, der morgens und abends gebetet, die Vernunft für die wahre Größe vor Gott öffnet.

Seelenfrieden; um ihn zu erreichen

Ohne das gute Gewissen gibt es keinen Seelenfrieden. Nachdem wir die Unruhe mit Tabletten ertränkt haben, ist unser Leid unter den Nebenwirkungen, noch schwerer geworden. Die Angst begleitet jede psychische Erkrankung und verkündet damit noch schwerere Zeiten in der Zukunft. Viele finden zunächst keinen Grund für ihr Leid in irgendeiner Tat, die gegen die Gewissensnormen verstoßen hätte. Unser Bewusstsein macht jedoch nicht alles bewusst, was wir gedacht, gewünscht, phantasiert haben. Die innere Welt unserer Vorstellungen will sich der Kontrolle durch das bewusste Ich entziehen. Nur die scheinbar ursachenlose Angst wird uns bewusst und vergiftet das Leben. Die jahrtausende alte Heiltradition sieht die Ursache dieses Leidens in der ausgebliebenen Buße. Ihr Heilangebot: Tägliches Beten von einem der sieben Bußpsalme – 1 mal täglich. Direkt für den Seelenfrieden gibt es sieben Psalme: 6, 32, 38, 51,102, 130, 143. Pro Tag soll ein Psalm gebetet werden und in der hier aufgestellten Reihenfolge. Nach sieben Tagen wird wieder mit Psalm 6 begonnen.

Schlaflosigkeit
Wer die Seele mit Gebeten heilen will, und genau das wäre der einzig richtige Weg zur Gesundheit, der merkt intuitiv, dass Tabak, Alkohol, ungesundes Essen, Störung des angeborenen Lebensrhythmus zwischen Tag und Nacht, uns auf nächtliche Ruhe schlecht einstellen kann. Seine Müllhalde im Inneren wächst ins Unermessliche, wenn er jeden Abend sich mit elektronischen Medien berieseln lässt.

Die Psalme versöhnen mit Gott und der unsichtbaren Welt. Sie bringen Frieden in das Innere. Die äußeren Giftquellen müssen allerdings abgestellt werden. Verzicht auf alles, was die Natürlichkeit des Lebens stört, uns vom objektiven Lebensziel abbringt ist der gute Preis für glücklichen Schlaf.

Die Tradition bietet 5 Psalme für erholsamen Schlaf an: 63, 77, 91, 102, 127. In der aufgestellten Reihenfolge soll täglich ein Psalm abends gebetet werden. Nach fünf Tagen beginnt das Beten wieder mit dem ersten Psalm 63.

Schwäche; allgemeine Schwäche
Die religiöse Diagnostik sieht den letzten Grund der allgemeinen Schwäche in der Isolierung der Persönlichkeit von ihrer eigenen, inneren Natur. Sie ist eingefroren in der Materialität des Lebens in der Welt. Die Psalmgebete integrieren sie in ihre eigene, erweiterte Natur, voller Kraft und Energie.

Bei dieser Erkrankung haben besonders materialistische Ärzte ein Problem: die Blutwerte sind normal, Blutdruck geregelt, Organveränderungen nicht vorhanden. Was fehlt ist die Erweiterung des Ichinhalts auf die eigene Geistigkeit und das Zurückdrängen der Identität mit dem physischen Leib. Die nächste Stufe der Erweiterung des Bewusstseins auf Gott kommt als Folge des Betens vom Psalm 38 und 73. Der Psalm 38 soll morgens und der Psalm 73 abends gebetet werden.

Schmerzen

Es gibt Schmerzen, die erst durch den Einsatz von Drogen gestillt werden können. Die gewöhnlichen Schmerzmittel bleiben wirkungslos. In der Tradition christlicher Gebetsmedizin wurden die Bußpsalme empfohlen um das Ursachenfeld der Schmerzen, die als Folge der Verfehlungen gegen die Göttliche Ordnung gesehen werden, zu reinigen. Mir sind zwei Herren im Leben begegnet, die unaushaltbaren Schmerzen ausgesetzt waren. Beide, unabhängig voneinander, haben unsittliche Unternehmen gegründet und geführt. Für Geld verkauften sie sexuelle Genüsse. Der eine litt an unerträglichen Kopfschmerzen und alleine eine Morphinspritze im Krankenhaus konnte den Schmerz vorübergehend stillen. Sobald er von mir erfahren hatte, dass ich alleine mit Psalmen und Gebeten heile, die man selbst sprechen muss, ist er sofort verschwunden.

Der andere hatte ein gleiches „Unternehmen" gegründet und geführt und wusste auch nicht womit ich Schmerzen heile. Als ich begonnen habe über Spiritualität mit ihm zu sprechen, wollte er gar nicht weiter zuhören und hat sich enttäuscht von mir abgewandt. Er verstarb an einem schweren Krebsleiden.

In der traditionellen Gebetsmedizin wurde immer ein Bußpsalm empfohlen, der täglich gebetet worden war und drei Schmerzpsalme: 16, 17, 35, die in der gleichen Reihenfolge morgens, mittags und abends gebetet werden.

Schwangerschaft; um schwanger zu werden

Das Eintreten der Schwangerschaft ist nicht allein von biologischen Prozessen abhängig. Die entscheidende Rolle spielt die Seele, die bei der Menschwerdung von Gott erschaffen wird und sich mit dem Leib kleidet. Darum ist auch bei jeder Schwangerschaft Gott das erste verursachende Prinzip. Zu ihm sollen sich die künftigen Eltern geistig erheben und um seinen Segen flehen. Die christliche Tradition stellt 5 Psalme zum Beten vor: 17, 37, 102, 113, 127. Sie sollen von der künftigen Mutter im Zyklus von 5 Tagen – ein Psalm pro Tag – gebetet werden. Falls die Gewissheit besteht, dass in der Vergangenheit eine Geschlechtskrankheit vorhanden war, die zu Sterilität führte, soll zusätzlich ein Bußpsalm eigener Wahl gebetet werden.

Stottern

Gegen Stottern gibt es Therapien, die man nicht abschlagen soll. Wenn sie jedoch nichts gebracht haben, soll man sich bei Gott vorstellen, sein Leid klagen und um Hilfe bitten. Wer gläubig darüber mit dem himmlischen Vater spricht, bekommt sicherlich eine rasche Hilfe. Der Psalm 39 normalisiert die psychophysischen Prozesse, die am Sprechen beteiligt sind. Er soll drei mal täglich, bis zur Erhörung gebetet werden.

Vor einiger Zeit hat sich bei mir ein junger Mann vorgestellt, der gerade sein Abitur bestanden hatte und in einer Ordensgemeinschaft Theologie studieren wollte. Der Novizenmeister hatte ihn auf sein Stottern aufmerksam gemacht und gebeten, er möge erst versuchen, sein Leid auszuheilen. Voller Trauer erzählte er von seinen verschiedenen Kuren, die alle erfolglos geblieben sind. Nun möchte er es mit den Psalmen versuchen. Ich habe ihm den Schutzpsalm 91 empfohlen und den direkten Psalm gegen Stottern – 29. Nach 5 Monaten intensiven Flehens zu Gott rief er mich an und erzählte in einwandfreier Sprache, dass er in ein paar Tagen einer Ordensgemeinschaft beitreten will, mit dem Ziel Pater zu werden.

Taubheit

Eine verbreitete Erkrankung, die meistens auf die Wirkung zu lauter Geräusche zurückgeführt wird. Auch Erkrankungen der Halswirbelsäule, traumatische Erlebnisse und Flüge sind als Ursache bekannt. Das Leid ist noch schwerer zu ertragen, wenn es von lauten Geräuschen im Kopf begleitet wird. Gegen die Taubheit und Ohrgeräusche wird der Psalm 39 – 3 mal täglich gebetet. Der Psalm verbindet die Seele mit den inneren Heilquellen. Ob jedoch der innere Heiler in uns aktiv wird, hängt von der Zuwendung an die innere Welt ab, die in ihrer Stille, von der äußeren lauten Welt verdrängt wurde. Die spirituelle Taubheit ist leidvoller, weil das Leben nicht mehr von der inneren Stimme geführt wird.

Tod 1. Wunsch nach gutem Tod, Psalm 18 und 39
2.Gegen Angst vor dem Sterben, Psalm 39, 49, 55
3. Gegen plötzlichen Tod, Psalm 12

In den vergangenen Jahrhunderten haben Christen ihr ganzes Leben als Vorbereitung auf den Tod verstanden. Die moderne Angst vor dem Tode und dem Sterben ist ein Zeichen für die ausgebliebene Vorbereitung auf das Verlassen des Körpers. Es wird zu wenig reflektiert, dass der Tod nicht tötet, sondern den einzig wahren Menschen, der die Seele ist, aus dem Körpergefängnis befreit und den ewigen Genuss des Lebens möglich macht. Die frommen Christen betrachten dagegen die Geburt als das größte Risiko für den Menschen, weil die Umwelt in die man eingeboren wird - die Eltern eingeschlossen – dem Leben eine falsche Richtung geben kann. Der Philosoph Platon verlangt von jedem Schüler, dass er die Sehnsucht nach dem Sterben kultivieren soll und mit großer Freude auf den Todestag harrt. Wir sind nicht von dieser Welt, unsere Heimat ist der Himmel. Wir beten den Psalm 12, um dem unerwarteten und zeitpunktmäßig ungewünschten Tod zu entgehen. Diese gefürchtete Unpässlichkeit gibt es allerdings nur bei Menschen, die es versäumen, sich auf den Tod, mit dem ganzen Wesen vorzubereiten. Der Tod lässt die Ernte des Lebens einfahren und durch seine Qualität entscheidet er mit, in welchem Teil der Nachwelt wir erwachen. Weil wir in einer sehr brüchigen Welt leben, in der ein plötzlicher Tod jeden Menschen treffen kann, sollten wir auch täglich mit ihm rechnen. Der Tod resultiert aus unserer Sterblichkeit und weil wir unsere Zivilisation so aufgezogen haben, dass sie mit ihrem materiellen Teil uns mehr bedroht als die alte, wilde Natur, vor der sie uns schützen sollte, begegnen wir der Sterblichkeit öfters, als in den alten Zeiten. Als Christen müssen wir uns verpflichten, so zu leben, als ob jeder Tag der letzte wäre. Der Seelenzustand im Moment des Sterbens ist für das körperlose Leben danach entscheidend. Die Vorbereitung auf den Tod und das Leben danach ist sicherlich mindestens gleichbedeutend, wie die Vorbereitung auf das materielle Leben. Der Wunsch nach einem guten Tod wäre gegenstandslos, wenn nicht dahinter die Aktivität stünde, alle nötigen Vorbereitungen zu treffen. Nach der alten, noch ägyptischen Weisheitsregel sollte das ganze Leben auf das Jenseits eingestellt werden. Wer jedoch unter dem Begriff des guten Todes das „gute Sterben" versteht, sollte regelmäßig den Psalm 18 und 39 beten, und wer die Angst vor dem Sterben überwinden will, betet den Psalm 39 morgens, den Psalm 49 mittags und den Psalm 55 abends. Gegen den plötzlichen Tod – den Psalm 12.

Traurigkeit

Traurigkeit ist ein Zustand der Seele, die etwas Gutes oder Liebes verloren hat. Es fehlt ihr ein Gut, das ihr gehörte. Es könnte das leer gewordene Familiennest sein, ein Mensch der heimgegangen ist, oder das eigene Vermögen, das nun weg ist. Mystiker, die eine Erhebung zu Gott erlebt haben, die sich jedoch nicht wiederholen will, sind zutiefst traurig, weil sie der Erfüllung aller Wünsche so nah waren. Sie erleben nun die Welt als eine Qual. Traurig sind viele Lyriker, weil sie empfindlich auf die Vergänglichkeit allen Seins reagieren und die Mitte noch nicht fanden, in der der Mensch ewig dauert.

Die Psalme 39 und 49, die morgens und abends beide nacheinander gebetet werden, erheben das Gemüt zu Gott und beim Ausharren im Gebet kommt die Seele zum inneren Gleichgewicht und zur Freude.

Vereinsamung

Sie bildet die Voraussetzung für das Gelingen der Integration in die uns umgebende, mit den Sinnen nicht fassbare Welt. Manche ziehen sich mit Absicht aus der Gesellschaft zurück, geben ihre elektronischen Medien ab, um endlich mit sich selbst zu sein, um sich zu erkennen und mit sich selbst Frieden zu schließen. Außerdem: Die absolute Einsamkeit gibt es nicht! Unser Schutzengel ist immer in der Nähe und Gott steht uns näher als wir es gedacht hätten. Wer jedoch darauf besteht, wieder Menschen um sich zu haben, soll zwei Psalme beten: den Psalm 19 immer morgens und den Psalm 121 abends.

Verzweiflung

Die Tradition hat 15 Psalmen genannt, die uns aus der Verzweiflung herausholen sollen. Allerdings gibt es nur einen Grund für die Verzweiflung: Den Verlust des lebendigen Glaubens an Gott. Der Verzweifelte leidet unter Verlust von materiellen Werten, unter eingetretenen Sterbefällen, unter Zerschlagung wichtiger Hoffnungen, unter einer Ausweglosigkeit. Alles das ist der Natur nach bereits vergänglich, dem Raub der Zeit von Anfang an ausgesetzt. Die Astrophysik weiß zu berichten, dass sogar unser Sonnensystem aufgelöst wird. Für die alten Griechen war die folgende Aussage eines Atheners aufbauend, der vom Beruf ein Kaufmann war und sich oft jahrelang auf Reisen befand. Während seiner Abwesenheit führten die Athener einen Krieg gegen die Perser. Seine beiden Söhne sind in diesem Krieg gefallen. Als der reisende Kaufmann in seine Athener Heimat zurückkam, wurde ihm die Todesnachricht überbracht. Er antwortete darauf sehr kurz: *„Ich weiß, dass ich sie sterblich gezeugt habe*!“ Alleine von der Vernunft her, war er auf den Tod seiner Kinder vorbereitet und so entging er der Verzweiflung. Es gehört zum verschuldeten Selbstbetrug, wenn wir an die Unveränderbarkeit der Menschen oder der Dinge glauben. Die Welt und alles was auf ihr lebt, vergeht pausenlos. Nichts bleibt bestehen, wie es einmal war. Und es schadet jedem, der sich in die Dinge oder die Menschen emotional hinein beisst, um sie festzuhalten. Diese Urwahrheit ist in der katholischen Lehre vom Glück, ausgedrückt: *„Glück ist der Besitz vom ewig Guten*“ d. h. von Gott. Jeder andere Besitz endet mit Verlust.

Die vielen Psalme, die das Verzweiflungsgefühl lindern, zeigen bereits, wie sehr Trost an die Verzweifelten gefragt war und wie hoch die Wellen der Verzweiflung schlugen. Um ins Gleichgewicht zurückzukehren brauchen wir nicht alle 15 Psalme täglich zu beten. Wir suchen einen heraus, der unserer Gefühlslage entspricht und beten ihn 3-mal täglich. Mit Hilfe Gottes wird sich unser Gemüt bald normalisieren und wir behalten zu allen Menschen und Dingen eine Distanz, die es uns ermöglicht, auch ohne sie weiter zu leben.

Die Psalme gegen Verzweiflung: 3, 16, 25, 42, 43, 55, 57, 68, 69, 90, 102, 107, 114, 119, 143.

Verletzungen

Bei Verletzungen brauchen wir die körpereigenen Abwehrkräfte. Hätten wir sie nicht, würde uns die geringste Infektion umbringen. Eine Heilung kommt niemals von außen. Der Ort an dem sie versammelt ist, befindet sich in der Seele. Die Abgabe kann jedoch blokkiert werden, z. B. durch verkehrte Rationalität, offenen Zweifel, pseudowissenschaftliche Gebaren. Der Psalm 38 beseitigt die Blockaden und macht für das Fließen der Heilkräfte den Weg frei. Er sollte morgens, mittags und abends gebetet werden.

Unglaube; bei sich und anderen

Glaube ist das Medikament der Seele. Ohne Glaube kann sie selbst und darum auch ihr Körper nicht genesen. Diese einfache Rationalität setzt uns unter Druck und um das Geschenk des Glaubens zu empfangen und zu behalten, beten wir zu Gott. Ein felsenfester Glaube bildet die Voraussetzung für die Erhörung von Gesundheitsgebeten. Es geht dabei nicht um einen „experimentellen" Glauben nach dem Motto: „Versuch es mal, ob es klappt oder nicht". Zur Gebetserhörung gehört ein bedingungsloser Glaube, weit von jedem Zweifel entfernt, und ein Notschrei zu Gott Vater, ein Schrei, den wir aus den Psalmen kennen. Das Fundament für jede Gebetserhörung bildet der Glaube. Wer immer nochhalbherzig an Gott glaubt, soll die Psalme 14, 53 und 109 einzeln morgens, mittags und abends beten. Damit nimmt er bereits das voraus, was er zu erhoffen wünscht.

Wutausbrüche

Wer nach der Vorgabe der tierischen Natur handelt, hat sich als Mensch noch nicht verstanden. Er hat es noch nicht verinnerlicht, dass er nicht von dieser Welt ist, dass sein geistiges Wesen der Vergänglichkeit und der Zeit nicht unterworfen ist. Alles, was er braucht, ist in seinem Wesen gesammelt und bleibt ewig von der Welt unberührbar. Wutausbrüche kommen vom bösen Herzen. Das Herz eines Wutentbrannten ist durch Barmherzigkeit, Liebe und Verzeihung nicht gereinigt. Menschen mit bösem Herzen kommen auch im Himmel nicht weiter.

Die Psalmgebete gegen Wutausbrüche – 14, 22, 73, 94, 102, 5, 37, 38 – reinigen unser Herz und vergrößern die Distanz zu Menschen und Situationen. Unsere Gefühlswelt wird immer tiefer von einer friedlichen Stimmung durchdrungen. Von der angegebenen Psalmreihe beten wir einen Psalm täglich. Nach acht Tagen fangen wir von neuem an.

Zungen; gegen böse Zungen

Für den psychischen Zustand des Anderen ist jeder verantwortlich. Während des Denkens werden unsere Gedanken spontan auf die ganze Welt ausgestrahlt und abhängig von ihrem Inhalt, schädlich oder aufbauend, auf die Menschen einwirken. Wenn wir als Folge unserer Gebete positive Gedankenformen ausstrahlen, werden sie die Anderen erreichen und positiv verändern.

Das Böse unserer Gedanken kommt auf die Zunge und richtet sich auf den Nächsten. Sobald ihm die Infamie bewusst wird, reagiert er abwehrend. Die „böse Zunge“ trifft ihren Absender selbst. Auch er wird zum

Opfer von Tratsch und Verleumdung. Der Schaden, den man dem Nächsten antun wollte, trifft einen selbst. Das Problem liegt jedoch noch tiefer in der Psyche: Warum reden wir nicht gut über die Anderen? Warum schädigen wir ihren Ruf? Die Bibel nennt einen Verleumder „Frevler“. Der Frevler ist ein Sünder und weil er von Gott abgewandt ist, gehört er zu den Bösen. Die Ursache für die böse Zunge ist somit das böse Herz. Weil wir in der Welt der Versuchungen leben und uns täglich das Böse auf unsere Mitmenschen anspricht, können wir dem Bösen der Versuchung nur dann entsagen, wenn wir unsere eigene Zunge zurückhalten.

Damit die bösen Zungen um uns herum zum Stillstand kommen, gibt es in der christlichen Gebetsmedizin vier Psalme: 5, 64, 91, 120. Im Rhythmus von 4 Tagen beten wir einzeln jeden Tag einen Psalm. Am fünften Tag beginnen wir wieder mit Psalm 5.

Zahnschmerzen

Wenn keine Möglichkeit besteht einen Zahnarzt aufzusuchen, sind wir alleine durch den Schmerz verpflichtet, die Zähne mit Gebeten zu heilen. Zur Verfügung steht uns der Psalm 4. Er soll 3-mal täglich gebetet werden. Bei infektiösen Schmerzursachen legt sich die Entzündung unter der Wirkung des Gebets schnell.

b) Psalme schützen vor bösen Menschen.

1. Rette mich Herr, vor den Stolzen!
Auffallend, dass in der christlichen Tradition 10 Psalme gegen die Stolzen gebetet wurden. In der israelischen, religiösen Kultur wurde der Stolz als Frevel gegen Gott erkannt. Fragen wir einmal nach der Begründung für diese Erkenntnis.

Paulus stellt den Stolz als „*Geist dieser Welt*“ (1Kor 12) heraus. Er tritt mit den Füßen: die Rechte der Menschen, weil seine Antriebskraft – die Eigenliebe – zum brutalen Egoismus ausartet. *Augustinus* (Civ. Dei 14,13) nennt den Stolz „*Liebe zur eigenen Auszeichnung.*“ Als völlige Ichzentrierung ist Stolz ein „*Seinwollen wie Gott*“ und damit gehört er der dämonischen Ursünde. Wenn wir uns die Stolzerscheinungen aus der Nähe ansehen, dann hebt sich vor allem seine Du-Losigkeit hervor. Aus ihr heraus entwickelt sich die Selbstüberhebung, Rechthaberei, Eitelkeit, Prahlsucht, verwegene Kühnheit, Vermessenheit und das Streben nach Macht und Ehre. Stolz bewirkt den Unfrieden, den Neid und die Ungerechtigkeit. Diese biblischen und urchristlichen Erkenntnisse warnen seit Jahrhunderten vor der Verharmlosung des Stolzes. Vor der wahren Explosion des Stolzes in der modernen Zivilisation haben uns diese Erkenntnisse jedoch nicht schützen können. Die Erfinder und Wissenschaftler, aber auch die Schnellreichen, sonnen sich in ihrem Stolz. Sie berufen sich auf ihre Rationalität, die angeblich alles erklären kann, entmachten die traditionellen Erkenntnisse und die religiöse Weltdeutung. Hinter dem modernen

Atheismus steht der dumpfe, unbeugsame Stolz! Die Wissenschaftler sind sogar auf ihre Massenvernichtungswaffen stolz und darauf, dass sie in kürzester Zeit die Menschheit ausrotten können. Der stolze Unverstand ist durch keine Ethik korrigierbar. Dass der Stolz dämonischer Abstammung ist, zeigt sich an diesen seinen Zügen. In der Bildungszeit unserer Kultur gab es hohe geistige Ideale, die die niedrigen Kräfte unserer Natur gar nicht auf die Geisteshöhe des bewussten Denkens zugelassen haben. Heute tragen die Wissenschaftler und Erfinder ihren Stolz als Markenzeichen ihrer Größe auf der Stirn. Heute brauchen wir als Normalbürger den Schutz vor dem bestialischen Stolz, der aus seinen unterirdischen Höhlen ausgebrochen ist und die braven Bürger bedroht.

Nur noch Gott alleine kann ihn uns gewähren. Die 10 Psalme sollen in der aufgestellten Reihenfolge – immer einen Psalm pro Tag – gebetet werden: 11, 18, 29, 71, 89, 101, 119, 123, 131, 138. Nach 10 Tagen beginnen wir erneut mit dem ersten Psalm. Auch und besonders beten wir die Psalme, wenn wir beruflich oder privat im Einflussbereich von stolzen Menschen stehen.

2. Rette mich Herr, vor falschen und perversen Menschen.

Bereits zu Anfängen unserer christlichen Kultur war die Gefahr seitens der falschen und perversen Menschen sehr wohl bekannt. 12 Psalme sollten als geistige Waffe diese Bedrohung abwenden helfen. In den vergangenen Zeiten war die Identifizierung eines kriminellen Menschen eindeutig und darum war auch der Schutz vor seinem gefährlichen Tun leicht durchzuführen. Heute dient der „Fortschritt" mehr den kriminellen Gesinnten als dem sittlichen Teil der Menschen. Wenn wir überhaupt noch wagen unsere Augen weit zu öffnen und bis zum Horizont zu schauen, müssen wir eigentlich vor Schreck zusammenzucken. Die fortschrittliche Kriminalität genießt den Schutz der Behörden, höhlt unser Rechtssystem aus, lässt sich als Tugend feiern und von den anerkannten Autoritäten unterstützen. Die Kriminellen alter Schule raubten das Geld, haben den Menschen Verletzungen zugefügt, haben betrogen und reingelegt. Sie gehörten der Unterwelt und für gewöhnlich haben sie sich auch dort aufgehalten. Von der Klasse der braven Bürger haben sie sich in der Sprache und mangelhafter Kultur deutlich abgesetzt. Fragen wir uns heute noch nach dem Versteck der perversen Charaktere, die uns das Geld klauen, die Gesundheit rauben, uns betrügen und ruinieren, dann müssen wir die dunklen Gassen, die aufblitzenden Messerklingen und die rauen Fäuste vergessen. Die Kriminellen haben sich hochgearbeitet, besitzen eigene Büros und Sekretärinnen, verfügen über Verbindungen zur Welt der Politik, Wirtschaft und Finanzen. Wir finden sie unter den „fortschrittlichen" Pharmakologen, Ärzten, Chemieingenieuren und massenweise unter den sauber gekleideten Bankern. Alleine die Nebenwirkungen von behördlich zugelassenen Pharmaka töten und verkrüppeln mehr Menschen jährlich als ein mittlerer Krieg. Von den verdienten Milliarden zahlen sie keine Entschädigung für ihre Opfer. Im Krankenhaus will man sich für teures Geld die Gesundheit holen. Statt dessen wird man mit Keimen infiziert, die von einem nicht mehr loslassen. Sie sind nämlich „resistent“. Mehr als die Hälfte aller Operationen in den Kliniken sind diagnostisch unbegründet – sie sind das reine Unterhaltsgeld für die Ärzte. Die Geldinstitute ziehen sogar noch den Nackten aus. Betrügerische Beratung, Raub, Kontoplünderung steht bei den Bankern auf der Tagesordnung. Vor jedem Bankbesuch wird ein Schutzpsalm empfohlen. Von der Rüstungsindustrie – dem Ungeheuer der Antikultur und Synonym für alle Verbrechen – brauchen wir gar nicht zu schreiben und äußern uns auch nicht zu negativ: Sie „sichert“ nämlich die „Arbeitsplätze.“ Feinde und Raubgesellen sitzen auch unter den Familienmitgliedern: Betrügerische Eheleute, auf Erbschaft gierige Kinder, Söhne und Töchter, die ihre alten Eltern in die Heime entsorgen und sich ihres Eigentums bedienen.

Und wieder die bösen Zungen! Sie sind heute praktisch in jedem Mund. Es stand sicherlich hinter der Unternehmung der antiken Christen eine reife Überlegung, dass viele enttäuschte Mitchristen die Welt quittiert haben und sich in die libysche und ägyptische Wüste abgesetzt haben. Ihre Vollkommenheit wollten sie in der Einsamkeit erreichen. Sie sind auch vor den bösen Zungen geflohen. Wer nämlich den Weg der Heiligung geht, ist empfindlich und sucht Schutz vor den Menschen. Heute steht uns die Wüste kaum noch zu Verfügung. Um uns herum gibt es böse Verdächtigungen, Rufschädigungen, Streitigkeiten, Anzeigen und Prozesse, ungerechte Richtersprüche, allgegenwärtiges Mobbing und vor allem – die bösen Zungen! Der Mensch ändert seine Natur kaum, weil bereits vor Jahrtausenden die Menschen unter den gleichen, schwarzen Blüten ihrer Natur litten, wie heute. In ihrer Not wandten sie sich an Gott und beteten. Die vielen Psalme, die uns vor dem Bösen in Schutz nehmen, setzen jedoch vor allem unsere Empfindlichkeit herab.

Ich bin mit einer Lehrerin befreundet, die in ihrer Schule starkem Mobbing ausgesetzt war. Sie stand kurz vor dem Nervenzusammenbruch. Ich hatte ihr die drei Psalme gegen „böse Zungen" vorgeschlagen und weil sie Religion unterrichtete, hat sie mein Angebot dankend angenommen. Als wir uns nach einem Monat wieder trafen, wirkte sie ausgeglichen, fröhlich, selbstsicher und erzählte mir sogar einen Schulwitz. Auf meine Frage nach dem Mobbing und den Psalmen sagte sie mir einfach: Was die anderen von mir erzählen und wie die Schuldirektion darauf reagiert, interessiert mich kaum noch. Nach den Aussagen anderer über mich spitze ich meine Ohren nicht mehr. Ich brüte auch nicht mehr über die Schule nach, wenn ich nachmittags nach Hause komme. In meinem Inneren habe ich mich so erkannt, wie ich bin. Nun weiß ich genau, dass ich für die anderen unerreichbar bin. Wenn ich in Gott gesammelt bin, kann mich das Böse der anderen nicht mehr treffen. Diese Erkenntnis kam plötzlich über mich, während ich meine Psalme betete. Jetzt habe ich endlich Distanz zu den Köpfen anderer gewonnen. Meine früheren Feinde lache ich strahlend an und begrüße sie freundlich. Beim Vorbeigehen senken sie beschämt ihre Köpfe. Nun habe ich meine Ruhe. Deinen Rat werde ich nie vergessen. Die christliche Gebetsmedizin hat uns 12 Psalme zum Schutz vor falschen, verleumderischen, perversen und kriminellen Menschen geschenkt: 5, 21, 35, 53, 55, 63, 101, 119, 125, 140.

Sie halten uns fern von ihren Machenschaften. Aus diesem Angebot sollte man einen Psalm wählen, der uns am besten zusagt und ihn auswendig lernen. Bei Gängen zum Arzt, zur Apotheke und in die Bank oder zu den Behörden sollte der Psalm gebetet werden. Zu dieser Zeit stehen wir unter dem besonderen Schutz Gottes.

3. Schutz vor Diebstahl, Verletzung und Mord.
Auf dem Feld der Kriminalität hat uns die Zivilisation den versprochenen Schutz nicht gebracht. Trotz aller Überwachungssysteme finden Diebe immer noch einen freien Weg in unsere Wohnungen und Häuser, zu unseren Brieftaschen und Konten. Das Volk der Diebe scheint sich sogar vermehrt zu haben und bedroht uns in allen Lebenslagen: in den Diskotheken, Zusammenkünften, beim Essen im Restaurant, beim Übernachten im Hotel usw. Auch Verletzungen und sogar Morde begleiten unsere Wege.

Die Tradition bietet uns einen sehr wirksamen Schutz vor diesen Gefahren. Gegen Diebstahl, Verletzung und Mord existieren 8 Psalme: 5, 12, 27, 37, 55, 62, 69, 148. Wer sich vom Beruf her besonders bedroht fühlt, sollte in der aufgestellten Reihenfolge pro Tag einen Psalm beten. Nach 8 Tagen sollte wieder mit dem ersten Psalm begonnen werden. Um einen Kriminellen schnell zu entlarven, betet man den Psalm 36.

4. Schutz vor Feinden.
Nichts schadet uns mehr, als das falsche Denken und Handeln. Und genau das Falsche am Denken und Handeln kommt aus einem vergifteten Brunnen. Er befindet

sich in unserem ungereinigten und ungepflegten Inneren! Die großen Heiligen haben diesen Brunnen als ihren wahren Feind erkannt – ihre eigene psychophysische Natur! Wenn wir uns nicht täglich durch Gebete reinigen, wird es dort nur so wimmeln von teuflischen Gefühlen, dämonischen Wünschen und höllischen Verdammungen. Nach der Lehre Jesu kommt alles Böse vom bösen Herzen. Wenn wir diesen Feind nicht entmachten, werden wir immer wieder die äußeren Feinde in der Welt anziehen. Geläuterte Menschen haben keine Feinde mehr in der Welt. Das Problem mit den Feinden stellt sich nur dann als akut dar, wenn wir am Lebenskampf teilnehmen und in gleicher Art wie alle, die Vergeltung üben.

Acht Psalme bieten uns den Schutz vor den äußeren Feinden: 3, 25, 27, 31, 56, 69, 108, 142. Wenn wir tatsächlich Feinde haben, dann sollten wir aus der aufgestellten Reihe täglich einen Psalm beten und am neunten Tag wieder von vorne anfangen.

5. Schutz gegen böse Verdächtigungen.

Die Psychoanalyse von *S. Freud* hat auf Kosten der Sittlichkeit die Triebfreiheit durchgesetzt und die Moral der breiten Massen ins Wanken gebracht. Was die Moral früher verdammte und Gegenstand der bösen Verdächtigungen war, bildet heute bei vielen den Anlass zum verkehrten Stolz. Die Verdächtigungen richten sich heute auf kriminelle Machenschaften, bezahlte Beeinflussungen, auf Käuflichkeit von Beamten und Richtern, Vertuschungen begangener Irregularitäten. In den meisten Fällen, bleiben Verdächtigungen unbeweisbar und leer. Die Betroffenen sind jedoch ruiniert, sozial isoliert und als Gesetzlose abgestempelt. Es sind die alten Verbrechen der „bösen Zungen“ an unbescholtenen Bürgern. Wer nach Rehabilitation strebt, sollte morgens den Psalm 67 und abends den Psalm 26 beten.

In der gleichen Reihenfolge geht die Rufschädigung.

6. Rufschädigung.

Nicht selten wird hinter vorgehaltener Hand eine angeblich wahre Geschichte erzählt, in der ein Arzt, ein Geschäftsmann oder ein Handwerker in den moralischen Sumpf gezogen werden. Die Kunden bleiben weg, besonders wenn sich der negativen „Information“ die Presse bemächtigt und mit dem Pressefreiheitsgesetz im Rücken, unschuldige Menschen darunter leiden, interessiert die selbst ernannten „Wahrheitssucher“ nicht im geringsten. Auch wenn die Rufherstellung auf juristischem Wege gelingen würde, bleibt bei den meisten Menschen ein schlechter Geruch in der Nase, den alleine der Zeitfluss verdünnen kann.

Die Psalmgebete 4, 38, 52, 57, 101, 109, 140 dienen der Rufherstellung und der Entschädigung für das erlittene Unrecht. Sie schützen jedoch auch vor dem Eintreten dieser negativen Situation. Wer vom Beruf her dem Angriff der Spürnasen ausgesetzt ist, sollte einen Psalm von den zitierten 8 auswendig lernen und einmal am Tag beten. Für alle anderen gilt die Regel: In der aufgestellten Reihenfolge wird ein Psalm pro Tag gebetet und nach 8 Tagen kehrt man zurück zum ersten Psalm.

7. Schutz vor Streitigkeiten und Prozessen.

Die Gefahr für den Verlust des Seelenfriedens ist bei streitbaren Nachbarn, Familienangehörigen und Arbeitskollegen sehr groß. Durch die enge Bebauung und das Wohnen in „Wohncontainern" fehlt jedem die sichere Distanz durch ausreichenden Revierbesitz. Das Revierbedürfnis ist angeboren und lässt sich nicht umgehen. Bei eng gezogenen Grenzen ist die Aufmerksamkeit der Nachbarn auf die „Unantastbarkeit" der Grenze gerichtet. Gegenstand der Anzeige ist oft der Grenzzaun, der angeblich zu Gunsten des Nachbarn verläuft, die Katze oder der Hund, die zu laute Musik, das Schreien der spielenden Kinder, der zu laut eingestellte Fernseher, oder die Familienstreitigkeiten.

Anlässe zu Streitigkeiten liegen meistens im Charakter der Menschen, in ihrer Empfindlichkeit, im Stolz und Egoismus.

Um Streitigkeiten und Prozesse zu vermeiden, empfiehlt uns die Tradition vier Psalme: 4, 6, 37, 75. In akuter Streitgefahr sollen alle vier Psalme am Tag gebetet werden. Um in Frieden zu leben in der Zukunft, reicht ein Psalm, den wir aus dem Angebot von 4 Psalmen wählen und 1 mal täglich beten.

8. Ungerechter Richterspruch.

Wenn trotz der eigenen Unschuld eine Verurteilung stattgefunden hat, bleibt uns der höchste Richter, der allmächtige Gott, der uns zu jeder Zeit helfen kann, um die Unschuld zu beweisen. Die Kirche stellt uns drei Psalme zu Verfügung – 107, 127, 128 – damit wir durch Gebet unsere Unschuld beweisen können. In diesem

Notfall sollen alle drei Psalme täglich gebetet werden, bis die Wahrheit ans Tageslicht kommt. Darüber hinaus gibt es 7 Psalme um Lügner zu entlarven, die durch falsche Aussage uns in Schwierigkeiten gebracht haben: 4, 38, 52, 57, 101, 109, 140. Falls wir den ungerechten Richterspruch einer falschen Zeugenaussage zu verdanken haben, sollen wir einen von den sieben Psalmen zusätzlich in unsere Gebete aufnehmen. Die Wahl erfolgt nach unserer Intuition.

c) Psalme schützen vor Naturgewalten.

In den großen Zivilisationen der Vergangenheit war das Bemühen um die Pflege und Veredelung der Natur groß geschrieben. Die Iraner (der vorislamischen Zeit) haben bereits gewusst, dass die Natur eine Potentialität auf ein Mehr-Sein aufweist. Wenn sie gepflegt und versorgt wird, gedeiht sie besser und vermehrt sich schneller. Sogar die wilden Tiere ließen sich zähmen und für menschliche Zwecke einspannen. Schwierigkeiten bereitete der Naturteil, der im Menschen selbst wohnt – seine Animalität, sein Tiersein. Den Sinn der tierischen Natur im Menschen erblickte man in ihrem Nutzen als energetische Basis für die Durchsetzung der Vorhaben des Geistes in der materiellen Welt. Gleichzeitig jedoch erkannte man in der Verbindung des Bewusstseins mit dem tierischen Körper die Gefahr der Vertierung des Geistes. In der sumerisch-ägyptischen Primärkultur wurde die In-Zucht-Nahme des Tieres im Menschen durch den Geist praktiziert. Die Natur als Gegensatz zum Geist, war der Pflege des Geistes unterstellt. Die moderne Dienstbarmachung der Naturkräfte, die als

Naturbeherrschung in aller Munde ist, darf nicht einseitig als Unterwerfung der äußeren materiellen Natur verstanden und praktiziert werden.

Die Zivilisation, verstanden als Beherrschung der äußeren Natur, ohne die Inzuchtnahme der menschlichen, psychophysischen Natur, vermehrt – wie die Beispiele der letzten zwei Jahrtausende zeigen – das Potential zu Selbstvernichtung des Menschen. Zu Beginn der Zivilisation ging es um den Schutz vor Naturgewalten und vor wilden Tieren. Bald jedoch wurde das wildeste und gefährlichste aller Tiere im Menschen selbst erkannt. Es hat mehr Schaden angerichtet und tut es immer noch weiter, als irgendeine andere Naturkatastrophe.

Im vorherigen Kapitel über die Gefahren, die den Menschen von den Menschen selbst erwachsen, haben wir darüber berichtet. Nun geht es um die Gefahren, die den Menschen von der Erde, der Luft, dem Feuer und dem Wasser her erwachsen. Diese Gefahren nehmen vehement zu, zerstören unsere Städte und Landschaften, töten jährlich Tausende von Menschen. Fast im monatlichen Rhythmus gibt es Erdbeben, Vulkanausbrüche, Erdverschiebungen und ähnliches. Eine andere Gefahr, die auch von der Erde ausgeht, ist die Versteppung und die Versandung der Böden. Um sich vor dieser Gefahr zu schützen, reicht anscheinend der menschliche Verstand nicht. Diese Katastrophen sind meistens vom Unverstand der Menschen selbst verursacht. Vor der Gefahr seitens der Erde schützen die Psalme 107, 127 und 128. Gleichzeitig schützen sie das Heim vor Erdbeben. Sie sollen gebetet werden 3 mal täglich – morgens, mittags und abends, wenn man in betroffenen Regionen lebt oder aus Nächstenliebe zu Menschen, die in diesen gefährlichen Erdregionen leben.

Die zweite Gefahrengruppe seitens der Natur, die gegenwärtig globale Ausmaße annimmt, kommt – in der traditionellen Ausdrucksweise - von der Luft. Man denkt an die gewaltigen Gewitter, Taifune, Orkane, Hurrikane, Tornados, die ganze Stadtteile verwüsten. Der biblische Israelit sah in den gewaltigen Luftbewegungen, die oft sein ganzes Eigentum verwüsteten, die Strafe Gottes für die Untreue der Menschen. Jesus selbst und viele seiner Nachfolger konnten mit kurzen Gebeten die Luftbewegungen besänftigen. In der christlichen Tradition wurden neun Psalme zitiert, die das Unwetter besänftigen: 11, 18, 29, 50, 88, 77, 89, 107, 148. Über die geheimen Kräfte, die in den Gebeten verborgen sind, wurde in den vergangenen Zeiten viel spekuliert. Aus eigener Erinnerung weiß ich, dass die Psalme eine gewaltige Macht über das Unwetter haben.

Ich erinnere mich an meine Großmutter, die während des Gewitters eine geweihte Kerze angezündet hatte und Psalme betete gegen Gewitter. Obwohl die Nachbarn oft große Schäden durch Gewitter zu beklagen hatten – Dächer wurden abgerissen, Blitzschläge lösten Brände aus, Bäume wurden entwurzelt und fielen auf die Bauten – unser Haus blieb immer verschont!

Einmal hatte uns die Familie meines Onkels mit meiner Tante und zwei Kindern besucht. Weil wir am Rande eines alten Waldes wohnten und auch das Wetter ruhig und warm war, gingen wir picknicken. Wir suchten uns einen schattigen Platz unter einer uralten, riesigen Eiche aus, die eine beruhigende und sichere Atmosphäre vermittelte. Nach einer Stunde hat sich vom Westen her der Himmel zugezogen und meine Großmutter warnte uns vor Gewitter. An der Bewegung ihrer Lippen habe ich erkannt, dass sie einen Psalm betete. Die fröhliche Gesellschaft saß jedoch unbeeinflusst vom Wetter unter der Eiche. Zwei Minuten später – ohne eine Vorwarnung durch Wind oder Regen – gab es einen gewaltigen Knall mit Feuerblitz und überall um uns herum flogen lange, dicke Eichenspäne. Die Baumrinde von der Westseite wurde vom Baum abgesprengt und es entstand eine tiefe Furche im Baum bis in die Krone hinauf. Obwohl wir alle in unmittelbarer Nähe des Baumes auf dem Boden saßen, wurde niemand verletzt. Dieses Wunder verdanke ich meiner Großmutter und ihrem Glauben an die Macht der Psalme.

Die dritte Gefahrengruppe, die von der Natur her droht, kommt durch das Wasser. Die gewaltigen Wassermassen, die Jahr für Jahr unsere Städte überrollen und menschliches Hab und Gut vernichten, Menschenleben auslöschen und verwüstete Landschaften hinterlassen, entziehen sich der Kontrolle des menschlichen Verstandes. Die stolze Ratio versagt in der Konfrontation mit Wasser. Durch die christliche Überlieferung kennen wir 5 Psalme, die das Wasser beruhigen und den Schaden von uns abwenden. Psalm 18, 32, 74, 93, 144. Sie sollen beim starken Regen gebetet werden.

Im Gegensatz zu Überschwemmung leiden ganze Völker unter Wassermangel und Dürre. Auch auf diesem Gebiet versagt die menschliche Rationalität. Die christliche Tradition übermittelt uns vier Psalme – 63, 72, 135, 147 – die im tiefen Glauben gebetet, uns den ersehnten Regen bringen.

Auch vom vierten Naturelement, dem Feuer, drohen uns Menschen tödliche Gefahren. Jedes Jahr brennen in Europa und Amerika ganze Wälder ab und dabei werden menschliche Siedlungen nicht verschont. Auch auf diesem Gebiet bleibt die Rationalität auf der Strecke. Gegen die Gefahr durch Feuer, beten die Christen seit Jahrhunderten folgende Psalme: 11, 17, 18, 66, 83. Die konzentrierte Gebetsmacht besänftigt und beruhigt das Feuer oft in Sekundenschnelle. Weil uns der Glaube fehlt, nutzen wir viel zu wenig die Macht unseres Geistes, die sich auf die ganze Natur erstreckt. Der Verstand alleine reicht in der Konfrontation mit den Naturgewalten nicht aus.

Psalmgebete gibt es auch für ein gutes ausgewogenes Wetter. Wer sich auf den Tag genau ein gutes Wetter wünscht, dem helfen folgende Psalmen: 11, 74, 104, 105, 148. Die alten „Wettermacher“, die leider schon am aussterben sind, haben das Geheimnis der Psalmgebete gekannt. Der moderne und sterile Zweifel erwächst dem eingefleischten Unglauben, der Überzeugung, dass den wirkenden „Mechanismus“ der Natur alleine die wissenschaftliche Vernunft kennt. Dass dem nicht so ist, beweisen die, von der menschlichen Rationalität her, sterilen Versuche der ohnmächtigen Vernunft.

d) Wunscherfüllung durch Psalmgebete.

1. Psalmgebet um persönlichen Schutz.

Sensible Menschen, die unter der Unsicherheit der Existenz leiden, die auch die Brüchigkeit und Vergänglichkeit des Lebens vor Augen haben, die sich von Krankheiten und Unfällen bedroht fühlen, identifizieren sich mit ihrem vergänglichen und sterblichen Körper. Sie haben das Bedürfnis unter den Flügeln des allmächtigen Vaters zu leben. Der Schutz, den sie erflehen, bezieht sich auf ein langes Leben, gute Gesundheit, möglichst viel Glück und Wohlstand. Alle diese Gaben besorgt das Beten von Psalm 36. Er soll bis zum gewünschten Erfolg morgens und abends gebetet werden.

Der Psalm erweitert das verengte Bewusstsein, indem er die tiefe Überzeugung weckt, dass sich nicht im Körper der Sitz des Lebens befindet. Die unsterbliche Seele ist die Quelle für das körperliche Leben. Mit der aufkommenden Überzeugung von der Ewigkeit des eigenen Lebens, setzt sich auch die Furcht vor den Sorgen um das eigene Sein ab.

2. Für ein glückliches Leben im Alter.

Seit Jahrhunderten beten die Gläubigen sechs verschiedene Psalme, um ins Alter zu kommen und dazu noch, um im Alter glücklich zu leben. Das Alter war – rückwärts gedacht – die Erfüllung des Lebens. Nach vorne gedacht, ist das Alter die Vorbereitung auf die intensivste Form des Lebens danach. Somit ist das Alter die Endzeit und gleichzeitig die Zeit für Aussaat. Im Alter erfüllt sich der Lebenssinn des Diesseits und entscheidet sich das Schicksal des Jenseits. Glücklich ist das Alter nur dann, wenn der Lebenssinn im Einklang mit dem Lebensziel steht, den Gott für uns bestimmt hat, und wenn die Schicksalsvorbereitung der christlichen Eschatologie entspricht.

Die Aufgaben für das Leben im Alter stellen wir nicht unter dem Druck irdischer Wünsche und materieller Bedürfnisse. Das Wissen von der Unsterblichkeit unseres Wesens diktiert uns die Lebensaufgaben. Oft wird im Alter der gewohnte Lebensverlauf korrigiert, weil das bisherige Leben als sündhaft erkannt wurde.

Glücklich nennen wir das Alter, wenn es uns gelingt, seine Aufgaben zu erfüllen. Zum Aufgabenfeld des Alters gehört die Aufstellung der Lebensbilanz und die entschiedene Ablehnung jeder Form des Zugriffs der weiteren Verweltlichung. Die Fragen zur Lebensbilanz beziehen sich zuallererst auf die Konsequenz mit der wir dem Lebensziel gefolgt sind. Haben wir es überhaupt gefunden? Was verlangte Gott von mir? Bin ich meinem Gewissen gefolgt? Und weiter: Reinige ich meine Seele von jeder Weltlichkeit? Und die Weisheit, ohne die ich doch blind im Jenseits bin, habe ich sie erworben? Habe ich allen vergeben, die mich geschädigt haben? Wenn nicht, wie kann Gott meine eigenen Schulden vergeben? Bin ich über das Jenseits ausreichend informiert? Und über die Aufgaben, die dort meiner harren?

Das Alter ist die Zeit intensiver Entwicklung ohne Trauer, ohne Bedauern, dass meine Wurzeln vielleicht auch fehlgeschlagen hätten. Ich will nun mit Gottes Hilfe, die Himmelsreife erwerben, damit ich gut vorbereitet an die Pforte meiner Heimat anklopfen kann.

Aus der Reihe der Psalmen – 30, 31, 78, 90, 92, 128 –

beten wir einen Psalm am Tag. Am siebten Tag beginnen wir wieder mit dem Psalm 30, und so fahren wir immer fort. Unser Leben wird sicherlich in das Alter einmünden, wie ich es hier geschildert habe.

3. Für ein gutes Gedächtnis.
Wie die Naturgesetze miteinander verbunden sind und sich gegenseitig beeinflussen, so auch die Geschehnisse im Körper. Der geistige Träger des Wissens war in den antiken Kulturen das Gedächtnis. Die studierende Jugend hatte die Worte ihres Meisters auswendig gelernt. Vielerorts war die Schrift noch nicht entwickelt. In Indien konnten die Brahmanen die ganzen *Veden* aus dem Gedächtnis zitieren. Auch die Lehren *Buddhas* wurden erst 200 Jahre nach seinem Tod aufgeschrieben. Das Lernen in Griechenland, Rom und später im christlichen Abendland, war ein Behalten von gesprochenen Sätzen im Gedächtnis. Die Schwäche des Gedächtnisses tritt erst mit der Einführung der Druckmaschinen zu Tage und nimmt seit *Gutenberg* systematisch zu. Die Erinnerung hatte ihre Notwendigkeit verloren weil jedes Wort aufgeschrieben wurde. Der Aufbewahrer des Wissens war nun das Papier. In der Zeit elektronischer Speicherung des Wissens und der Lösung gedanklicher Aufgaben durch Computer, nimmt das Gedächtnis und das Denken rapide ab. Alle lebendigen Körpereinheiten – von einer Muskelfaser bis zu den Nervenzellen – wollen trainiert werden. Durch die Verlagerung des Denkens und der Speicherung des Wissens auf die Maschinen ist der fortschreitende Abbau der Merkfähigkeit sichtbar geworden. Selbstverständlich ist nicht das Hirn der Speicher

unseres Wissens. Alle Wissenseinheiten, die wir jemals im Leben aufgenommen haben, sind für immer in unserer Seele aufbewahrt. Das Hirn ist ein Werkzeug der Seele während ihrer Verkörperung und wenn es für ihre Zwecke nicht mehr tauglich ist, bedeutet das nicht, dass auch der „Handwerker“ seine Fähigkeiten verloren hätte. Die Alzheimerkranken verlieren ihr Hirn nicht, aber ihr Wissen und ihre Fähigkeiten. Die Seele kann sie jedoch nicht nach außen, in die materielle Welt leiten, weil das Werkzeug- „Hirn“ – nicht mehr leistungsfähig ist. Auch der beste Klaviervirtuose bringt aus seinem verstimmen Klavier keine vernünftige Melodie heraus.

Andererseits wollen wir auch daran denken, dass von dem vermittelten Wissen kaum etwas den Ewigkeitswert besitzt, den die Seele bei Entleibung mitnehmen kann. Die Seele schließt einfach ihre Wissenspforte, um ihre Zeit nicht mehr mit dem irdischen Staub zu vergeuden. Das Wissen soll mit dem Programm der Seele übereinstimmen, dann wird es auch behalten. Die Tradition bietet uns den Psalm 55 an, der für ein gutes Gedächtnis und gute Erinnerungsarbeit im Alter zuständig ist. Wer dafür engagiert zu Gott betet, wird spontan seine Essgewohnheiten ändern und den Zeitvertreib anders gestalten, insofern diese Tätigkeiten negative Folgen für das Hirn gehabt hätten. Den Psalm 55 beten wir morgens und abends.

4. Gebet um gute Freundschaft.
Zu Einsamkeit muss man innerlich heranwachsen und alle die Schätze, die man von außen zu bekommen hofft, in sich selbst finden. Mit Sicherheit bringt Freundschaft Trost und Hilfe in den Plagen des Alltags. Menschliche Freundschaft hat jedoch Grenzen, kann überstrapaziert und sogar zum Problem werden. Das Bedürfnis nach irdischer Freundschaft dauert nur so lange bis unser Herz den absoluten Freund und Berater in allen Lebensfragen, im eigenen Inneren gefunden hat. Es ist unser himmlischer Vater, der uns vor allen Gefahren schützt, und durch seine Umarmung liebevoll tröstet. Alle irdischen Freundschaften hinken, wenn sie nicht in die Spiritualität einmünden.

Für eine gute Freundschaft beten wir den Psalm 25 morgens und den Psalm 37 abends. Dabei sollen wir mit der Überraschung rechnen, dass unser irdisches Freundschaftsbedürfnis ausgestillt wird, dafür aber die Freundschaft mit Gott gewaltig zunimmt.

5. Gegen falsche Freunde.
Dass auch Freundschaften missbraucht werden, erfahren täglich unzählige Menschen. Die wahre Freundschaft gehört zur Nächstenliebe, und als Tugend ist sie frei von Selbstsucht und jeder Art von Profitgier. Die Freundschaft bewahrheitet sich in Not. Die falschen Freunde sind weg, wenn man Hilfe braucht. Weil man zu einem Freund oder einer Freundin Vertrauen hat, ist schnell auch ein persönliches Geheimnis ausgeplaudert, das für die Öffentlichkeit nicht bestimmt ist. Wenn auf einmal alle Spatzen von den Dächern ein Lied darüber singen,

erfahren wir zu spät, dass wir einem falschen Freund aufgesessen sind.

Um nicht in die Stricke falscher Freundschaften zu gelangen, beten wir den Psalm 55 morgens und abends. Wir dürfen sicher sein, dass ein schwarzes Schaf entlarvt wird.

6. Um den Erhalt der Ehegemeinschaft.

Zur Darstellung kommt das Menschenbild erst in der polaren Spannungseinheit aus Mann und Frau. Die Polarität der Zu- und Gegeneinander finden wir im ganzen Universum: im Mikro- wie im Makrokosmos. Die Spannung zwischen männlich und weiblich ist in der Schöpfungsordnung verankert und dient dem Ausgleich der Energien. Das willentliche Aufheben geschlechtlicher Unterschiede und das Entstehenlassen eines künstlichen Unisexmenschen ist in der Schöpfungsidee nicht enthalten. Erst das Aufeinanderwirken beider Geschlechter, beseitigt die begrenzte geschlechtsspezifische Sichtweise. Die gegenseitige Vervollkommnung von Mann und Frau ist alleine in der Einehe möglich. Diese Erkenntnis entspricht auch dem ältesten Rechtskodex der Welt – dem *codex Hamurabi*. Der *Ethnologe W. Schmidt* hat bewiesen, dass auf der Urstufe der Kultur, die Einehe als unauflöslich galt. Erst in der späteren Zeit wird Ehescheidung häufiger.

Das Christentum übernahm Kulturen, wie die hebräische, griechische, römische und slawische, die rein patriarchalisch ausgerichtet waren und wo die Frau in allen Lebensbereichen entmachtet war. Die pflichtmäßige Humanisierung des Mannes und seine moralische Reife haben dadurch einen immensen Schaden erlitten. Die Werte des Weiblichen haben kaum noch Einfluss auf die Unwerte der männlichen Mentalität ausüben können. Die Ehe selbst als Institution galt jedoch als vor Gott geschlossener Bund. Daraus resultierte die Sicherheit, dass alleine Menschen, die ohne Weisheit, Besonnenheit und menschliche Reife, die sich „am bösen Tun“ freuen und ohne den Schutz der Weisheit, in die Irre geführt werden, den Pfad der Treue verlassen. Dazu das Alte Testament:

„*Sie (die Weisheit) bewahrt dich vor*
der Frau des anderen,
vor der Fremden, die verführerisch redet,
die den Gefährten ihrer Jugend verlässt
und den Bund ihres Gottes vergisst;
ihr Haus sinkt hinunter zur Totenwelt,
ihre Strasse führt zu den Totengeistern hinab.
Wer zu ihr geht, kehrt nie zurück,
findet nie wieder die Pfade des Lebens.“ (Spr. 2, 12-19)

Mit der gleichen Entschlossenheit geißelt der Prophet *Mallachi* die Untreue in der Ehe.

„*Und wenn ihr fragt : Warum?*
Weil der Herr Zeuge war zwischen dir
und der Frau deiner Jugend,
an der du treulos handelst,
obwohl sie deine Gefährtin ist,
die Frau, mit der du einen Bund
geschlossen hast.
Hat er nicht eine Einheit geschaffen,
Ein lebendiges Wesen?

Was ist das Ziel dieser Einheit?
Nachkommen von Gott.
Nehmet euch also um eures Lebens willen in acht!
Handelt nicht treulos an der Frau eurer Jugend!
Wenn einer eine Frau aus Abneigung verstößt,
dann befleckt er sich mit einer Gewalttat
spricht der Herr der Heere.
Nehmt euch also um eures Lebens willen in acht
Und handelt nicht treulos.“ (Mal. 2, 14-16)

Im Alten Testament werden Einehe und ihre Unauflöslichkeit als Ideale gewürdigt. Die Scheidung wird ausdrücklich missbilligt. Dafür gibt es an mehreren Stellen der Heiligen Schriften „Gottesaussagen“.

Jesus lässt unter keinen Umständen die Ehescheidung zu. Die Unzuchtklausel bei Matthäus (5, 32) erlaubt dem unschuldigen Teil sich lediglich von Tisch und Bett, vom ehebrecherischen Gatten zu trennen, ohne das Recht auf eine neue Ehe zu erhalten. Ehe ist vor Gott geschlossen und besitzt sakralen Charakter. Das Leben der Eheleute soll unter dem Zeichen persönlicher Hingabe verlaufen und nichts darf sie von einander trennen, außer der Tod. Treue dient der Läuterung und Pflege des Charakters und bereitet die Seele auf das Leben in der geistigen Welt vor.

Um glücklich zusammen zu leben, soll der Psalm 143 täglich einmal in gläubiger Sammlung gebetet werden. In Zeiten der Krisen sollte der Psalm 3 mal täglich gebetet werden. Mir ist nicht bekannt, dass in einer Psalm betenden Ehe der Haussegen schief hinge. Um die Ehrlichkeit in gegenseitiger Beziehung aufrecht zu erhalten, sollten die Psalme 44 und 143 ein mal am Tag gebetet werden. Sie verhindern, dass sich Lügen und faule Ausreden in den Bund der Ehe einnisten.

Wenn das Einvernehmen zwischen den Eheleuten zu leiden beginnt und Dissonanzen sich bemerkbar machen, soll der Psalm 31 2-mal am Tag gebetet werden.
Ich habe einmal ein Paar beraten, das unter dem „Pochen auf eigene Wahrheit“ zu zerbrechen begann. Eine Psychotherapie hatte nur für kurze Zeit geholfen. Die Ehefrau hat den Psalm 31 zweimal am Tag gebetet. Nach 2 Monaten genoss das Paar die Harmonie in seinen Ansichten. Die frühere Selbstsucht ist der Liebe und Rücksichtnahme gewichen.

Es existieren sieben Psalme – 37, 46, 72, 76, 122, 144, 148 – die gleichzeitig in der Ehe, in der Familie und in der Welt den Frieden sichern. Gebetet wird jeden Tag ein Psalm. Nach Ablauf einer Woche beginnt das Curriculum von neuem.

7. Beim Verlust des Kindes oder der Eltern.
Bei Tod in der Familie steht heute der Schmerz und das Leid im Vordergrund. Das Sterben wäre ein Zerfall vom Sein und für die Hinterbliebenen ein totaler Verlust. Die Christen haben jedoch den Tod auch anders empfunden. Er war die Entlassung der Seele – und nur sie war der wahre Mensch – aus dem Grab des Körpers, aus der unbarmherzig fortschreitenden Vergänglichkeit. Für die Sterbenden war der Tod die wahre Geburt für den Himmel, ein Anlass zur Freude und Dankbarkeit. Dem gegenüber war die Geburt auf Erden der wahre Tod und schmerzhafter Verlust für den Himmel. Die Seele musste ihre lichte Heimat verlassen und in das dunkle Grab des Körpers hinabsteigen.

Die Überzeugung, dass im Sterben der Mensch als Ganzes stirbt, war unchristlich und häretisch. Die Unsterblichkeit des Odem Gottes – der Seele – war in dieser Lehre verneint. Wenn nach urchristlicher Tradition, der Mensch die Seele ist, bleibt der Tod nur ein oberflächliches Geschehen. An der Substanz des entkörperten Menschen ändert sich nicht das geringste. Sein Bezug zum aufgelösten Körper bleibt jedoch bis zum Jüngsten Tag bestehen. Zu dieser Zeit vermisst die Seele den Körper nicht, weil er wegen seiner materiellen Grobheit, als Werkzeug in ihrer geistigen Heimat untauglich wäre. Erst nach der Verklärung wäre er mit dem „Lichtstoff" der Seele tief verwandt und hätte auch in den geistigen Welten seine praktische Brauchbarkeit bekommen.

Der Tod eines nahen Angehörigen beunruhigt das Gewissen und stellt ihm gegenüber die Richtigkeit unseres Verhaltens in Frage. Die Endgültigkeit der Trennung verpflichtet die Verwandten, die verstorbene Person von allen Vorwürfen zu befreien. Wir sind im Gewissen verpflichtet, ihr alle Verfehlungen zu vergeben, mögliche erlittene Ungerechtigkeiten zu vergessen und mit ihm Frieden zu schließen. Die Verstorbenen bleiben einige Zeit mit uns verbunden und diese Zeit sollte man nutzen und die Seele bitten, alle unsere Verhaltensfehler ihr gegenüber zu verzeihen. Erst wenn der innere Friede wieder hergestellt ist, beruhigt sich auch unser Gewissen. Um den Trost zu empfangen, beten wir morgens und abends den Psalm 21. Er bringt uns die innere Sicherheit, dass der Tod gar nicht töten kann und dass die heimgegangenen Seelen noch näher mit uns verbunden sind als zu der Zeit der irdischen Lebensphase.

8. Um umzudenken.
Der Israelit war intensiv um die Vergebung seiner Sünden bemüht. Sünden, die Gott nicht zugedacht hat, waren die Ursache für alle Krankheiten, Schicksalsschläge und den frühen Tod. Zu den kultisch-rituellen Bußpraktiken gehörten Klageschreie, blutiges Ritzen der Haut, der Sack als Trauergewand, das Streuen der Asche auf das Haupt und das öffentliche Fasten. Die Bußtagsliturgie bestand außerdem im lauten Sündenbekenntnis und der Anrufung Jahwes um die Sündenvergebung. Auf die Bewirkung der Sündenvergebung haben fünf Psalme Einfluss genommen: 51, 95, 103, 118, 119. Das Beten dieser Psalme bewirkt eine innere Änderung des ganzen Menschen. Der alte Mensch wird „abgestellt“ – in ihm entsteht eine Distanz – und der neue „angezogen“. Dieser Prozess ist auch mit dem Begriff der Umkehr verbunden, mit der „Änderung des Sinnes“ und mit dem Umdenken. Ohne die Sündenvergebung gibt es keinen Neuanfang und kein Entkommen vor der Sündenverfolgung.

9. Um an die Vorsehung zu glauben.
Dass unsere Haare gezählt sind und ohne den Willen Gottes kein Haar auf unserem Kopf sich krümmen kann, hat Jesus gepredigt. Er sorgt für alle seine Kinder und sogar für die Blumen auf dem Felde. Er versorgt uns mit Essen und Kleidung, führt uns aus allen Gefahren heraus, wendet das Böse ins Gute um und verwandelt die Ängste in Freude. Er hat seinen Sohn für unsere Sünden sterben lassen, für uns einen würdigen Platz im Himmel vorbereitet und lenkt unser Leben auf die Vollkommenheit hin.

Von unserem Glauben und unserer Liebe zum Vater hängt es ab, ob wir in einer Welt voller Wunder leben oder durch das Tal der Tränen wandeln. Unser Lebensweg krümmt sich nicht mehr, wenn wir endlich unser Leben Gott anvertrauen und von ihm allein uns führen lassen.

Der Psalm 134 wird gebetet, um an die Vorsehung zu glauben und sie anzunehmen: „Dein Wille geschehe!" Die kurze Zeitspanne, in der die Ereignisse entstehen, erlaubt uns selten eine klare Sicht der Zukunft zu wagen und unser Glaube an die gütige Führung kann ins Wanken geraten. Um auch diese Zweifel auszuräumen, wird das Beten von Psalm 134 von der christlichen Tradition angeraten.

10. Um im Guten auszuharren.

Die Fähigkeit zum sicheren Ausharren im Guten hat nicht nur die frommen Israeliten beschäftigt. Im alten Griechenland waren es die stärksten Köpfe wie Pythagoras, Platon, Aristoteles, die Schule der Stoiker und Plotiniker, die sich dieser Sorge gestellt haben. Die Lösung haben sie in der Bildung der Tugenden gefunden.

Das Gute, was wiederholt Tag für Tag zu leisten ist, umfasst das Halten der Gebote und das Tun der Pflichten. Es gibt jedoch in uns den Widerstand der niederen Natur, der täglich von Neuem den Aufstand gegen die Gebote und Pflichten übt. Diesen Widerstand sollten die Tugenden brechen und das Ausharren im Guten sichern. Obwohl die Tugendlehre nicht in der Bibel entwickelt wurde, bot sich den Christen eine Allianz mit den außerbiblischen Wahrheiten an, sie mit dem Offenbarungssystem als eine Art „Magdhilfe“ zu verbinden. Die Paulusworte, dass wir „züchtig, gerecht und fromm leben sollen in dieser Welt“ gaben den Anlass dazu, die offenbarten Pflichten und Sollenslehre mit Hilfe der griechischen Tugenden durchzusetzen. Das Ausharren im Guten sollte nun mit Hilfe der Klugheit, Gerechtigkeit, Tapferkeit und dem Maß unterstützt werden. Alle wichtigen Überlieferungsträger haben in ihren Werken den Gedanken an die Tugenden wiederholt, aber auch vertieft und zu den erwähnten Kardinaltugenden, die drei theologischen Tugenden – Glaube, Hoffnung, Liebe – zu einer erfolgreichen Morallehre entwickelt.

Wenn wir uns nun fragen, was ist das für eine Kraft in den Tugenden, die das Ausharren im Guten möglich macht, kommen wir zu einer Reihe von Veränderungen an unserem Charakter, die den Widerstand gegen die Gebote und Pflichten brechen können. Gemeint ist eine von jedem für sich selbst erarbeitete Weise des Selbstbesitzes, wodurch sich jeder dessen versichert, wer er eigentlich ist. Die Tugend ermöglicht den Selbstbesitz aller inneren Kräfte und vermittelt damit das Haben von sich selbst. Wir kommen ja nicht auf die Welt mit der Macht uns selbst zu haben, um gut zu sein. *Thomas von Aquin* definierte in diesem Sinne die Tugend *„als Kraft, durch welche ein Wesen mit der vollen, ihm eigenen Gewalt, seinem Werdegang zu folgen vermag.*“ Der Tugendbegriff betont die Wichtigkeit der Eigendynamik, die unaufhörliche Selbstüberwindung. Wir erschaffen uns zu einem neuen Menschen und verwirklichen das Bild von uns, das Gott in seinem Wesen trägt. Das zu werden,wie Gott uns sieht, verlangt Selbstbezwingung und ständige Anstrengung.

Ohne die Tugenden können wir im Gutwerden nicht ausharren.

Auf diesem Weg fortzuschreiten gibt uns der Psalm 1 die nötige Kraft. Morgens und abends sollen wir ihn mit voller Hingabe beten.

11. Um einen starken Willen.
Zu den herausragendsten Fähigkeiten unseres Geistes gehört der Verstand mit dem wir Wahrheit erkennen, und der Wille, der das Gute verwirklicht. Beide bilden den rationalen Teil unserer Seele. Die Aufgaben des Willens umfassen das Treffen der Wahl, das Aufbringen von Durchführungsenergien, das Bewirken der Konzentration und das Halten der Aufmerksamkeit, die Unerschütterlichkeit, Disziplin, Selbstbeherrschung, Entschlossenheit und das Erteilen von Befehlen zur Handlung.

Der Wille ist Gegenstand einer professionellen Schulung. Bei der modernen Spezies der Menschen, die von der Kultur nicht mehr erzogen werden, sondern eher von der Zivilisation gezüchtet wurden, entstand eine Dominanz der Verstandeskräfte. Die Willensschulung und die Erziehung des Willens, sind nicht mal in den Schulprogrammen vertreten. Entsprechend zu dieser krummen Lage stellt sich konsequenter Weise, auch der von Freiheit dar. Freiheit ohne den geschulten Willen, existiert nicht! Auch der genialste Verstand kann den Willen nicht ersetzen. Die Wahrheit, auf die unser Verstand naturgemäß programmiert ist, entspricht in keiner Weise den Erkenntnissen für die man heute einen Nobelpreis bekommen kann.

Weil die geistigen und die kulturellen Wahrheiten vom

zivilisatorischen Verstand nicht mehr aktualisiert werden, richtet sich das Begehren des Willens nach außen, auf rein vergängliche Güter. In den Psalmen 31 und 51 bitten wir um einen starken Willen, d. h. um einen Willen, der im Guten ausharren kann, der dem objektiven Lebenssinn folgt und der dem Angriff der Versuchungen standhält. Er strebt nach den Glaubensgütern und verwirklicht die Gottähnlichkeit der Seele. Der modernen Instrumentalisierung des Willens zum Nachjagen nach den weltlichen Gütern, erteilt er eine klare Absage. Den Psalm 31 beten wir morgens und den Psalm 51 – abends. Die Gebete geben uns die Kraft, mit der wir auf dem Wege zum Guten und Heiligen schreiten können.

12. Gebete um Besonnenheit.
In den platonischen Texten, besonders in seinem Dialog „*Charmides*", finden wir ein intensives Nachdenken über die Tugend der Besonnenheit. Eigentlich ist Charmides eine Abhandlung über die Naturheilkunde zu Zeiten Platons. Den Anlass zum Gespräch liefert der Junge namens Charmides, der unter starken Kopfschmerzen leidet. Die heimischen Ärzte konnten ihm nicht helfen. Unter den Gesprächspartnern ist auch Sokrates anwesend, der am Feldzug der Athener gegen Thrakien teilgenommen hatte, und von einem thrakischen Arzt in die Geheimnisse thrakischer Medizin eingeführt wurde, nach der bei jeder Krankheit zuerst die Seele behandelt wird. Alle körperlichen Beschwerden, die Kopfschmerzen nicht ausgenommen, kommen von der Seele. Die Seele behandeln die Thrakier mit dem „Heilsspruch". Die Heilssprüche sind „gute Reden", eine Art Psychotherapie. Durch

diese „Reden“ erwachse der Seele die Besonnenheit, die wiederum die körperlichen Erkrankungen heilt. Es heißt somit, wenn der Körper krank wird, muss die Seele durch Besonnenheit genesen. Den großen Teil des Werkes verschlingt die gemeinsame Suche aller Anwesenden nach der Wesensbestimmung der Besonnenheit. Unter den vielen Bestimmungs-vorschlägen der Besonnenheit wird auch die Gewöhnung der Seele genannt, alles mit Anstand und Bedacht zu vollbringen. Besonnenheit wäre auch das Vollbringen des Seinigen. Dieses „Seinige“ wäre die Pflicht, nur Gutes zu tun. In einem anderen Vorschlag sei Besonnenheit ein und dasselbe mit dem Sich-Selbst-Erkennen. Der berühmte Orakelspruch „*Erkenne dich selbst*“ und die Aufforderung „sei besonnen“, wäre dasselbe. Besonnen handeln hieße dann „den Erkenntnissen gemäß handeln“, ein erkenntnismäßiges Leben führen. Glücklich sei, wer „erkenntnismäßig“ lebt. Am Ende der Gesprächsrunde stellt Sokrates fest, er wäre beschämt, das Wesen der Besonnenheit bestimmen zu können. Die Grundbehauptung in „*Charmides*“ wirkt jedoch im Abendland bis zum heutigen Tag: Die Heilung der Seele bildet die Voraussetzung für die Genesung des Körpers. Und wer die Tugend der Besonnenheit erworben hat, dessen Seele ist gesund und sein Körper wird genesen.

Um in den Besitz der Besonnenheit zu kommen, hat die christliche Tradition drei Psalme bestimmt: 49, 119, 141. Psalm 49 soll morgens, Psalm 119 mittags und Psalm 141 abends gebetet werden.

13. Psalmgebet um die Gabe der Intuition.
Die mathematisch-logische Art zu denken ist ein Produkt der Renaissance und des Barocks. Wohin die Neuigkeit von damals führt, zeigt sich teilweise bereits in der Aufklärungszeit. Die überempirische Natur des Menschen wurde verworfen. Dem religiösen Menschenbild wurde ein Kampf angesagt. Mit den Instrumenten der Zahlen und Syllogismen, kann die menschliche Natur nicht erfasst werden. Gelitten haben nicht nur die einzelnen Frommen. Wie sich im kommenden Jahrhundert gezeigt hatte, erfasste das Leid die Massen. Ohne die wiederholte Erinnerung an die eigenen geistigen Pflichten des Menschen, konnte auch die Kultur ihre Aufgaben nicht erfüllen. Und ohne die internalisierte Kultur fällt der Einzelne restlos auf seine biologische Vitalbasis zurück. Die antireligiöse Agitation der Gelehrten ging Hand in Hand mit dem Entreißen der Maße von den Händen der religiösen Autoritäten. Wohin die Destruktion der Kultur geführt hat, zeigte die Explosion der Verbosung im 20. Jahrhundert.

Das Tiersein ist ein Bestandteil der menschlichen Natur. Wenn das Geistsein des Menschen der religiösen Pflege entzogen wird, bekommt das Tier in uns seine Autonomie. Es gibt dann nichts mehr, was die In-Zucht-Nahme wilder Instinkte bewirken könnte. Infolge der laizistischen Rationalität der barocken Zeit wurde die ansässige christliche Kultur durch die technische Zivilisation ersetzt. Sogar der Wahrheitsbegriff bekam eine rein irdische Interpretation: Nur der Profit, materieller Erfolg und Nützlichkeit bilden die Maßstäbe allen Denkens. Die säkularisierten Massen halten alleine ihre irdischen Interessen als den einzigen Auftrieb und das Ziel des Lebens. Dass wir heute in einer Welt von Egozentrikern und geistblinden Egomanen leben, die aus der verinnerlichten, christlichen Bildungstradition des Christentums ausgetreten sind, verdanken wir dem Irrtum der Gelehrten über die Nichtexistenz von überirdischen Welten, von Gott und seiner Gerechtigkeit.

Dass gewisse Gelehrte kein Herz haben, beweisen sie täglich durch die Wahl ihrer Forschungsfelder. Bei der Frühentwicklung des neuen Denkens hat *Pascal* warnend gesagt: „*Das Herz hat seine Vernunft, die der Verstand nicht kennt. Man weiß das aus tausend Beispielen.*"

Die „Vernunft des Herzens", die sich in der Intuition mit unwiderlegbarer Gewissheit äußert, ist ein Drang zum unverfälschten Wahren. Dieser Drang strebt über das Unechte und nur für das „Machen" Gedachte, weit hinaus. Dank der „Vernunft des Herzens" haben wir die Gewissheit vom Dasein des Ich, von seiner moralischen und metaphysischen Berufung, von der unsterblichen Seele, von unserer Willensfreiheit, von der Schonung der Natur, von der Existenz des Gewissens und von Gott als unserem Vater.

Die Intuition steht am Anfang von jedem Nachdenken und von jeder Überzeugung. Das Herz bringt das ursprüngliche Wissen, das umfangreicher und wichtiger ist als jedes durch Hypothesen „gesichertes" Verstandeswissen. Oft birgt sich die Intuition hinter Allegorien, Mythen, Legenden und Märchen und versucht das begriffliche Denken zu ergänzen.

Die Existenz von Intuition wurde in der Antike meisterhaft von Platon bewiesen. Sein Sokrates versteht sich als „Geburtshelfer“, als Hebamme, die bei der Geburt der Wahrheit hilft. Seinen Schülern half er zur Geburt der Wahrheit, die vor jedem Verstand, in jedem Menschen wohnt, aber den Bewusstseinsraum noch nicht betreten hat. Durch die sokratische Hebammenkunst kommt die Wahrheit leuchtend in den Verstand des „Gebärenden“ d. h. nachdenklichen Menschen. Von der Natur aus wären wir mit jeder Wahrheit im Inneren vertraut, lange bevor wir sie bewusst gemacht haben.

Mit dem Begriff der Intuition lässt sich sicherlich die sokratische Kunst erklären. Es gibt jedoch auch andere Erscheinungsformen der Intuition. Dazu zählt beispielsweise das direkte Erfassen der Wahrheit ohne Anstrengung und Suche des Verstandes und ohne die Vermittlung durch äußere Sinne. Mir sind Menschen bekannt, die während einer kurzen Begegnung meine Innenwelt erfasst und meine Gedanken, Wünsche und Ziele absolut sicher erraten haben. Sie konnten in jeder neuen Sekunde sagen, an was ich gerade denke. Diese Gabe ist weit mehr verbreitet als es eigentlich bekannt ist. Nicht selten entsteht diese Gabe als Folge vom erlittenen klinischen Tod. Zu diesem Personenkreis gehört auch meine Tante, die absolut hellsichtig ist und Krankheiten mit einem kurzen Blick treffsicher erkennt.

Wer sich die Gabe der Intuition (von lat. intuere – durchdringen) wünscht, sollte nach alter Tradition den Psalm 17 morgens und abends beten. Als erstes entsteht eine Distanz zum Verstandeswissen. Das hellsichtige Durchdringen von allen Prozessen und Ereignissen wird einem immer bewusster und nimmt ständig an Präzision zu.

14. Gebet um die Gabe der Reflexion und Meditation. Reflexion ist ein gerichtetes Denken. Wir richten unser Denken auf die Welt, oder auf uns selbst, oder auf die überweltliche Wirklichkeit – auf Gott und die spirituellen Welten.

Von dem Alltagsdenken unterscheidet sich die Reflexion durch die bewusste und kontrollierte Gedankenführung. Wollen wir z. B. uns ein Bild von der Welt machen, beobachten wir die Ereignisse in der Welt, ihre Zustände und Beziehungen zwischen den Gegenständen. Dann treten wir von der Beobachtung zurück und konzentrieren unser Denken auf die Gemeinsamkeiten, auf die Verschiedenheit und Unterschiedlichkeit, auf den Widerstreit und die Ähnlichkeit zwischen den Weltereignissen und Weltprozessen. Durch solcherart Überlegungen finden wir die Beziehungen heraus, die uns das Einordnen der Weltgegenstände und Weltprozesse ermöglichen. Am Ende unserer Bemühungen steht eine eigene, von uns selbst erschaffene Weltsicht – die Weltanschauung. Wir kommen uns nicht mehr verloren und desorientiert in der Welt vor und können unsere Handlungen zielgerichtet ansetzen.

Das Werkzeug der Reflexion können wir auch auf uns selbst ausrichten. Dabei registrieren wir alles, was in uns selbst zu finden ist: unsere Erlebnisse, Erinnerungen, gefühlte Stimmungen, Wünsche und Strebungen. Wir machen uns ein Bild von all dem, was in uns vorgeht. Nach der Bestandsaufnahme von den Vorgängen in unserem Bewusstsein, können wir ein Schritt tiefer gehen und über die Ursachen nachdenken, die unser inneres Leben gestalten, um Einfluss auf uns selbst zu nehmen.

Dadurch können wir unser Leben selbst in die Hand nehmen und uns nicht mehr von der Welt bestimmen zu lassen. Die Welt unserer Seele ist in Wirklichkeit viel reicher als die Welt der Objekte. Die Seele ist eine Brücke zu Gott, zu der Welt der Engel und Heiligen. Auf diesem Wege erkennen wir, dass wir tatsächlich nicht aus dieser Welt sind und hierher gar nicht hingehören.

Die Tradition hat uns zur Entwicklung der Gabe der Reflexion und Meditation zwei Psalme – 39 und 77 – zu Verfügung gestellt. Das Beten dieser Psalme bewirkt die Hilfe aus den Tiefen unseres Wesens, wo wir von Gott und seinen Heiligen belehrt werden. Den Psalm 39 beten wir morgens und den Psalm 77 abends.

15. Psalmgebet, um unser Verhalten zu bessern.

Es gibt den Psalm 131, der morgens und abends gebetet wird, um die Wiederholung von „Dummheiten“ zu unterbinden. Es geht hier um den Seelenzustand, den die antike Welt bereits beklagte: „ *Ich sehe das Bessere und bejahe es, folge aber dem Schlechteren.*“ Die Ursache für die Spaltung zwischen dem Guten, das verstanden und akzeptiert wurde, und dem Schlechten, das immer noch in den Knochen sitzt, ist die mangelhafte Durchdringung aller Ecken unserer Persönlichkeit durch die Energien des Guten. Alleine das Verstehen des Guten reicht nicht aus, um sofort ein guter Mensch zu werden. Wir müssen zwar das Verstandene in unser Sein einführen, aber um so zu werden und danach zu handeln benötigen wir noch die Tugenden. Erst die umfassende Gewohnheit zum richtigen Denken, Empfinden und Handeln sichert das Gute ab, und verhindert die „Dummheiten“.

16. Um Härte in den eigenen Urteilen aufzulösen.
Gegen die Härte in eigenen Urteilen beten wir die Psalme 34, 100, 147 und 150 im Viertagerhythmus, immer einen Psalm pro Tag. Wie bei den gerade vorher erwähnten „Dummheiten" mangelt es auch hier nicht am Verstand, sondern an der Tugend. Die Milde in den Urteilen muss durch Liebe und Menschlichkeit verwirklicht werden. Jede Härte gehört der weltlichen Persönlichkeit, einem Menschen also, der in seiner Selbstsucht noch verstrickt ist und darum auch seinen „Geistigen Garten" noch nicht umgegraben hat. Die vier Psalme beschleunigen den Reinigungsprozess der Seele und helfen der Liebe die negativen Emotionen zu tilgen.

17. Schutz vor Hungerkatastrophen.
Die Israeliten und später die Christen, beteten die Psalme 37, 105 und 107, um vor den Hungerkatastrophen geschützt zu werden. Hunger begleitet die Geschichte der Menschheit seit ihrem Bestehen, und zu keiner Zeit ist es einer Zivilisation gelungen, alle Menschen zu ernähren. Zur Zeit leidet 1 Milliarde Menschen unter Hunger und täglich sterben 6 tausend Kinder an den Folgen von Hunger. Trotz erheblicher Spendenbereitschaft, können die Wohlfahrtsorganisationen nicht allen Hungernden helfen. Für die Naturkatastrophen, wie die immer länger werdenden Dürreperioden oder die heftigen Überschwemmungen, ist sicherlich auch die Industrialisierung verantwortlich. In manchen anderen Regionen liegt die Ursache bei Kriegen und Vertreibungen. Auch die Selbstschuld muss dabei berücksichtigt werden. Trotzdem ist die Solidaritätspflicht aller Menschen, den Hungernden Hilfe

zu leisten, das primäre Gebot der Stunde. Der moderne Aktionismus darf jedoch das betende Herz nicht ins Abseits stellen. Gebete zu Gott um die Hilfe für Hungernde sind immer wirksam. Je tiefer der innere Schrei während der Bitte, desto schneller die Erhörung. Die Psalmen haben die Macht, den Hungernden in der Welt zu helfen. Es soll für Andere mit der gleichen Intensität gebetet werden, wie für sich selbst. Damit ist mehr für die Sache getan, als wenn wir den Groschen spenden.

18. Gebete, um nicht in die Armut zu fallen.
Um nicht in die Armut zu fallen, hat uns die Tradition sechs Psalme zum Beten angeboten: 9, 31, 35, 40, 70 und 102. Der Reihe nach – wie sie aufgeschrieben sind – sollte täglich ein Psalm gebetet werden. Nach sechs Tagen beginnen wir erneut mit dem Psalm 9. Unverzichtbar bleibt jedoch die geistige Distanz zu allem Besitz, weil wir nicht von dieser Welt sind; und für unsere Seele brauchen wir die geistige Nahrung. Von Menschen, die in diesem Geist die Psalme gläubig beten, ist mir niemand bekannt, der in Armut fallen würde.

19. Schutz in der Armut.
Gläubigen, die das Leben in evangelischer Armut gewählt und akzeptiert haben, die jedoch in diesem Zustand auch Schutz brauchen, bietet die Tradition fünf Psalme an: 82, 88, 113, 132, 146. Gläubig gebetet – jeden Tag ein Psalm und nach fünf Tagen beginnen wir 229erneut mit dem Psalm 82 – garantieren sie jeden Schutz vor den Ungerechtigkeiten.

20. Um aus der Armut herauszukommen.
Menschen, die mit ihrer Armut nicht einverstanden sind und die sich das Herauskommen aus ihrem sozialen Zustand wünschen, die also noch stark an dieser Welt hängen und ihre Lustquellen und Versprechungen vermissen, sollen den Psalm 68 morgens und den Psalm 72 abends mit voller Konzentration beten. Alle, die mir bekannt sind, die sich an diese Gebetsregel gehalten haben, kamen aus der Armutslage heraus.

21. Reichtum und Wohlstand.
Wohlstand und Reichtum waren im Alten Testament ein Zeichen göttlichen Segens (Gn 24, 35). Die Landnahme in Palästina war eine Verwirklichung der Verheißung Gottes, eine seiner vielen Gnadengaben. Jeder Israelit sollte einen Losanteil erhalten. Der Landbesitz ging jedoch mit Ablauf der Zeit in die Hände immer weniger Reicher über. Die Urenkel der früheren Landbesitzer wurden zu Schuldsklaven und Tagelöhnern. Hinzu kamen Missstände mit der ausbeutenden Geldwirtschaft. Die Propheten *Amos*, *Osel* und *Isais* haben die soziale Ungerechtigkeit in starken Tönen gegeißelt. Die fortschreitende Verelendung des Volkes war eine offene Verkehrung des ursprünglichen Willen Gottes. Die prophetischen Proteste richteten sich gegen die ausbeuterischen Reichen, gegen ihre Geringschätzung der Armen und die Nichtachtung der Besitzlosen. Eine Herstellung gerechter, sozialer Ordnung ist jedoch den Israeliten misslungen. Erst die Zerstörung des Landes und die Verschleppung der Bevölkerung in die Sklaverei, brachte eine Veränderung in den Eigentumsverhältnissen.

Das Volk wurde nun arm und die Solidarität ist gewachsen. Der Reichtum als besondere Form göttlicher Segnung, verlor ein wenig an seiner alten Würdigung. Um so deutlicher erscheint in den Psalmen aus dieser Zeit das Bild Gottes als Beschützer der Armen, gleichzeitig verbreitet sich jedoch auch die Meinung, dass die Armut auch Strafe Gottes wäre. Der Reichtum gewinnt somit erneut an Wert als Segnung Gottes.

Erst in der Verkündigung Jesu wurde das Verhältnis zwischen Armut und Reichtum in die richtige Perspektive gestellt. Jesus verkündet den Armen die frohe Botschaft: „*Der Geist des Herrn ruht auf mir, denn der Herr hat mich gesandt, damit ich den Armen eine gute Nachricht bringe.*“ (Lk 4,18) Jesus betont seine göttliche Autorität und seine Vollmacht Gottes, den Armen eine frohe Botschaft zu bringen. Noch klarer wird er in den Seligpreisungen:

„*Selig ihr Armen, denn euch gehört das Reich Gottes. Selig, die ihr jetzt hungert, denn ihr werdet satt werden.* (Lk 6, 21-22)

Er warnt alle, die ihre Gedanken an die Schätze richten: „*Sammelt euch nicht Schätze hier auf Erden, wo Motte und Wurm sie zerstören und wo Diebe einbrechen und sie stehlen, sondern sammelt euch Schätze im Himmel, wo weder Motte, noch Wurm sie zerstören und keine Diebe einbrechen und sie stehlen. Denn wo dein Schatz ist, da ist auch dein Herz.*“ (Mt 6, 12f)

Jesus schildert die Zerrissenheit der Seele im Spannungsfeld zwischen Reichtum und der ungeteilten Liebe zu Gott:

„Niemand kann zwei Herren dienen; er wird entweder den einen hassen und den anderen lieben, oder er wird zu dem einen halten und den anderen verachten. Ihr könnt nicht beiden dienen, Gott und dem Mammon."
(Mt 6, 24)

Wer sein Leben der Bereicherung opfert, kann keine Hingabe an Gott entwickeln. Er sagt weiter:
„Amen, das sage ich euch. Ein Reicher wird nur schwer in das Himmelreich kommen. Nochmal sage ich euch: Eher geht ein Kamel durch ein Nadelöhr, als dass ein Reicher in das Reich Gottes gelangt." (Mt 19, 23-24)

Auf seine Jünger gerichtet, verlangt er von ihnen völligen Verzicht auf Besitz:
„Darum kann keiner von euch mein Jünger sein, wenn er nicht auf seinen ganzen Besitz verzichtet." (Lk 14, 33)

Der Rat an den Jüngling zeigt, wie schwer es einem fällt auf seinen Besitz zu verzichten um ein Jünger Christi zu werden:
„Es kam ein Mann zu Jesus und fragte: Meister, was muss ich Gutes tun, um das ewige Leben zu gewinnen?
Wenn du vollkommen sein willst, geh, verkauf deinen Besitz, und gib das Geld den Armen: so wirst du einen bleibenden Schatz im Himmel haben; dann komm und folge mir nach. Als der junge Mann das hörte, ging er traurig weg; denn er hatte ein großes Vermögen."
(Mt 19, 16-22)

Besitz und Reichtum schränken den Dienst vor Gott ein. Darum fordert Jesus von seinen Nachfolgern die völlige Besitzlosigkeit.

In der langen Geschichte des Christentums, war die völlige Besitzlosigkeit nie verwirklicht worden. Trotz der ständig wiederholten Erkenntnis, dass wir nicht von dieser Welt sind und dass unser Lebensziel in der Verwirklichung der Einheit mit Gott besteht, versinken viele Christen im seichten Boden der Gier nach Reichtum und Besitz. In den Mönchsgemeinschaften findet sich eine ununterbrochene Würdigung der freiwilligen Armut. An der großen Masse der Gläubigen dagegen, vermindert sich jedoch von Jahr zu Jahr die Distanz zur Welt und die Armut im Geiste. Besitz und Askese sind Gegensätze und wer nach Besitz greift, wählt nicht das Himmelreich. In der Geschichte gab es verschiedenartige Bewegungen zu Durchsetzung radikaler Armut in der Kirche. Sie wurden bekämpft und zum Schweigen gebracht. Aus den Armutsbewegungen des 11. und 13. Jahrhunderts ist der *Dominikus* und *Franziskus* hervorgegangen, die einen Armutsstil in die Amtskirche eingebracht haben. In den neuen Orden scheint die Armut als ein besonderer Weg der Nachfolge Christi zu sein. Ein übertriebenes Verlangen nach Armut, das in der Forderung gipfelte, jeder Christ müsse angesichts des zwingenden Beispiels Christi, in völliger Armut leben, wurde zu Beginn des 14. Jahrhunderts von *Papst Johannes XXII* verworfen. Um aus der Armut herauszukommen, darf ein Christ um Hilfe Gottes beten. Es wurde ihm gestattet, reich zu werden, wenn er die damit verbundenen Pflichten der Nächstenliebe erfüllt.

Diese Einführung schien mir nötig zu sein, um das mögliche Konfliktfeld zwischen Reichtum und Armut für die moderne Zeit ein wenig zu entschärfen. Trotz der Positionierung der Kirchenlehre auf der Seite der Armut, ist es einem Christen erlaubt, reich zu werden und im Wohlstand zu leben. Sein Herz allerdings muss Gott alleine gehören.

a) Um Wohlstand zu erreichen

... hat uns die Tradition neun Psalme zum Beten vorgeschlagen: 4, 20, 23, 34, 72, 105, 118, 122, 148. Jeder, der sich den Wohlstand wünscht, unabhängig von seiner wirtschaftlichen Lage, kann ihn herbeiziehen. Allerdings muss mit Veränderungen in Beruf, am Wohnort oder sogar mit Auswanderung gerechnet werden. Die Veränderungen können sogar von Krankheiten angeläutet werden, die uns für den bisherigen Beruf oder Arbeitsplatz untauglich machen. Wichtig dabei ist das Hören auf die innere Stimme, die auf kommende Veränderungen sanft und still aufmerksam macht.

Ich kenne Menschen, die lange vom Wohlstand träumten und unglücklich blieben bis sie Wohlstandspsalme bekamen. Fast in allen diesen Fällen hat sie die Intuition zum Verlassen des Wohnortes geführt. Am neuen Wohnort haben sie ihre Energien verdoppelt, sie wurden befördert oder fanden einen neuen Arbeitgeber, haben sich selbstständig gemacht oder einflussreiche Freunde gefunden.

Die Psalme sollten im neun-Tage-Rhythmus, täglich ein Psalm, gebetet werden.

b) Damit die Geschäfte gut laufen
...überliefert uns die Tradition folgende 7 Psalme: 20, 21, 34, 37, 70, 72, 143.

Wer ein Geschäft betreibt, das zwar keine Verluste bringt, aber die Unruhe spürbar da ist, dass es vielleicht mit den Einnahmen doch noch nach unten gehen kann, sollte pro Woche in der vorgegebenen Reihenfolge einen Psalm pro Tag beten. Am achten Tag beginnt das Beten wieder mit dem ersten Psalm. Bei den Geschäftsleuten, die sich dieser kleinen Disziplin unterworfen haben, sind die Geschäftsängste vollkommen verschwunden, das Selbstvertrauen hat stark zugenommen und auch die Einnahmen zeigen stets nach oben.

c) Segen für ein neues Geschäft
... garantieren die Psalme 68 und 105. Wer ein Geschäft aufmachen will und sich Sorgen um den guten Verlauf macht, weil auch die Marktanalysen täuschen können, sollte mit festem Glauben an seinen guten Stern die beiden Psalmen beten, den ersten morgens und den zweiten abends. Sie sollen solange gebetet werden, bis das Geschäft gut angelaufen ist. Bei Schwierigkeiten betet man zusätzlich mittags den Psalm 91.

d) Um den Wunsch nach Reichtum
... zu verwirklichen, hilft uns die Tradition mit der Aufstellung von fünf Psalmen: 76, 78, 90, 104 und 105. In der angegebenen Reihenfolge soll ein Psalm pro Tag gebetet werden und nach 5 Tagen die Reihe neu beginnen. Im Unterschied zum Wohlstand steht Reichtum unter der besonderen Vorsehung Gottes. Die genannten

Psalme aktivieren die Mächte der Vorsehung und leiten die Gunst Gottes auf unsere Persönlichkeit. Im Sinne des Alten Testaments ist Reichtum ein Zeichen der besonderen Erwählung. Wer sich für diesen Weg entscheidet, muss auch die Bereitschaft mitbringen, alle ethischen Pflichten, die mit Reichtum verbunden sind, zu erfüllen und vor allem täglich Gott danken.

22. Hilfe bei Bewältigung der Alltagssorgen.
a) Gebet um Begabungen.

Um uns in der profanen Welt durchzusetzen, brauchen wir einen starken Willen und gute Begabungen. Gemeint sind hier vor allem die Begabungen auf den Feldern der Kultur, z. B. auf dem Gebiet der Kunst, der Poesie, Philosophie und Theologie. Sie werden heutzutage von der Einseitigkeit der Zivilisation erdrückt. Wir stehen mittendrin in der Entstehungsphase einer Menschheitskultur, die alle Nationen der Welt umfassen will. Die einheitliche Kultur braucht visionäre Begabungen und geniale Eigenschaften des Verstandes und überdurchschnittliche Willenskraft. Gebraucht werden glaubensstarke Persönlichkeiten, die der entstehenden neuen Kultur ein christliches Gesicht geben werden. Unabhängig von unserer spezifischen Begabungsform können die Eltern, bei Gott, jede gewünschte Begabung für ihr Kind erbeten. In dieser Intention werden zwei Psalme gebetet: Der Psalm 19 immer morgens, und der Psalm 40 immer abends. Man kann sie beten für die eigenen Kinder, für die Kirche und für die Menschheit.

b) Um die Klarheit der Berufswahl.

Beim Treffen der richtigen Entscheidung für die Berufswahl helfen die Psalme 25 und 143. Es geht hier um eine Übereinstimmung zwischen der künftigen Berufstätigkeit und der persönlichen Eignung. Im Hintergrund steht jedoch auch die Sorge der Eltern, ob der von heranwachsenden Kindern gewählte Beruf nicht in ein paar Jahren wegrationalisiert wird. Die Hilfe des allwissenden Gottes sorgt für das Aufkommen der richtigen Intuition, die sich im Laufe des beruflichen Lebens als sicher erweisen wird. Der Psalm 25 soll morgens gebetet werden und der Psalm 143 abends.

c) Um das Behalten der Arbeitsstelle.

Um die Gefahren eines Arbeitsplatzverlustes abzuwehren und um seine Position in der Gesellschaft zu halten, wird der Psalm 62 morgens und abends gebetet. Die Wirtschaftskrisen, Umstrukturierungen in den Betrieben, Einführung von modernen Maschinenparks aber auch längere Arbeitsausfälle durch Krankheit sind Grund genug um „wegrationalisiert“ zu werden.

Den Psalm 62 habe ich meinen Bekannten vorgeschlagen, die durch Arbeitsplatzverlust bedroht waren und nur durch wirksame Hilfe von oben, als Antwort auf ihre Gebete, ihren Arbeitsplatz behielten.

d) um die Attraktivität lange zu behalten.

In der Sinnenwelt ist die Körperästhetik und ihre Erhaltung bis ins hohe Alter, von Bedeutung. Sie erleichtert die soziale Kommunikation und wirkt stabilisierend auf die Ehegemeinschaft. Allerdings darf die Körperästhetik nicht über die Seelenästhetik gestellt werden. Das Auseinanderfallen der äußeren und inneren Schönheit, gehört zu der Seelenlehre der Ostkirche. Wie die Ikonen deutlich zeugen, äußerte sich die innere Schönheit – die Heiligkeit der Person – nicht im äußeren Aussehen. Die Körperästhetik war eher ein Beweis für die Verfallenheit der Seele. Die Schönheit der antiken Venus diente der erotischen Ausstrahlung und war erdgebunden.

Wer sich die Schönheit des Körpers wünscht und mit diesem Anliegen vor Gott erscheint, soll die Reinheit seiner Motive gut überprüfen.

Zum Kreis meiner Bekannten gehörte eine Inderin, die allen Schönheitsmaßstäben vollkommen entsprach. Sie betete zu der indischen Göttin der Schönheit... und glaubte fest daran, dass sie das ästhetische Äußere ihr verdankt. Nach der Hochzeit mit einem deutschen Professor erkrankte sie an Mundkrebs. Sie wurde am Gesicht operiert und bestrahlt. Ihr Vater war ein Brahmane und sagte mir, dass ein Mensch immer von den Göttern bestraft wird, wenn er für die empfangenen Gaben, kein Opfer bringt. Seine Tochter sollte in Treue leben und ihre religiösen Pflichten nicht vernachlässigen. Die Götter würden ihre Geschenke zurücknehmen, wenn die Beschenkte sie missbraucht.

Um die Schönheit des Körpers zu bekommen und sie bis ins hohe Alter zu behalten, beten wir den Psalm 21 morgens und den Psalm 96 abends. Das Gebet reinigt gleichzeitig unsere Seele und verhindert den Missbrauch der Schönheit.

e) Um Erfolge im Sport zu erzielen.

... werden die Psalme 18 und 93 gebetet. Im Mittelalter wurden sie von Rittern gebetet, die bei den Turnieren um ihre Trophäen kämpften. Sport ist für viele zum Beruf geworden, der Opfer abverlangt und zu einem disziplinierten Leben zwingt. Mit dem Segen Gottes erhöhen sich die Siegeschancen deutlich. Psalm 18 wird morgens gebetet und der Psalm 93 abends.

f) Um Erfolg in der Musik.

Der Erhörung der Musikwünsche sind fünf Psalme gewidmet. Diese Tatsache lässt uns erahnen, dass der Musiker und seine Leidenschaft – die Musik – schwierige Zeiten hinter sich haben. Um die Schwierigkeiten eines professionellen Musikers in den vergangenen Zeiten zu verstehen, sollten wir kurz auf den Jahrhunderte langen Streit zwischen den Adepten der Schönheit und den Hütern der Moral erinnern.

Der griechische Philosoph Pythagoras hatte die sieben Tonhöhen der Schwingung den sieben Planeten zugeordnet, Planeten die als Götter verehrt waren. Somit hätten die Melodien eine Verwandtschaft mit den Göttern. Die instrumentale Musik sollte die göttliche Sphärenmusik nachahmen. Durch ihre Verwandtschaft mit den göttlichen Sphärenklängen, bekam die Musik bei den Griechen und Römern eine sittliche und religiöse Macht, die bei Kult und Erziehung berücksichtigt wurde.

Platon lehrte, dass jeder Mensch im Inneren eine Erinnerung an die Sphärenmusik hätte. Sie käme aus der Zeit des Verweilens der Seele auf ihrem Fixstern.

Und nun die Schwierigkeit für die Musiker: weil die

Musik göttlichen Ursprungs wäre, sollte auch die irdische Musik durch Inspiration von oben kommen und nach oben hinführen. Die wirkliche, bei Festen und im Kult gespielte Musik, z. B. die Klänge zu Ehren der Göttermutter *Kybele* – eine Schutzherrin des weiblichen Geschlechts – haben an Sphärenmusik im Nichts erinnert. Ähnliche Klänge ertönten auch zu Ehren der Erdgöttin *Demeter*, der Liebesgöttin Astarte und des Rauschgottes Dionisios. Diese Musik war sinnlich, ausschweifend, orgiastisch und führte zu sexuellen Rasereien. Diese Musik hat Platon abgelehnt und versuchte sie mit der dorischen Musik, die einen olympischen Charakter trug und zu den Göttern führte, zu ersetzen. Bei seinem Auftrag in Sizilien, einen idealen Staat zu gründen, war sein erster Verwaltungsakt der Rauswurf aller Musiker aus dem Staatsgebiet. Weil es den Philosophen bekannt war, dass die Musik einen überwältigenden Einfluss auf die Stimmungen, Gefühle und Affekte hat und die wiederum auf das Denken und Handeln, sollten nur die Musiker unterstützt werden, die eine Musik zu Ehren der Götter spielten. Auch zu Zeiten der kulturellen Dominanz des Christentums, war ein Aufreizen weltlicher Gefühle durch Musik verboten. Musik sollte dem Guten und Heiligen dienen und das wahrhaft Schöne sollte der Idee des Guten – also den Pflichten der Sittlichkeit – unterstellt werden. Dieses Prinzip galt übrigens im Christentum für alle Kunstgattungen.

Die platonische Musik- und Kunstzensur überdauerte bis in die Sowjetzeit. Jedes Werk, das mit der marxistischen Ideologie nicht zu vereinbaren war, durfte das Licht der Welt nicht erblicken. Ähnlich war es in Nazideutschland. Allerdings – die staatlich genehmigte Musik führte nicht zum Himmel!

Der Musikerberuf hat schlechte Zeiten hinter sich, die uns auch erklären, warum bis zu 5 Psalme nötig waren zu beten, um sich als Musiker am Leben zu erhalten.

Wer mit seiner Musikkarriere Probleme hat, kann die Psalme 33, 81, 98, 100, 150 im Fünftagerhythmus – einen Psalm pro Tag – beten. Immer mit dem Glauben im Herzen, dass er erhört wird.

Schlussworte: Verteidigung der katholischen Psalmmedizin.

In Gesprächen mit rationalistisch orientierten Gläubigen höre ich manchmal den Vorwurf heraus, dass mein Glaube an die Psalmgebete übertrieben wäre. Was ich da tue, wäre die Ausbreitung meiner privaten Frömmigkeit, beziehungsweise einer unreflektierten Frömmigkeit, die in dieser Form in der Gebetspraxis der Kirche nicht integriert wäre. Die Heilung mit Psalmgebeten würde aus den Zeiten der spätmittelalterlichen Zivilisation kommen, besonders aus den Seuchenepochen, wo die Menschen, mangels Hygiene und technisch ausgestatteter Medizin, die Ursachen für den Ausbruch der Infektionskrankheiten im Strafgericht Gottes an der sündigen Menschheit gesehen haben. Sinn der Religion würde nicht in der Heilung von Krankheiten liegen und schon gar nicht in der Ersetzung der rein medizinischen Behandlung mit einfachen Gebeten. Religion und Medizin müssen getrennt bleiben. Auch die religiöse Bedeutung der Psalmen kann auf Heilung von Krankheiten nicht reduziert werden.

In den Vorwürfen vermisse ich jedoch das ganzheitliche Verstehen vom Sinn der Religion. Ich möchte das am Beispiel der sogenannten Psychosomatik erklären. Die Psychosomatiker verstehen sich als große Erneuerer der Medizin, weil sie die Krankheiten, darunter auch die Infektionskrankheiten, als Folge psychischer Defizite verstehen.

Die Körpererkrankungen würden nur Folge von Seelenerkrankungen sein. Wie man jedoch die Seele heilt, damit sie den Körper in Form hält – darüber schweigen noch die Erneuerer. Der Ansatz der Psychosomatiker ist in unserer Kultur anerkannter, weit weg von nobelpreisreifer Entdeckung entfernt. Im Buch *Genesis* ist die Sünde, also im Hintergrund der Zustand der Seele, die gesündigt hat, für alle folgenden Krankheiten verantwortlich. Auch *Platon* hat im „Charmides" der Seele die Verursachung der Krankheiten zugeschrieben. Und die Offenbarungslehre des Alten Testaments lässt in dieser Beziehung keine Unklarheit zu: *„Ich Gott, bin dein Arzt*!" Das Christentum besaß in seiner Geschichte von Anfang an das offenbarte Wissen vom Umgang mit Krankheiten: Die Seele wird von ihren Sünden gereinigt werden, sie muss sich mit Gott versöhnen, im Herzen und im Kult in ständiger Verbindung mit Gott bleiben. Dazu trägt das Psalmbeten bei. Ein gläubiger und informierter Christ stellt heute nicht an die Religion kritische Fragen, sondern an die Medizin, die von der Religion abgefallen ist. Was helfen uns die Worte darüber, dass die Seele die Verantwortung für die Krankheiten trägt, wenn man nicht im gleichen Atemzug sagt, womit die Seele zu heilen wäre? Diese Frage beantwortet jedoch die Religion! Unter anderem sind es die Psalmgebete, die die Seele heilen. Darauf setzen wir in unserer Schrift.

Man wirft mir weiter das Vermissen des Grundes vor, nach dem ein und derselbe Psalm bei verschiedenen Krankheiten heilend wirken soll. Auch dieser Vorwurf ist leicht zu entkräften. Wie ist es möglich, dass die gleiche Sünde verschiedene oder sogar – bei den Ureltern – alle Krankheiten nach sich ziehen kann? Nach dem Verlust der inneren Ordnung, die eine gemeinsame Grundlage der Gesundheit bildet, ist das Auftreten von jeder Krankheit möglich. Jeder Psalm, im rechten Geist gebetet, kann zu Versöhnung mit Gott führen. Und das Allerwichtigste: nicht der Psalm heilt, sondern Gott selbst, der im Psalm angerufen wurde. Die Psalme ebnen uns den Weg zu Gott, aber die Bitte müssen wir, nach der Verbindung mit ihm, selbst vortragen.

Außerdem: jeder Psalm hat mehrere Bedeutungsebenen, die von den betenden Generationen in ihn gelegt wurden. Somit bildet er ein pulsierendes Feld von Energien, die sich vor Gott ausbreiten und die Intention des Betenden unterstützen. Darum ist es wichtig für uns zu wissen, in welcher Intention ein Psalm gebetet wurde. Jeder Betende vermehrt das energetische Potenzial eines Psalms und gleichzeitig wird er von allen unterstützt, die diesen Psalm jemals gebetet haben. In diesem Sinne ist die Zuordnung der Wirkung der Psalme niemals willkürlich; Ganze Generationen von Gläubigen haben den Psalmen die Effizienz verliehen, die mit unserer Intention übereinstimmt.

II. Teil: Die Heiligen helfen aus allen Nöten.

A. a) Grundsätzliches.

Bei den Juden hatte der Hohepriester das Amt des Fürbitters für das ganze Volk inne. Im neuen Bund ist das Amt des Fürbitters auf Jesus Christus übergegangen (Heb 9, 15-28). Außer Christus wurde kein anderer Fürbitter geduldet. Bis zur Mitte des 2. Jahrhunderts gab es darum keine Zeugnisse für die Anrufung der Heiligen. Auch aus einem anderen Grund war die Mittlerschaft der Heiligen verzögert. Theologisch war es noch nicht entschieden, wo sich der abgeschiedene Heilige in der Zeit zwischen seinem Tod und der Auferstehung befindet. Gelöst wurden die Probleme der Mittlerschaft in der zweiten Hälfte des 2. Jahrhunderts. Weil die in Christo Verstorbenen eines Geistes mit Christus waren, hat die Anrufung des Heiligen der Mittlerschaft Christi keine Verletzung gebracht. Die Fürbitten des Heiligen waren durch den Heilswillen des Vaters erst möglich.

Unter den Heiligen wurde eine Art von Hierarchie erkannt. Die vorbildlichsten Zeugen und Nachahmer Christi waren die Apostel. Dann folgten die Blutzeugen, die Märtyrer – Männer und Frauen, die durch Annahme des gewaltsamen Todes, das Zeugnis ablegten. Der Märtyrertod war mit der späteren Heiligsprechung gleichbedeutend. Äußerlich entsprach der Märtyrerkult der antiken Heroenverehrung. Die fand bei den Heiden immer am Grab des Helden statt. Darum hatte auch die Anrufung des Märtyrers ihren Platz an seinem Grab. Es wurde geglaubt, dass die Wohnung des Märtyrers sein Grab wäre. Trotz aller Aufklärungsversuche der

Theologen, hält der Glaube vielerorts bis heute. Für die Gemeinde war somit das Grab eines Märtyrers das wahre Kultzentrum. Er wurde mit einer Basilika überbaut und als heiliger Ort hat er die Massen der hilfesuchenden Gläubigen angezogen. Weil viele Gemeinden kein Märtyrergrab besaßen, kam es zur Teilung der Reliquien und zur pietätsvollen Aufbewahrung aller Gegenstände, die dem Heiligen gehörten.

Der Kult der Märtyrer hat sich verbal von der Pietät zum Gottvater und Christus nicht abgehoben. Darum hat das *2. Konzil von Nizäa* (787) eine terminologische Scheidung zwischen Anbetung und Verehrung angeordnet. Anbetung bezieht sich ausschließlich auf Gott und Christus. Verehrung – auf die Heiligen, auf ihre Reliquien und Bilder von ihnen. Die Bilder von Christus waren auch Gegenstand der Anbetung.

In der Hierarchie der Heiligen standen an dritter Stelle die großen Persönlichkeiten der Bischöfe, die keine Märtyrer waren. Der erste Heilige, der kein Märtyrer war, hieß *Gregor Taumaturgos* (+207) und der zweite – *Paulinus von Trier* (+358).

In der vierten Reihe der Heiligen traten die Bekenner auf, die während der Verfolgungszeit zwar nicht umkamen, aber unter Folter sehr gelitten haben. Ihr Kult war mit dem Märtyrerkult identisch: Jahresgedächtnis, Reliquienverehrung, Bildverehrung und der Bau einer Basilika. Danach kamen die Asketen und Jungfrauen. Durch ihre Askese und Disziplin haben sie lebenslang gelitten und damit das Recht auf Heiligkeit erworben. Die Aufnahme dieser Gruppe von außergewöhnlichen Christen in den Status der Heiligen, geschah Anfang des

5. Jahrhunderts und es war der Beginn der Marienverehrung. Den früher aufgezählten Gruppen von Heiligen war Maria nicht einzuordnen. Im Mittelalter wurden auch große Fürsten und Könige zu den Heiligen gezählt, wenn sie sich für die Kirche verdient gemacht haben.

Die erste Heiligsprechung fand im Jahre 993 durch *Papst Johannes XV* statt. Allerdings, das bei Heiligsprechung bis heute gültige Verfahren wurde erst durch den *Papst Benedikt XIV* (1740 – 1758) angeordnet.

Im Laufe der Jahrhunderte sind aus den heiligen Fürbittern immer mehr Helfer in allen Lebensnöten geworden. Dass sie jedoch auch direkt geholfen haben steht außer Zweifel. Das bezeugen die oft riesigen Votivsammlungen an ihrem Grab. Im Mittelalter haben die Gläubigen unter den Heiligen eine „Spezialisierung" eingeführt. Den heutigen Ärztespezialisten ähnlich, glaubte man an Besitz von spezialisierten Fähigkeiten seitens der Heiligen, bestimmte Krankheiten besser und schneller zu heilen als bei anderen Heiligen. Es entstanden spezialisierte Wallfahrtsorte, die auf Heilung von bestimmten Krankheiten ausgerichtet waren. Eine besondere Heilkraft und Macht zu Erwirkung von Wundern ist den Marienwallfahrtsorten zugesprochen. Durch die bewirkten Wunder wurden jährlich abertausende Pilger angezogen, darunter auch Kaiser und Könige.

b) Die Rückkehr der Heiligen.

Trotz der Angriffe der Reformatoren auf den Kult der Heiligen und auf die Vernachlässigung der Nachfolge zugunsten des Wunderglaubens, haben sich zwar die Pilgerfahrten im Vergleich zu früher abgekühlt, aber durch den Anstieg der Nöte und Krankheiten und die Krise der wissenschaftlichen Medizin, ist die Anrufung der Heiligen wieder stark im Kommen.

Kult der Heiligen ist für die katholische Kirche und für die Ostkirche charakteristisch. Er ergibt sich als Konsequenz des Glaubens an die Gemeinschaft der Heiligen. Dieser Glaube entspricht wiederum der tieferen Überzeugung von der Unsterblichkeit des inneren Menschen – der Seele. Der Tod im Leben eines Heiligen bewirkt somit keinen Abbruch seines Wirkens. Er bleibt weiterhin in der Gemeinschaft der Gläubigen integriert. Ohne den materiellen Leib ist er sogar noch mächtiger, als zu Zeiten seiner irdischen Pilgerschaft. Auch die Zeit und der Raum spielen nicht die geringste Rolle bei Verbindungen mit Heiligen aus früheren Epochen des Christentums oder aus anderen Kontinenten. Durch das Ablegen des Körpers sind sie raum- und zeitlos geworden. Unsere Anrufung erreicht darum den Heiligen mühelos auch wenn er zu den Anfängen des Christentums starb. Sie sind alle lebendige Mitglieder unserer heutigen christlichen Gemeinschaft. Durch ihre Übersinnlichkeit, geläuterte Lebenserfahrung und die unmittelbare Nähe zu Christus, Muttergottes Maria und den Engeln, sind sie mächtig und liebevoll. Sobald wir uns an sie wenden, hängt die Erhörung von unserer Erschütterung und dem machtvollen, inneren Schrei ab.

Eine Bitte ohne die Verwurzelung in den tiefsten Gründen der Seele, hat es nicht eilig.

c) Das Beispielhafte im Leben der Heiligen.
Um die Heiligen nachzuahmen, ihnen auf dem Weg der Nachfolge Christi zu folgen, sollten wir uns ein Bild von dem Beispielhaften an ihrem Denken und Tun machen. Worauf bezieht sich das Heroische in ihrem Leben? Um das kurz zu fassen: Sie gaben die Antwort auf die Frage nach dem Lebenssinn, eine Antwort nicht nur mit den Worten allein, sondern mit der gesamten Lebensgestaltung. Sie lebten aus dem Bewusstsein des Übernatürlichen, Zeitlosen und Ewigen heraus. Sie schlossen keine Kompromisse mit den abwärts gerichteten Kräften der niederen Natur. Das Diesseits haben sie unter die Kontrolle des Jenseits gestellt. Weil sie nicht als Heilige geboren wurden, haben sie den Lebenssinn erst nach schwersten Überwindungen von sinnwidrigen Kräften der niederen Natur und der nach unten angepassten Menschen erkämpft. Der Leichtigkeit des Lebens haben sie rechtzeitig entsagt. Aus dem Wissen von der Existenz einer überzeitlichen Wirklichkeit, in der sie ihre wahre Heimat erahnten, haben sie den irdischen Verbannungsort, nach den Erfordernissen dieser Heimat gestaltet.

Weil wir alle im selben Existenzrahmen leben und unsere Natur mit der gleichen Sinnausrichtung ausgestattet ist, stehen wir vor gleichen Aufgaben, wie die Heiligen. Wir haben es nur leichter, weil sie die Pionieraufgaben auf sich nahmen und uns den Kraftimpuls zur Gefolgschaft von Jesus verleihen. Dass sie alle über den Tod hinaus, mit uns verbunden sind und sich vor unseren Sorgen nicht verschließen, beweist das Erhören der Gebete nach Heilung und dem sinngerechten Leben.

Wenn wir einen Heiligen um die Wunderheilung bitten, weil wir über seine Kompetenz und seinen Heilwillen unterrichtet sind, dann heilt er nicht nur unseren Körper. Er hilft uns auch die Seele zu verwandeln, von der die Krankheit ausgeht. Die Verwandlung der Seele ist der ursprüngliche Impuls, der uns oft unbewusst, zu einem Heiligen treibt. Die Krankheit selbst ist nur der äußere Anlass. In den Hagiographien sind die Heilkompetenzen angegeben, damit wir in der Not wissen, an wen wir uns wenden dürfen.

B. Die heiligen Fachärzte.

Die visionär Begnadeten unter uns sehen seit Alters her die Scharen Heiliger um Gottes Thron versammelt. Erfüllt von höchster Glückseligkeit, nehmen sie jedes Gebet von uns an und leiten es, auch in ihrem Namen, direkt zu Gott. Die Gnade unsere Fürbitter im Himmel zu sein, hat ihnen Gott verliehen. Viele Wünsche erfüllen sie uns aus eigenem Entschluss. In anderen Fällen lassen sie über die Erhörung unserer Gebete Gott entscheiden. Wir haben Millionen selbstlose Freunde im Himmel, die sich für uns unermüdlich einsetzen. Wenn wir uns an die Heiligen wenden, ehren wir Gott in ihnen. Mit ihren Verdiensten und ihrer Liebe setzen sie sich für uns ein. Von Gott können sie nicht überhört werden. Unter ihnen gibt es Universalmediziner, die jede Krankheit heilen können. Andere Heilige sind auf besondere Krankheiten spezialisiert. Nichts in der Geschichte des Christentums ist besser belegt als die Genesung – auch in hoffnungslosen Fällen – durch Gebete zu Heiligen.

Wir stellen nun, in alphabetischer Ordnung Krankheitsbezeichnungen zusammen und in kurzer Beschreibung präsentieren wir die kompetenten himmlischen Ärzte.

Alzheimer, Gedächtnistrübungen, Hirnsklerose.
Bei dieser Erkrankung wenden wir uns an den Heiligen *Albert den Großen*, der im Jahre 1193 in Launingen geboren wurde. Mit 16 Jahren wurde er in den Dominikanerorden aufgenommen und durfte in Padua studieren. Trotz enormen Fleißes machte er jedoch nur geringe Fortschritte. Seine Oberen, die den Weisheitsdurst des jungen Mannes erkannten, schickten ihn nach Köln, damit er in die Weltweisheit und Gottesgelehrsamkeit eingeführt wird. Die geringen Lernfortschritte machten ihm immer größeren Kummer. Er glaubte immer weniger, dass er dem Orden nützlich werden kann. Er wollte aus dem Orden austreten. Als er dafür konkrete Vorkehrungen traf, überkam ihn eine nächtliche Vision. Er sah neben sich vier herrlich gekleidete Frauen, die ihn hinderten, über die Klostermauern in die Welt zurückzukehren. Eine der Frauen fragte ihn: „Was steigest du so ungestüm empor, was ist die Ursache deiner Eile"? Albert antwortete: „Ich bin ein blödsinniger Mensch und habe deshalb beschlossen, fortzugehen; denn ich kann nicht ertragen, dass alle meine Mitschüler mich übertreffen und ich alleine unwissend und ungelehrt bleibe." Darauf erwiderte die Frau: „Sei deswegen nicht ängstlich, denn bei uns ist die heilige Gottesmutter, welche dir beistehen wird, wenn du zu ihr flehst. Wir wollen bei ihr für dich bitten, denn wir sind ihre Mägde."

Nachdem die Frauen zu Maria beteten, sprach Maria zu

Albert: „Was verlangst du?“ – „die Weisheit“ antwortete Albert hastig. Maria antwortete ihm: „Es soll dir werden, was du begehrst, lerne nur fleißig. Aber weil du die Weisheit der göttlichen Wissenschaft vorgezogen, so sollst du vor deinem Tode plötzlich verlieren, was dir von oben verliehen worden, und wieder so umgekehrt werden, wie du gewesen.“ Albert erwachte bei diesen Worten. Von dieser Zeit an war sein Scharfsinn, seine Einsicht und sein Verstand über seine Zeitgenossen so hoch, dass man ihn „den Großen“ nannte. An den Hochschulen zu Paris, Köln, Regensburg und Hildesheim bildete er tausende von Studenten aus, darunter auch Thomas von Aquin. Der Andrang um seinen Lehrstuhl war so groß, dass kein Hörsaal die Menschenmenge fassen konnte. Er musste seine Vorträge unter freiem Himmel halten. Er hat 50 umfangreiche Werke geschrieben und das nicht nur über Theologie, sondern über das gesamte Wissen seiner Zeit: über Philosophie, Astronomie, Geologie, Meteorologie, Botanik, Anthropologie, Physik, Mechanik und Architektur. Da geschah es eines Tages, als Albert der Große (1193 – 1280) weit über 80 war und an der Ordensdomschule der Dominikaner in Köln eine Vorlesung hielt, dass plötzlich ihm die geordneten Gedanken entschwunden sind und weil er Führungsgedanken verloren hatte, brach er die Vorlesung ab. Seine Schüler erlebten einen Schock. Nach einer Erholungspause fasste sich Albert zusammen und erzählte seine Vision der Mutter Gottes, die ihn damals vor der weltlichen Weisheit gewarnt hatte: „Damit du aber im Glauben nicht wankend werdest, soll vor deinem Tode alle Weisheit von dir genommen werden. Gott wird dich in kindlicher Einfalt und aufrichtigem Glauben von dieser Welt nehmen. Und dies soll das Zeichen sein: Du wirst in öffentlicher Vorlesung vor deinen Schülern das Gedächtnis verlieren!“

Ist es nicht merkwürdig, dass in den wissenschaftlich und wirtschaftlich hoch entwickelten Ländern, die Zahl der Demenzkranken von Jahr zu Jahr höher wird und eine wirksame medizinische Hilfe immer noch nicht in Sicht ist? Albert der Große trifft die Hauptursache dieser Erkrankung, in dem er die Warnung Mariens zitiert: „*Vor deinem Tode soll alle Weisheit (der Welt) von dir genommen werden!*“ Und warum? „Weil das, woran du hängst, die Philosophie und die Wissenschaften – ein Mühlstein an deinem Fuße ist! Auch wenn du nach deiner Entleibung, deine geistigen Augen in den jenseitigen Welten aufmachst, aber das wahre heilige Wissen, deine Tugenden und rein religiöse Verdienste dir fehlen, bist du blind und taub in deine wahre Heimat zurückgekehrt. Im Diesseits ist dein Herz geblieben und nach Diesseits wird auch weiterhin dein Herz und dein Bewusstsein heruntergezogen.“

Albert der Große macht uns klar, dass die Worte Jesu „ihr seid nicht von dieser Welt“ in jedem neuen Alltag verpflichten, dass wir täglich alle frischen Wurzeln, die wir in den irdischen Boden geschlagen haben, herausziehen und uns in der jenseitigen Heimat anwurzeln. Unter dieser Perspektive ist Demenz die Erholung des unsterblichen Geistes von lebenslangen Gewohnheiten in die falsche Richtung hineinzuwachsen, aus den giftigen Quellen zu trinken und die verderbliche Nahrung zu uns zu nehmen. Das sich zersetzende Hirn hat als abhängiges Werkzeug nur zu lange seinem „Meister“ (den Geist) gute Dienste geleistet. Bleibt der Geist in uns in der gebührenden Distanz zum Hirn wird er sich seiner transzendentalen Berufung bewusst und kann sich vor dem endgültigen Übergang in seine Heimat noch rechtzeitig von den irdischen Schlacken reinigen.

Anfechtung.

Gegen Anfechtung und Versuchung hilft das Gebet zum Heiligen *Cyriakus*, einem frühchristlichen Märtyrer, der um das Jahr 309 in Rom starb. Zum Bau von den diokletianischen Thermen in Rom wurden Christen als Zwangsarbeiter unter unmenschlichen Bedingungen zur Arbeit gezwungen. Ein reicher Römer verpflichtete den Diakon Cyriakus zu materieller Hilfe für die Leidenden. Cyriakus verteilte unter den Christen Brot und Wasser, und kümmerte sich um die Behandlung ihrer Wunden. Die Aufseher bemerkten jedoch bald seine helfende Anwesenheit und meldeten das dem Regenten Maximian. Er ließ ihn ins Gefängnis werfen, wo auch mehrere Blinde kamen, die sich an den Diakon mit der Bitte um Heilung ihrer Blindheit wandten. Im Namen Jesu hat er sie alle geheilt. Zu gleicher Zeit wurde die Tochter von *Kaiser Diokletian* vom bösen Geist besessen. Der Kaiser ließ Cyriakus in den Palast kommen, um seine Tochter zu heilen. Im Namen Jesu befahl er dem Teufel das Mädchen zu verlassen. Der Kaiser ließ daraufhin Cyriakus in Frieden. *Kaiser Maximianus*, Nachfolger von Diokletian, ließ wiederum den Diakon verfolgen und verlangte von ihm, den Götzen zu opfern. Weil er es abgelehnt hatte, ließ der Statthalter kochendes Pech über den Kopf von Cyriakus gießen. Danach spannte er ihn auf die Folter und ließ ihn enthaupten. *Papst Honorius I* (625 – 638) ließ über seiner Grabstätte eine Kirche bauen und *Kaiser Otto I* brachte einen Arm des Heiligen nach Bamberg. Auch Worms besitzt eine Reliquie von ihm. Im Mittelalter wurde der Heilige Cyriakus zu den 14 Nothelfern aufgenommen und sein Kult breitete sich in ganz Deutschland, Österreich und Ungarn aus. Wegen seinem ungebrochenen Willen und seiner unerschütterlichen Treue zu Christus gilt er als Helfer bei Anfechtungen. Zwar sind Anfechtungen keine Krankheit, wer jedoch einer Anfechtung zum Opfer fällt, bei dem wird der Glaubensschutz zerstört und das entfesselte Böse wird sich mit der Zeit als Krankheit äußern.

Armleiden.

Zu den sicheren Helfern bei allen Arten von Armleiden gehören die Heiligen Amalia und Friedolin.

Die Heilige *Amalia* wurde 740 in Rodin in Flandern geboren. *Karl Martell* wollte sie wegen ihrer Schönheit ehelichen. Sie hatte jedoch ewige Keuschheit gelobt und verbarg sich. Der Großfürst entdeckte sie und zog sie mit solcher Kraft an sich, dass er ihr den Arm brach und die Schulter verrenkte. Durch ihre Wunderkraft heilten die Beschwerden jedoch sofort. Sie wurde Benediktinerin und berühmt als Wunderheilerin. Sie starb 772.

Der Heilige *Friedolin* war Alemannenmissionar und stammte aus Irland. Er pilgerte über Trier, die Mosel entlang und zog zum Rhein, dann weiter nach Straßburg und in die Schweiz. Er gründete das Kloster Säckingen, das zu einer berühmten Bildungsstätte wurde. Er starb 538. Er wird bei Armleiden angerufen.

Augenleiden.
In den Heiligen-Legenden habe ich über 20 Augenspezialisten gefunden, die seit Alters her alle Augenleiden heilen. Darunter ist auch der Heilige *Augustinus* (354 – 430), „das Genie des Herzens", der bekannteste Kirchenlehrer, der über 134 Schriften verfasste, 218 Briefe und 100 Predigten hinterließ. Unter den heiligen „Augenärzten" ist er bis heute der Wirksamste. Seine Asche ist in Pavia, in der Kirche San Pietro in Ciel D´Oro beigesetzt.

Auch die heilige Ordensstifterin der Klarissinnen, die Heilige *Klara*, ist auf Heilung von Augen spezialisiert. Wie Franziskus, so wurde auch Klara in Assisi im Jahre 1194 geboren. Vom Ruf ihres Landsmanns angezogen, suchte sie ihn auch auf. Franziskus erkannte ihre tiefe Weltverachtung und stärkte sie in ihrem Vorsatz, ganz für Jesus Christus zu leben. Im März 1212 verließ sie in Stille ihr Vaterhaus und eilte gegen Abend zum Konvent Portiunkula.

Mit brennenden Kerzen und Psalmgesang wurde sie von Franziskus empfangen. Danach führte er sie in das Nonnenkloster des Benediktinerordens. Franziskus führte sie dann in ein Haus in Assisi an der Kirche des *Heiligen Damianus*. Der Ruf der Tugenden von *Klara* zog eine beträchtliche Zahl von Jungfrauen an, die sich zu einer Klostergemeinde vereinigte. Vom *Papst Gregorius XI* erlangte sie die Erlaubnis, in vollkommener Armut zu leben. Als es mit ihr zu Ende ging, sprach Klara zu ihrer Seele: „*Gehe sicher hin , meine arme Seele. Du hast eine treue Begleiterin an Maria, der Himmelskönigin*". Im sechzigsten Lebensjahr hat sie ihren Körper verlassen.

Bis zum heutigen Tage geschehen zahlreiche Wunder an ihrem Grabe in der Klosterkirche S. Chiara in Assisi.

Eine exzellente heilige Augenheilerin ist *Lucia aus Syrakus*. Sie gelobte Jesus die Keuschheit und wählte ihn zum einzigen Bräutigam. Ihre Mutter *Eutychia* versprach sie einem jungen Mann, der Heide war. Bald erkrankte *Eutychia* schwer und ihre Tochter erflehte bei Gott ihre wunderbare Genesung. Daraufhin gab ihr ihre Mutter ihre Freiheit zurück. Aus Enttäuschung und Wut zeigte der junge Heide *Lucia* vor dem Statthalter von Sizilien als Christin an. Sie wurde den grausamsten Foltern unterzogen, blieb jedoch standhaft. Vor dem heidnischen Richter sagte sie: „*Der Gott, dem ich diene, ist alleine unserer Anbetung würdig. Nie werde ich falschen Gottheiten die Ehre erweisen, die Ihm gebührt*!" Mit einem Schwert ließ ihr der Richter die Kehle durchstoßen. Sie starb im Jahre 304. Auf ihre Fürbitte werden bis heute Augenleiden geheilt und Menschen von der psychischen und geistigen Blindheit befreit. Ihre Reliquien werden heute in der Kirche S. Geremia in Venedig verehrt.

Eine berühmte Augenheilerin aus dem kirchlichen Jenseits ist die Schülerin von Apostel Paulus, die *Erzmärtyrerin Thekla*. Bevor sie dem Heiligen Paulus begegnete, war sie weltoffen, interessierte sich für weltliche Wissenschaften und Philosophie. Sie war mit einem jungen reichen Mann verlobt und wollte bald heiraten. Nach der Belehrung gelobte sie Jesus ewige Keuschheit. Zusammen mit ihren Eltern zeigte der Verlobte sie vor Gericht wegen Zugehörigkeit zum Christentum an. Man verdammte sie zum Feuer, das ihr jedoch nichts ausmachte; sie wurde den Löwen vorgeworfen, die jedoch nur ihre Füße leckten. Alle weiteren Foltern hat sie ohne Schaden überstanden. Die Geschichte sagt nichts darüber wie sie gestorben ist. Das ganze Abendland hat *Thekla* die größte Verehrung dargebracht. Viele Kirchen sind ihr geweiht, darunter der Mailänder Dom.

Aussatz.
Wegen Aussatz werden seit Jahrhunderten die *Heilige Radegunde* und der *Heilige Ägidius* angerufen.

Radegunde (518 – 587) – Tochter des thüringischen Königs *Berthadar*. Sie heiratete den Frankenkönig *Chlothar*, wurde Christin und ihr Lehrer war der Heilige *Medardus von Noyon*. Nach 6 Jahren kinderloser Ehe hat sie ihren Mann verlassen und wurde von Bischof *Medardus* zur Diakonissin ordiniert und damit von ihrem ehelichen Gelöbnis entbunden. Ihre Besitztümer schenkte sie den Armen und opferte ihr ganzes Leben dem Liebesdienst am Nächsten. Sie ernährte die Ärmsten und Kranken mit ihren eigenen Händen, wusch sie, reinigte sie vom Ungeziefer und von den Wunden, pflegte die Aussätzigen. Bei Poitiers errichtete sie ein Frauenkloster, in dem sich über zweihundert Nonnen versammelten. Hier verbrachte sie dreißig Jahre ihres Lebens im Dienst am Nächsten mit ständigem Gebet und heiligem Studium. Nach ihrem Tode half sie weiter bei Aussatz, Geschwüren, Krätze und Lupus.

Der *Heilige Ägidius*, geboren 720, irgendwo an der Rhonemündung, wo er auch später als Einsiedler in undurchdringlicher Wildnis lebte. Er gehört zu den 14

Nothelfern. Er wird wegen Aussatz, Irrsinn, Krebs, Unfruchtbarkeit, Menschenfurcht, Verlassenheit, Depressionen und jeder geistigen Not angerufen. Alleine in England sind 160 Kirchen seinem Namen geweiht. Das ganze Mittelalter hindurch gehörte er zu den volkstümlichen Heiligen auch in Frankreich, Deutschland, Österreich und Italien. Seine Reliquien sind in Sanit-Sernin in Toulouse.

Auszehrung.
Bei Auszehrung wurde der *Heilige Pantaleon* angerufen. Er soll Leibarzt des Kaisers Maximian gewesen sein und um das Jahr 305 den Märtyrertod zu Nikomedien erlitten haben. Besonders in der Ostkirche gehört er zu den größten Wundertätern und Heilern aus dem Jenseits. Im 8. Jahrhundert wurde sein Fest am 27. Juli eingeführt. An diesem Tag wurden die sogenannten *Pantaleonsampullen,* die sein Blut enthalten, flüssig. Das Blutwunder ereignete sich in Konstantinopel, Ravello, Luca und Venedig. Er hilft bei Auszehrung und Kopfschmerzen. Im 10. Jahrhundert erbaute ihm Erzbischof Bruno eine Kirche, die heute noch steht.

Beinleiden.
Der *Heilige Friedolin* hat den Ruf bei allen Erkrankungen der Beine sehr wirkungsvoll zu helfen. Er stammt aus Irland und im Kloster Luxeuil, gegründet vom *Heiligen Columban,* sollte er eine missionarische Ausbildung erhalten haben. Sein Geburtsjahr ist unbekannt. Er starb 538. Seine segensreiche Tätigkeit begann in Poitiers, wo das vom *Heiligen Hilarius* erbaute Kloster

im Jahre 406 ganz verwüstet wurde. Mit Erlaubnis des Bischofs der Stadt und des Königs baute er das Kloster wieder auf und fand auch die Reliquien des Heiligen Hilarius. Der Heilige Hilarius ist ihm erschienen und trug ihm auf, in das Land der Alemannen zu wandern. In diesem Land werde er eine vom Rhein umflossene Insel finden, die sein künftiger Aufenthaltsort werden wird. Nach langer Suche kam er in der Stadt Säckingen an, wo er auch die Insel fand. Der französische König gab ihm die Schenkungsurkunde für die Insel und drohte jedem, der sich an *Friedolin* vergreifen würde, mit der Todesstrafe. Die Insel war nämlich ein Weideland für das Vieh der umliegenden Bauern. *Friedolin* baute auf der Insel ein Frauenkloster zu Ehren des Heiligen Hilarius auf. Sein Ruf hat sich weiterhin schnell verbreitet, weil Gott ihn mit der Wunderkraft begnadet hat. Er sollte sogar Tote ins Leben zurückgerufen haben. Er verkündigte das Evangelium in Konstanz, Zürich, Basel, am Kaiserstuhl, Zurzach, Glarus und sogar in der Pfalz. Er wird angerufen bei Arm- und Beinleiden.

Betrübnis.
Der Tröster in allen Betrübnissen und Helfer in allen Nöten ist *Nikolaus von der Flühe,* ein Schweizer der siebzig Jahre alt im Jahr 1487 starb. Er ist der Hauptpatron der Schweiz. Bis zu seinem 50. Lebensjahr tat er seine Pflicht als Bauer, war verheiratet und Vater von 10 Kindern. Er lebte in einer düsteren Schlucht 20 Jahre lang in den Bergen, bei völliger Abgeschiedenheit. Sein Grab ist in der Kirche von Sachseln im Kanton Unterwalden und bis heute eine viel besuchte Wallfahrtsstätte.

Bettnässen.
Der wirksame Helfer bei Bettnässen ist der *Heilige Veit (Vitus).* Er wird unter den 14 Nothelfern geführt. Über seinen Reliquien in Prag wurde der bekannte Sankt-Veits-Dom errichtet. Außer von Bettnässern wird er bei einer speziellen Art von Epilepsie – bei Veitstanz angerufen.

Geboren wurde er in einer heidnischen Familie in Sizilien und zuständig für seine Erziehung war ein christliches Ehepaar – *Crescentia und Modestus.* Sie haben ihn in den christlichen Glauben eingeführt. Nachdem die Eltern es erfahren haben, haben sie vergeblich versucht, ihn für das Heidentum zurückzugewinnen. Weil das Kind nicht zu überzeugen war, übergaben sie es, zusammen mit *Crescentia und Modestus* der Staatsgewalt. Er wurde den Löwen vorgeworfen, die jedoch seine Füße leckten. In ein Gefäß mit siedendem Pech geworfen, kam er aber ohne Schaden wieder heraus. Ein Engel hat alle drei in die Freiheit versetzt, wo ihre Seelen bald in den Himmel aufgestiegen sind.

Blasenerkrankungen.
Die bekanntesten Helfer bei diesen Beschwerden sind *Gervasius* und *Protasius* – Zwillingsbrüder und Söhne des *Heiligen Vitalis.* Sie fanden den Tod unter Kaiser Nero. Weil sie den Götzen nicht opfern wollten, ließ der Richter den *Gervasius* so lange mit Bleiklötzen schlagen, bis er tot war. *Protasius* wurde enthauptet.

Blattern.

Im Jahre 1129 trat in Frankreich eine bisher unbekannte Fieberkrankheit – das sogenannte „*feu sacre*“ – auf. Es wurden alle Kranken, die die Reliquien von der *Heiligen Genoveva* berührten, sofort von der Krankheit befreit. Die Heilige wurde um 422 zu Nanterre geboren. Sie legte vor dem Bischof von Paris das Gelöbnis der Jungfräulichkeit ab, verbrachte die Nächte im Gebet und am Tage half sie den Armen, pflegte die Kranken und tröstete alle, die in Not waren. Sie schützt vor Augenleiden und Blattern.

Blindheit der Augen.

Franz von Paula und *Mechthild von Hackerborn* sind auf Heilung der Blindheit spezialisiert.

Franz von Paula wurde im März 1416 in Paola geboren. Als Fünfzehnjähriger entschloss er sich für ein Eremitenleben und versteckte sich in einer Felsenhöhle in den Bergen Kalabriens, wo er von den Kräutern des Waldes lebte. Um seine Höhle herum sammelten sich immer mehr junge Männer, die sein Leben nachahmten. Seine Anhänger schloss er zu einer Ordensgemeinschaft zusammen und gab ihr den Namen („*Minimi*“) die „Allergeringsten“. Die Hauptakzente seiner Regel lagen auf Arbeit, Nachtwachen, Gebet, Stillschweigen und Fasten. Allmählich entstanden an vielen Orten Italiens, Frankreichs, Spaniens und Deutschlands weitere Paulaner-Klöster. Der *Heilige Franz von Paula* besaß die Gaben der Weissagung und der Krankenheilung. Er gab den Blinden das Sehen zurück und den Stummen das Gehör. Verschiedene Städte von Italien hat er von der

Pest befreit. Durch sein Gebet hat er den Frauen zur Erlangung der Nachkommenschaft geholfen. Er starb 1507.

Mechthild von Hackerborn, geboren 1241, wurde mit sieben Jahren in das Zisterzienserinnen-Kloster Rodersdorf von der Äbtissin Gertrud, ihrer Schwester, aufgenommen und mit fröhlichem Herzen folgte sie den strengen Ordensregeln. Sie wurde zu einer bekannten Mystikerin mit geheimnisvollen Schauungen. Sie starb 1298 und bis heute hilft sie bei Blindheit.

Blindheit der Seele.
Die *Heilige Lucia von Syrakus*, die wir unter „Augenleiden" angeführt haben, ist eine exzellente Heilerin auch bei Blindheit des Geistes. Das geistige Sehen wachzurufen, besaß auch die *selige Jutta von Sangershausen.* Sie war verheiratet und hat stets gemieden, sich in kostbare Stoffe zu kleiden. Auf den Vorwurf nicht standesgemäß gekleidet zu sein, antwortete sie: *„Nicht aus Geiz enthalte ich mich der überflüssigen Pracht, sondern weil es mich töricht dünkt, so große Auslagen für einen Körper aufzuwenden, der doch bald der Verwesung anheim gegeben sein wird. Besser dünkt es mich das so Ersparte den Bedürftigen zu geben.*" (nach Meichers) Nach dem Tod ihres Mannes erwählten ihre Kinder das Leben im Kloster. Sie verkaufte nun ihre gesamte Habe und den Erlös verteilte sie unter die Armen. Sie lebte von Betteln und teilte alles was sie bekam mit Blinden und Lahmen. Danach führte sie bei Thorn das Leben einer Einsiedlerin. Auf ihren Tod wartend, sagte sie zu ihren Besuchern:

„Wollt ihr wissen, welcher Weg sicher zum Himmel führt? Ich kann es euch sagen: schmerzliche Krankheit, Entfernung vom Vaterlande in den abgelegenen Winkeln eines fremden Landes und freiwillig, aus Liebe zu Gott, gewählte Armut." (Melchers) Sie starb 1264.

Blutfluss.

Das Gebet um Fürsprache bei Gott gerichtet an *Bernardin von Siena*, *Heilige Martha* oder *Heilige Sabina*, hilft sicher gegen diese Beschwerde. Der Heilige *Bernardin von Siena* wurde 1380 geboren. Nach seinen klassisch-humanistischen Studien tritt er dem Franziskanerorden bei. Bald danach gründet er den franziskanischen Orden der strengsten Observanz in der Einsamkeit von S. Onofrio. Er belebt den reinen Geist des Heilige Franziskus. Als er starb ist die Zahl seiner Mönche auf 400 angestiegen. In die Kirchengeschichte ist der *Heilige Bernhard* durch seine hinreißenden Wanderpredigten eingegangen. Er fesselte die Massen, organisierte den Bau von Waisenhäusern, Spitälern und Kirchen in ganz Italien. Er hob die Volkssittlichkeit, tilgte die Vergnügenssucht und die Prachtliebe. Er starb 1444. Seine Reliquien befinden sich in der Kirche in Aquila. Außer gegen Blutfluss hilft seine Fürbitte bei allen Brustkrankheiten.

Die *Heilige Martha* war Schwester von *Maria Magdalena* und von *Lazarus*, den der Herr von den Toten erweckte. Der *Heilige Ambrosius* berichtete, dass *Martha* selbst unter Blutfluss gelitten hat, bis Jesus sie geheilt hatte. *Lazarus* siedelte nach Marseille aus, wo er der erste Bischof der Stadt wurde und *Maria Magdalena* bezog die Grotte von Sainte-Baume, wo sie ein bußfertiges Leben führte. Als sich ihr die Stunde ihres Todes näherte, hörte sie eine Stimme: „*Liebe Wirtin, du hast mich zu Gaste aufgenommen, so will ich dich aufnehmen in meinen Himmel. Und wer dich anruft, den will ich aus Liebe zu dir erhören.*“

Über die *Heilige Sabina* gibt es keine historischen Quellen. Der Legende nach lebten die Geschwister *Sabina*, *Vincentius* und *Christeta* zu Zeiten von *Diokletian* in Spanien. Sie wurden unbarmherzig gemartert und am Schluss hat man ihnen die Köpfe mit Steinen zertrümmert. Sie wollten den Götzen nicht opfern. Zu dieser Tat äußerte sich der Heilige Augustinus: „*Niemand sagte, dass zu unseren Zeiten keine Kämpfe der Märtyrer stattfinden können; denn auch zu unseren Zeiten hat man Märtyrer. Den Zorn bezähmen, die Unzucht meiden, die Gerechtigkeit bewahren, den Geiz verachten, die Hoffart demütigen ist ein großer Teil der Marter.*“ *Heilige Sabina* hilft außer bei Blutfluss, bei Kindern, die schwer gehen lernen.

Brandwunden.

..., die nicht heilen wollen, werden auf Fürbitten vom *Heiligen Johannes Evangelisten* und *Laurentius* sicher geheilt. Der *Heilige Johannes* ist Sohn des *Zebedäus* und Bruder des *Apostels Jakobus des Älteren*. Er begleitete den Herrn in den drei Lehrjahren. Er sah das erste Wunder zu Kanaan, war bei der Verklärung auf dem Berge Tabor dabei und beim letzten Abendmahl ruhte er an der Brust von Jesus. Er ging mit ihm auf den Ölberg, verließ ihn nicht im Tode und erhielt die Gnade, für

Maria zu sorgen. *Johannes* war auch Zeuge der Himmelfahrt Jesu. Danach blieben alle Apostel, auch *Maria,* in Jerusalem, bis die ansetzende Judenverfolgung sie ins Ausland zwang. *Johannes* und *Maria* flüchteten nach Kleinasien in die Stadt Ephesus und er baute für sie ein Steinhaus. Hier wohnte *Maria* bis zu ihrem Tode. Ein paar Tage danach kamen die Apostel, um sich von ihr zu verabschieden. Das Grab wurde geöffnet, aber Maria war nicht mehr im Grabe. Wegen Glaubensverfolgung musste *Johannes* Ephesus verlassen und flüchtete nach Patmos. Nach Jahren kehrte er nach Ephesus zurück, wo er auch unter der Regierung *Trajans* im Jahre 101 starb. Er ist der immerwährende Helfer bei Brandwunden, Fußleiden, Vergiftungen und Epilepsie.

Der *Heilige Laurentius* zählte zu den sieben Diakonen der Stadt Rom, die der *Papst Sixtus* ordiniert hatte. Er verwaltete sein Amt mit Treue und Gewissheit. Der zum Tode geführte *Sixtus* sagte dem *Laurentius* seinen Tod voraus: „*Nach drei Tagen wirst du mir folgen!*“ Und tatsächlich wurde *Laurentius* verhaftet, auf einen Rost festgebunden und bei mäßigem Feuer, kam er langsam zu Tode. Es geschah am 10. August 258. Er schützt vor Brandwunden, vor den Qualen des Fegefeuers, vor Fieber und Rückenschmerzen.

Bruchleiden.

Zu den heiligen Helfern, bei dieser Erkrankung, die Heilung bringen, gehört *Symphorian, Konrad der Einsiedler* und *Irmgard von Köln.*

Symphorian erlitt den Märtyrertod unter *Kaiser Marc Aurel* im Jahre 180. Geboren wurde er in der Stadt Autun und bereits in seiner Jugend strahlte er Weisheit und zeichnete sich durch hohe Sittlichkeit aus. Als er bei einem feierlichen Umzug zu Ehren der Göttin Venus zufällig vorbeiging und vor ihr nicht kniete, wurde er verhaftet und vor den Landpfleger geführt, bekannte sich zum Christentum und wurde zum Tode verurteilt. Als er zu seiner Richtstätte geführt wurde, begegnete er seiner Mutter, die ihn tröstete: „*Dein Leben wird dir nicht genommen, sondern es wird in ein besseres verwandelt.*" Er wurde enthauptet. Seine Fürbitte hilft bei Augenleiden und Bruch und er ist der Patron der Kinder und Schüler.

Heiliger Konrad der Einsiedler wurde 1290 zu Piecenza geboren, hat geheiratet, Kinder bekommen und die Welt genossen. Weil er ein leidenschaftlicher Jäger war und Wildspuren lesen konnte, verfolgte er ein Tier bis in ein undurchdringliches Dickicht. Das wilde Wäldchen hat er angezündet, um das Tier aufzuscheuchen. Der Wind hat sich jedoch umgedreht und er selbst musste sich vor den Flammen retten. Der gesamte Gemeindewald wurde Opfer der Flammen. Ein unschuldiger, armer Mann wurde in der Nähe gefangen genommen, gefoltert, bis er die Tat gestanden hatte und zum Tode verurteilt. Das Gewissen von *Konrad* zwang ihn, sich bei den Richtern zu melden und er gestand die Tat. Sein ganzes Vermögen hat man eingezogen, er selbst jedoch wurde von Folgestrafen befreit. Im tiefen Nachdenken erkannte er die Vergänglichkeit irdischer Güter und kehrte der Welt den Rücken. Seine Frau ist in den Klarissenorden eingetreten und er selbst ließ sich im dritten Orden des Heiligen Franziskus aufnehmen. Er diente den Armen und Kranken. Später ging er in die

Berge und führte ein Büßerleben. Nach 30 Jahren Einsiedlerleben starb er 1351. Seine Heilkraft wirkt bei Bruchleiden.

Die *Heilige Irmgard von Köln* war Gräfin von Aspel. Sie unterstützte die Kranken und Bedürftigen. Ihr Leben verbrachte sie keusch und in Gebeten versunken. Sie starb um das Jahr 1082 und wurde zum Dom in Köln beigesetzt. Sie wird bei Bruchleiden angerufen.

Brustkrankheiten (*auch Brustkrebs*).
Bekannt durch ihre wirksame Fürbitte sind die *Heiligen Anastasia, Agatha von Catania* und *Bernardin von Siena.*

Anastasia war Tochter eines kaiserlichen Beamten und seiner christlichen Frau Falvia. Erzogen im christlichen Glauben wurde sie vom *Heiligen Chrysogonus,* mit dem sie um das Jahr 304, während der diokletianischen Verfolgung, den Märtyrertod starb. Sie war aktiv bei der Hilfe für christliche Gefangene engagiert. Die getöteten Märtyrer hat sie einbalsamiert und begraben. Ihr gesamtes Vermögen verteilte sie unter den Armen. Sie erlitt den Feuertod. Seit Jahrhunderten hilft sie bei Brustkrankheiten und Kopfleiden.

Die *Heilige Agatha von Catania* starb infolge von grausamen Martern um das Jahr 253. Der Landpfleger von Sizilien, *Quintianus,* wollte sie zurück zum Heidentum bringen und verordnete ihr immer grausamere Folter. Unter anderem ließ er ihre Brüste peinigen und abschneiden. Fünf Tage lang sperrte er sie anschließend im Gefängnis ein, ohne Arzt, Wasser und Brot. Sie ist jedoch am Leben geblieben und ihr amtlicher Peiniger ließ glühende Kohlen, vermischt mit spitzen Scherben ausbreiten. Seine Schergen wälzten ihren bloßen Leib darauf. Zurück im Gefängnis bat sie innigst den Herrn um den Tod, der ihr auch gewährt wurde. Sie ist die wirksamste Helferin bei allen Erkrankungen der weiblichen Brust.

Bernhardin von Siena, den wir unter dem Stichwort Blutfluss angeführt haben, wird auch bei Brustkrankheiten um Fürbitte angerufen.

Depressionen.

In der christlichen Medizin wird bei schweren Verstimmungen und Depressionen der *Apostel Judas Thaddäus* um Fürbitte angerufen. Sein Vater *Kleophas* war Bruder des *Heiligen Joseph,* Nährvater Jesu, seine Mutter – eine Verwandte der *Heiligen Maria*, Mutter des Herrn. Er ist der Autor des in der Heiligen Schrift aufgenommenen „*Judasbriefs*“, in dem er die Irrlehren und die Sittenlosigkeit anprangert. Er sollte als Missionsgebiet Mesopotamien erhalten haben. Um das Jahr 70 hatte er den Märtyrertod erlitten. Die Mithrapriester haben ihn mit einer Keule erschlagen. Sein Grab befindet sich in der Peterskirche in Rom. In allen hoffnungslosen Angelegenheiten wird er um Hilfe gebeten.

Drüsenerkrankungen.

Die *Heiligen Kosmas* und *Damian* stehen in hohen Ehren im Orient und seit dem 7. Jahrhundert auch im Westen. Sie sollen aus Arabien stammen und vom Beruf her waren sie Ärzte. Sie entwickelten ihre Tätigkeit in einer Stadt in Zilizien, behandelten ihre Kranken unentgeltlich und missionierten die heidnische Bevölkerung. Der Legende nach behandelten sie ihre Patienten, die um Hilfe gebeten haben, nachts, operierten kranke Körperteile heraus und setzten gesunde wieder ein. Das geschah ohne ihre physische Anwesenheit, nur die Patienten träumten den Heilvorgang und nach dem Erwachen stellten sie die tatsächlich eingetretene Genesung fest. So entfernten sie auch Krebsgeschwüre und heilten Drüsenerkrankungen. Geschichtlich begründete Einzelheiten aus ihrem Leben sind heute nicht mehr nachweisbar. *Papst Felix IV* (526 – 530) hatte eine ihnen geweihte Kirche in zwei Gebäuden des *Vespasianforums* errichtet.

Entbindung, schwere.
Zuständig für schwere Entbindung waren die *Heiligen Pirmin, Margareta, Juliana* und *Rosa von Lima.*

Der *Heilige Pirmin* gilt als Apostel der Pfalz und des Elsaß. Er gründete das Benediktinerkloster auf der Insel Reichenau im Bodensee. Die Stadt Innsbruck, die Rheinpfalz und die Insel Reichenau haben ihn als ihren Patron gewählt. Im zweiten Jahrzehnt des 8. Jahrhunderts ist er aus Spanien vor den anrückenden Arabern geflüchtet und in das Frankenland gekommen. Um Straßburg herum hat er viele Klöster reformiert oder gegründet. Er starb im Jahre 753. Seine Gebeine wurden später nach Innsbruck überführt. Schwangere, die seine Kleidung berührten, erfuhren eine glückliche Entbindung. Von daher kam die Sitte der Frauen, die einer gefürchteten Entbindung gegenüberstanden, sich an ihn im Gebet zu wenden, um glücklich zu entbinden.

Heiliger Pirmin hilft auch bei Augenleiden und Vergiftung durch Essen.

Die *Heilige Margareta von Antiochia* ist eine mächtige Fürbitterin in der Gruppe der vierzehn Nothelfer. Ihr Todesjahr wird um 307 angenommen. Um sie vom Christentum abzubringen ließ der Präfekt sie mit Ruten schlagen und mit eisernen Kämmen ihr Fleisch vom Leibe reißen. Im Kerker sind jedoch alle Spuren dieser Folterung auf wunderbare Weise verschwunden. Der Präfekt ließ sie mit Fackeln brennen und schließlich enthaupten. In Antiochien wurde zu ihren Ehren eine Kirche gebaut. Sie hilft nicht nur bei Entbindung, sondern auch bei Unfruchtbarkeit.

Heilige Juliana kam in Nikomedien – in Kleinasien – auf die Welt. Als Kind verschaffte sie sich Zutritt zu den Christenversammlungen und wurde getauft. Mit 18 sollte sie einen jungen Mann heiraten, der Statthalten geworden war. Er ließ sie sechs Stunden an ihren Haaren hängen, damit sie den Göttern opfert. Sie ist standhaft geblieben und man ließ sie erneut foltern. Man goss siedendes Blei auf ihren Kopf und enthauptete sie um das Jahr 303. Sie hilft bei Entbindungen und Infektionskrankheiten.

Heilige Rosa von Lima war eine Dominikanertertianerin. Im Jahre 1586 ist sie in Peru zur Welt gekommen. Ab ihrem sechsten Lebensjahr fastete sie drei Tage in der Woche und ernährte sich vom Brot und Wasser. Sie war stets im Gebet versunken. Mit 16 Jahren bezog sie eine Gartenhütte ihrer Eltern und führte ein strenges Bußleben. Sie starb 1617. Sie wird für glückliche Entbindung und gegen Wunden angerufen.

Epilepsie.

Zu den ewigen Ärzten der Epilepsie gehören die *Heiligen: Johannes der Täufer, Johannes Evangelist, Vinzens Ferrer, Vitus, Willibrord* und *Bibiana*.

Johannes der Täufer, obwohl er kein Christ war, ist an allen wichtigen Orten des Christentums als Beschützer von Städten, Ländern und Gemeinden präsent, wie kein anderer Heiliger. Ihm sind Kirchen, Kapellen, Taufbrunnen und Baptiserien geweiht und in der religiösen Kunst sind immer wieder seine Darstellungen zu finden. Er nannte Jesus *„den Größten unter den vom Weibe geborenen"* (Mat. 11,11). Er war Asket und Eremit, sich selbst als die *„Stimme des Rufers in der Wüste"* bezeichnend. Er hat den Martertod erlitten, weil er dem *Herodes Antipas* dessen Sünde vorgeworfen hätte. *Herodes* lebte nämlich mit der Frau seines Bruders zusammen, der Herodias. *„Es ist dir nicht erlaubt, das Weib deines Bruders zu haben!" Johannes* wurde gefangen, gefesselt und in den Kerker eingesperrt. Danach wurde er enthauptet. Er hat zahlreiche Patronate. Unter anderen beschützt er die Abstinenten, hilft jede Furcht zu überwinden, heilt Kinderkrankheiten und auf seine Fürbitte genesen Epileptiker.

Gegen Epilepsie hilft die Fürbitte von *Johannes Evangelist*. Unter dem Stichwort „Brandwunden" haben wir seinen kurzen Lebenslauf verfasst. *Vinzenz Ferrer* wurde um 1350 in Valencia geboren. Mit 17 Jahren tritt er dem Dominikanerorden bei und erwirbt die Doktorwürde. Einen außergewöhnlichen Ruhm erwarb er als Prediger. Als Bußprediger geißelte er in Spanien, Frankreich, Deutschland, Italien und Schweiz das Sittenverderbnis und die Lauheit seiner Zeit. Dabei tadelte er nicht nur das einfache Volk, sondern auch die Aristokraten und Geistlichen. Buße tat er für das sündige Leben der Mitmenschen, fastete unablässig und schlief höchstens 5 Stunden in der Nacht. Er starb 1419 und wurde in Vannes bestattet. Seine Fürbitte ist bei Epilepsie und Kopfweh wirksam.

Der *Heilige Veit* wurde von uns unter dem Stichwort „Bettnässen" angeführt.

Ein weiterer Helfer gegen Epilepsie ist der *Heilige Willibrord.* Sehr bekannt ist er in Luxemburg und in der Gegend von Trier. Im 13. Jahrhundert ist hier nämlich die Veitstanzepidemie ausgebrochen und das Volk rief den *Heiligen Willibrord* um Hilfe an. Die Bitte wurde erhört und die Gläubigen würdigen bis heute das Ergebnis in Form der „*Echternacher Springprozession*". Sein Leib ist in Echternach begraben.

Geboren wurde *Willibrord* 658 in Nordhumberland und wurde bei den Benediktinern erzogen. Im Kloster Ratmelsigi in Irland wurde er zum Missionar ausgebildet. Im Jahre 690 trat er die Reise nach Westfriesland an. In seinem Gefolge mit 11 Gefährten befanden sich drei spätere Märtyrer. Er ist Helfer bei Epilepsie, Veitstanz und Zuckungen.

Die *Heilige Bibiana* (*Viviana*) starb im Jahre 363 unter *Kaiser Julian Apostata.* Zuerst wurde ihr Vater, dann auch ihre Mutter gemartert und beide hingerichtet. Ihre Schwester starb, als man ihr die Foltergeräte zeigte. Sie selbst starb während der Geißelung. In der Basilika auf dem Esquilin in Rom befinden sich ihre Reliquien. Sie wird gegen die Epilepsie angerufen, gegen Trunksucht, Krampf und Unfälle.

Epidemien.

Gegen epidemische Ausbreitung von Krankheiten helfen die *Heiligen Kosmas* und *Damian, Eligius* und *Remigius*.

Über die heiligen Ärzte *Kosmas* und *Damian* haben wir kurz unter dem Stichwort „Drüsenerkrankungen" berichtet.

Der *Heilige Eligius* wurde bei Limoges 588 geboren. Ehe er Bischof wurde, war er ein genialer Goldschmied, fertigte für den *König Chlotar II* und seinen Nachfolger *Dagobert* einen goldenen Thronsessel, Reliquienkästen und -schreine. Er wurde zum Münzmeister ernannt. Die von den Königen ihm geschenkten Güter hatte er unter die Notleidenden verteilt und ein Landgut schenkte er der Benediktinerabtei. Dann verließ *Eligius* den Königshof, wurde Priester und ein Jahr später Bischof von Nyon. Er hat dem Handel mit geistlichen Ämtern einen strengen Kampf angesagt. In den heidnischen Gebieten von Flandern widmete er sich der Verbreitung des Glaubens. Er besaß die Gabe der Weissagung. Er starb 660. Angerufen wird er gegen ansteckende Krankheiten und Epidemien. Auch gegen Geschwüre ist seine Fürbitte wirksam.

Der *Heilige Remigius* war um das Jahr 437 in Laon geboren und im Jahr 459 bestieg er den Bischofsstuhl in Reims. Durch seine Gebete und Überzeugungsmacht hatte er *Chlodwig* den ersten König der Franken getauft und das Land dem christlichen Abendland integriert. Er starb 535, fast hundertjährig. Über 70 Jahre lang war er Bischof von Reims. Seine Reliquien sind in der ihm geweihten Kirche in Saint-Remy. Er wird wegen Epidemien, Fieber und Halsweh angerufen.

Fallsucht.

Der *Heilige Valentin*, dessen Fest in der Kirche am 14. Februar gefeiert wird und den Ruf hat, gute Ehen zu stiften und als Patron von Verlobten gilt, wurde unter *Kaiser Claudius* im greisen Alter gefoltert und enthauptet. Seit Mitte des 4. Jahrhunderts gab es an der Flaminischen Pforte in Rom, eine ihm geweihte Kirche. Seine Fürbitte ist gegen „hinfallende Krankheiten" und bei Ohnmachten anderer Ursachen sehr wirksam.

Fieber.

Gegen das Fieber haben sich die Fürbitten folgender Heiliger besonders wirksam erwiesen: *Klothilde, Antonius von Padua, Klara, Peter Apostel, Liborius, Ignatius von Loyola.*

Klothilde wurde um 470 in Lyon als Tochter des burgundischen *Königs Chilperich* geboren. Vermählt wurde sie mit dem *Frankenkönig Chlodwig I* im Jahre 493. In der Schlacht gegen die Alemannen schienen seine Chancen zu schwinden und da gelobte er, bei Errettung werde er sich zu Christus bekennen. In diesem Moment wandten sich die Gewinnchancen zu seinen Gunsten. Seine Krieger schlugen die Feinde in die Flucht. Im Jahre 496 ließ sich der König vom *Bischof Remigius von Reims* taufen und mit ihm ein Großteil seines Volkes. Das Jahr 496 wird von Historikern als die Geburtsstunde des christlichen Mittelalters gefeiert. Nach dem Tode ihres königlichen Ehegatten verbrachte *Klothilde* ihr Leben bei Fasten, Gebeten und der Pflege von Armen und Kranken. Im Jahre 545 setzte eine schwere Krankheit ihrem Leben ein Ende.

Auf ihre Fürbitte fällt das Fieber, die Kinderkrankheiten gehen zurück, die irregegangenen Ehegatten finden zu Treue zurück.

Der *Heilige Antonius von Padua* wurde 1195 in Lissabon geboren und mit 15 trat er in den Orden der Augustiner-Chorherren ein. Hier verbrachte er 10 Jahre mit theologischen und philosophischen Studien. Anschließend trat er 1220 in das Franziskaner-Kloster in Coimbra ein. Ein Jahr später fand in Italien die Generalversammlung der Franziskaner statt, zu der er gekommen und dort auch geblieben ist. Er wurde in das Bergkloster in Forli eingewiesen. Der *Heilige Franziskus* ernannte ihn zum ersten Lektor der Franziskaner für Theologie und zum Prediger. Er verkündete das heilige Wort in ganz Italien und Südfrankreich, dabei bekämpfte er die Sekte der Katharer. Unzählige Wunder – sogar die Erweckung der Toten – hat er vollbracht. Mit 36 Jahren verstarb er. Er hilft das Fieber zu senken, Unfruchtbarkeit zu heilen, die Ehe in die richtige Bahn zu bringen, verlorene Gegenstände wiederzufinden.

Die *Heilige Klara* hilft bei Anrufung seit Jahrhunderten das Fieber zu senken. Unter dem Stichwort *„Augenleiden“* haben wir kurz ihren Lebenslauf angegeben.

Simon Petrus wurde in Bethsaida am See Genezareth geboren. In Kapharnaum lebte er vom Fischerberuf. Sein älterer Bruder *Andreas* führte ihn zum Messias, bei dem er auch geblieben ist. In Jesus hat er den Gottessohn erkannt. *„Du bist der Sohn, des lebendigen Gottes.“* Daraufhin gründete Jesus auf ihn seine Kirche: *„Du bist Petrus, der Fels, auf diesem Fels will ich meine Kirche bauen.“* Jesus übergab ihm die Schlüssel des Himmelreichs:

„*Was du auf Erden binden wirst, wird auch im Himmel gebunden sein und was du auf Erden lösen wirst, wird auch im Himmel gelöst sein.*“ (Mat. 16, 16-19) Jesus setzte ihn zum obersten Hirten der Gesamtkirche ein. Er unternahm Missionsreisen durch Palästina, Samarien und Kleinasien, sollte eine Zeit lang Bischof in Antiochia gewesen sein und jahrelang, bis zu seinem Tode, war er ein Vorsteher der christlichen Gemeinde in Rom. Dort wurde er in Ketten gelegt, aber die Wärter wurden von ihm bekehrt. Wieder befreit, wollte er aus Rom flüchten, jedoch vor den Toren der Stadt begegnete er Christus und kehrte nach Rom zurück. Unter *Kaiser Nero*, im Jahre 67 wurde er wieder verhaftet und zum Tode verurteilt. Wie Jesus wollte er gekreuzigt werden, er fand sich jedoch unwürdig, wie Jesus zu sterben und wurde mit dem Kopf nach unten gekreuzigt. Über seinem Grab erbaute man unter *Kaiser Konstantin* eine Basilika in den Gärten des Nero auf dem vatikanischen Hügel, die im 16. Jahrhundert durch den Petersdom ersetzt wurde. Er hat zwei Briefe geschrieben, die in den Kanon aufgenommen wurden. Er hilft bereits seit 2000 Jahren bei Fieber, Fußleiden und Nervenkrankheiten.

Liborius starb als Bischof von Le Mans im Jahre 397. Durch seine Reliquien, die im Jahre 836 nach Paderborn überführt wurden, ist er bis zum heutigen Tage mit dieser Stadt verbunden. Zum Liboritag kommen alljährlich tausende Christen nach Paderborn. Weit über seine Diözese war er durch seine Weisheit, Nächstenliebe und Wunder bekannt. Durch seine Fürbitten wirkt er bei Fieber, Koliken und Wassersucht. Besondere Berühmtheit erwarb er sich bei der Auflösung von Nierensteinen.

Heiliger Ignatius von Loyola wurde 1491 geboren. Er wurde Soldat und stieg zum Hauptmann auf. Eine Kanonenkugel traf sein Bein und beendete damit seine militärische Karriere. Nach der Genesung begab er sich in die Einsamkeit nach Manresa und kasteite sich mit der strengsten Askese, schlief auf der nackten Erde, fastete, geißelte sich, und sieben Stunden täglich verbrachte er kniend im Gebet. Hier verfasste er ein Exerzitienbuch, das dem späteren Jesuitenorden als Grundlage der Willensschulung diente. Er studierte an den bekannten Hochschulen in Salamanca, Barcelona und Paris. 1534 gründete er in Paris den Jesuitenorden, der durch *Papst Paul III* bestätigt wurde. Seine Jünger waren Baumeister, Dichter, Gelehrte, Erfinder und Entdecker. Der Jesuitenorden breitete sich in der ganzen Welt aus. Er starb 1556 und 1622 wurde er heilig gesprochen. Er schützt vor Fieber, Todgeburten, Depressionen und Gewissensbissen.

Furcht.

Furcht zu überwinden helfen die *Heiligen Johannes der Täufer, Apostel Paulus* und *Ägidius*. Unter dem Stichwort „Epilepsie" haben wir die Kurzinformation über den *Heiligen Johannes den Täufer* und unter „Aussatz" über *Ägidius* geschrieben.

Der *Heilige Paulus* wurde unter seinem jüdischen Namen *Saulus* in Sizilien um das Jahr 10 n. Chr. geboren. Nach seinem Vater erbte er das römische Bürgerrecht. Bereits im Elternhaus beherrschte er griechisch, aramäisch und hebräisch. Hinzu erlernte er das Handwerk eines Zelttuchwebers. Er studierte an der Tempelakademie zu Jerusalem, unter dem *Lehrer Gamaliel*, die Bibeltheologie. Auf dem Wege nach Damaskus erschien ihm der auferstandene Christus und von einem pharisäischen Fanatiker wurde er zu einem treuesten Anhänger Christi. Nach seiner Taufe ging *Paulus* für mehrere Jahre in die arabische Wüste büßen. Danach, zurückgekehrt nach Jerusalem, wurde er dem *Jakobus* und *Petrus* vorgestellt, die ihn aufgenommen haben. Von Barnaba wurde er als Missionsgehilfe nach Antiochien mitgenommen. Von hier aus unternahm er die drei großen Missionsreisen nach Zypern und Kleinasien, nach Mazedonien und Griechenland, nach Ephesus, als der Metropole der Provinz Asia. Überall, wohin er kam, gründete er christliche Gemeinden, die er auch weiterhin mit seinen Briefen versorgte. Zwei Jahre lang verbrachte er in Cesaräa in Haft. Danach führen seine Spuren nach Spanien. Nach Rom gekommen, kämpfte er weiter gegen das Heidentum. *Kaiser Nero* verurteilte ihn zum Tode durch Enthauptung im Jahre 67. Eine fromme Christin, *Luzia,* hat seinen Leib in ihrer Villa begraben. *Kaiser Konstantin* ließ später über seinem Grab eine Basilika errichten. *Paulus* hinterließ 14 Briefe, die einen Teil des Neuen Testaments bilden. Er wird bei allen Formen von Furcht und Angst angerufen. Er hilft auch bei Krampf und Schlangenbiss.

Fußleiden.

In Jahrhunderten erprobte Heiler – *Servatius, Rochus* und *Johannes Evangelist* – lassen alle Fußbeschwerden genesen. Der *Heilige Johannes Evangelist* wurde unter dem Stichwort „Epilepsie“ kurz besprochen.

Der *Heilige Rochus* wurde in Montpellier im Jahre 1295 geboren. Seine Eltern starben sehr früh und hinterließen ihm ein Vermögen. Weil ihm jedoch sein Vater vor dem Geld und der Weltverblendung gewarnt hatte, verteilte er sein ganzes Haben an die Bedürftigen und ihm blieb, außer Pilgerstab, einem Rock und einem Sack, nichts mehr übrig. Er machte sich auf den Weg nach Italien und begegnete in der Lombardei der Pest. Mit ganzem Herzen diente er den Kranken und Sterbenden. Nachdem er in Rom eingetroffen war, wütete auch hier der schwarze Tod. Auch in Rom bot er seine Samariterhilfe an. Zurückgekehrt in seine Stadt, wurde er unschuldig wegen Spionage verhaftet. Nach 5 Jahren, 1325 starb er. Weil seine Zelle mit Licht erfüllt war, erkannten die Einwohner seine Heiligkeit. Er hilft bei Fußleiden, Epidemien, Knieschmerzen und Geschwüren.

Der *Heilige Servatius*, einer der „*Eisheiligen*", soll aus Armenien stammen und zur Vollendung seiner Studien pilgerte er nach Palästina. Danach habe er die Priesterweihe empfangen und war Missionspriester in Gallien. Als Bischof von Tongeren nahm er an verschiedenen Synoden teil. Er kämpfte gegen die Arianer. Während seiner Pilgerschaft nach Rom verstarb er 384 und wurde in Maastricht beerdigt. Dort werden auch seine Reliquien aufbewahrt. Er ist seit Jahrhunderten ein vielseitiger Heiler, besonders bei Fußleiden, Erfrierungen, Rheumatismus und für ein gutes Gelingen.

Geburt, schwere.
Um einen sanften Verlauf der Geburt zu erreichen, wird der *Heilige Godehard von Hildesheim* angerufen. Er wurde in Niederbayern um das Jahr 960 geboren. Er wurde im Benediktinerkloster in Niederaltaich zum Mönch und empfing die Priesterweihe. Kurz danach wurde er zum Prior und zum Abt des Klosters. Mit vollem Enthusiasmus setzte er sich für die spirituellen Reformen des Klosterlebens seiner Zeit ein. Überall bekämpfte er den Sittenverfall seiner Zeit. Im Jahre 1022 wurde er Bischof von Hildesheim und wirkte zahlreiche Wunder und erweckte sogar Tote. Er starb 1038 in Hildesheim. Angerufen wird er bei drohender, schwerer Geburt, bei Kinderkrankheiten, Rheuma und Nierensteinleiden.

Geistkrankheiten.
Spezialisiert auf diese Leiden sind der *Heilige Eustachius, Metardus, Cyriakus, Bartholomäus, Ägidius, Mauritius* und der *Heilige Columban.*

Der *Heilige Eustachius*, einer der 14 Nothelfer, wird mit einem Hirschen dargestellt, der in seinem Geweih ein strahlendes Kruzifix trägt. Die Hirschgestalt soll Christus angenommen haben, um ihm mitzuteilen, er solle sich taufen lassen und auf seinen schweren Lebensweg vorbereiten. Vom Beruf her war Eustachius ein Soldat im hohen Rang. Sein Lebenslauf verlief parallel zu der Hiobsgeschichte im Alten Testament. Eine böse Seuche raffte ihm in wenigen Tagen das ganze Vieh weg. Ein Hagelschlag vernichtete seine Äcker. Sein Gesinde erlag einem gefährlichen Fieber und eine Räuberbande verbrannte ihm den ganzen Hof. Er nahm seine Frau und zwei Söhne und bestellte eine Überfahrt nach Ägypten, um dort ein neues Leben zu beginnen. Der Schiffsherr behielt seine Frau anstelle des Fahrlohns und *Eustachius* musste es mit den beiden Knaben übers Wasser an Land schaffen. Beide Kinder wurden am Ufer von wilden Tieren geraubt. Er nahm eine Arbeit als Knecht an, die 15 Jahre lang gedauert hat. Er ahnte jedoch nicht, dass seine Kinder von Hirten gerettet wurden und seine Frau lebte von der Arbeit ihrer Hände. Zufällig wurde *Eustachius* von einem alten Krieger als der bekannte alte Anführer erkannt. Als Feldhauptmann wurde er vom *Kaiser Hadrian* gegen die Barbaren geschickt, die er auch erfolgreich niederschlug. Seine beiden Söhne haben im Heer gedient, erkannten sich als Brüder und auch die Mutter hat nun ihre beiden Söhne wiedererkannt. Sie eilte zum Feldhauptmann, um sie in die Heimat mitzunehmen, dabei erkannte sich das Ehepaar gegenseitig. Siegreich in die Heimat zurückgekehrt, war *Eustachius* zum Dankopfer an die Götter verpflichtet. Er hat sich jedoch verweigert und zugestanden, er wäre ein Christ. *Hadrian* ließ die ganze Familie in einem eisernen Ofen verbrennen. Das Martyrium geschah im Jahre 120.

Er wird angerufen gegen Depressionen, in verzweifelten Situationen und schweren Schicksalsschlägen.

Metardus wurde in Salency bei Valenciennes geboren. Auf Wunsch des Knaben übergaben ihn die Eltern dem Bischof, um die geistigen Wissenschaften zu studieren. Mit dreiunddreißig wurde er zum Priester geweiht. Die von den Eltern geerbten Landgüter verteilte er den Armen. 545 übertrug man ihm den Bischofssitz von

Noyon. Während der Hunnen- und Wandalenübergriffe kümmerte sich der Bischof aus vollem Herzen um seine Herde. Dabei benutzte er die Gabe, Wunder zu vollbringen, Kranke zu heilen und von irdischen Übeln zu befreien. Er missionierte weiterhin sein Land und viele bekehrten sich zum Christentum. Er starb 560 und wurde in Soissons, in Saint-Médard, beerdigt. Mit großem Erfolg wird er bei Geistkrankheiten angerufen.

Den *Heiligen Cyriakus* haben wir unter dem Stichwort „Anfechtung" bereits kurz beschrieben.

Der *Heilige Bartholomäus* gehörte zu den 12 Aposteln, die Jesus berufen hat. Nach der Auferstehung von Jesus ging er nach Mesopotamien, Parthien, Indien, Lykaonien und Armenien, um die frohe Botschaft zu verkünden. In Armenien, in der Stadt Albanopolis, fand sein Märtyrertod statt. Bei lebendigem Leibe wurde ihm die Haut abgezogen und anschließend wurde er enthauptet. Seit 1238 befindet sich seine Hirnschale im Bartholomäus-Dom in Frankfurt am Main. Angerufen wird er gegen Nervenkrankheiten und Zuckungen.

Den *Heiligen Ägidius* haben wir beim Thema „Aussatz" kurz geschildert.

Der *Heilige Mauritius* war Anführer der oberägyptischen Legion (6600 Legionäre), die von *Kaiser Maximian Herkuleus* aus Afrika nach Gallien wegen einer Revolte geschickt wurde. Vor der Schlacht sollten die gewöhnlichen Opfer für die Götter abgehalten werden. Die Legion verweigerte sich dieser Pflicht aus Gründen ihrer christlichen Überzeugung. Daraufhin wurde sie zweimal dezimiert. Weil sich die Legion weiter weigerte, wurde sie bis zum letzten Mann niedergemacht.

Das Martyrium trug sich im Rhonetal in Agaunum (heute St. Maurice) zu. In den Jahren 369 – 391 wurde zu Ehren der Märtyrer eine Basilika erbaut. Der *Heilige Mauritius* wird bei Geistkrankheiten, Gicht und Ohrenleiden angerufen.

Der *Heilige Columban* wurde um 530 in Leinster in England geboren. Als junger Mann ging er nach Irland und wurde Mönch im Kloster Bangor. Sechzigjährig kam er mit 12 Gefährten nach Frankreich an den Hof von Burgund zum *König Childebert*, der ihm bei seiner Missionsreise Schutz gewährte. Er gründete in den Vogesen die Klöster Luxeuil, Annegray und Fontaines. In Luxeuil hat er 25 Jahre als Abt gewirkt und dabei auch das unmoralische Leben am Hofe angeprangert. Er wurde des Landes verwiesen und zog zum Bodensee. Bei Bregenz legte er den Grundstein für das Kloster Mehrerau. Kriegsbedingt zog er nach Norditalien, wo er in Parma die Abtei Bobbio gründete. Nach seinem Tode wurden alle diese Klöster unter die benediktinische Regel gestellt. Im Jahre 615 verstarb *Columban* in Bobbio. Angerufen wird er bei Geisteskrankheiten.

Gelbsucht.

Seit über 1000 Jahren wird der *Heilige Gerhard von Brogne*, der in Südbelgien geboren wurde, gegen Gelbsucht angerufen. Er stand am Hof des *Grafen Berengar* im Dienste und wurde mit einer Mission nach Paris geschickt. In St. Denis ist er in das Benediktinerkloster eingetreten, wurde Mönch und Priester. Zurückgekehrt nach Brogne, widmete er sich in Flandern, Lothringen und der Champagne der

Durchführung der benediktinischen Regel. Nach 20 Jahren Wanderschaft zog er sich zurück und starb 959.

Geschwüre.

Die *Heiligen Radegunde, Rochus* und *Eligius* – gehören zu den bekanntesten Heilern von Geschwüren.

Über *Radegunde* berichteten wir beim Thema „Aussatz", über *Rochus* – bei Fußleiden und über *Eligius* bei „Epidemien".

Gicht.

Die *Heiligen Godehard von Hildesheim, Gregor der Große, Mauritius, Wolfgang* und *Anno* haben sich der Gicht angenommen. Über *Godehard von Hildesheim* berichteten wir unter dem Stichwort „schwere Geburt" und über *Mauritius* unter „Geistkrankheiten".

Der *Heilige Gregor der Große* entstammte einer reichen römischen Familie. Nach dem Tode seines Vaters verkaufte er alle Familiengüter und den Erlös verteilte er an die Armen. Den Familienpalast verwandelte er in ein benediktinisches Kloster, in dem er mit 12 Mönchen ein streng asketisches Leben führte. Auf seinem Latifundium in Sizilien stiftete er sechs Klöster. Als päpstlicher Gesandter verbrachte er sechs Jahre in Konstantinopel. Nach seiner Rückkehr wurde er zum Papst gewählt. Er ordnete den päpstlichen Besitz, baute Armenpflege und die soziale Fürsorge aus, sicherte die Rechte der Juden, nahm diplomatische Beziehungen zu den Westgoten, Franken und Langobarden auf, und leitete die Christianisierung dieser Völker ein. Die Engländer ließ er bekehren. Dem liturgischen Gesang gab er verbindliche

Formen. Sein „*Gregorianischer Choral*" ist bis zum heutigen Tage ein Begriff. Außerdem war er ein großer religiöser Schriftsteller und der letzte große Kirchenvater des Abendlandes. Er starb am 12. März 604. Seine Reliquien ruhen in Sankt Peter zu Rom. Seine Fürbitte ist wirksam bei Gicht.

Wolfgang kommt aus der Gegend von Pfullingen und wurde um das Jahr 924 geboren. Sehr früh haben ihn die Eltern in das Kloster Reichenau gebracht, wo er in die Wissenschaften und das Mönchsleben eingeführt wurde. Das weitere Studium verbrachte er in Würzburg. Sein Freund *Heinrich* – Erzbischof von Trier – bestand jedoch auf der endgültigen Loslösung von der Welt und darum ging er nach Maria Einsiedeln in die Schweiz, um ein asketisches Leben zu führen. Die Benediktiner haben ihm jedoch ihre Stiftschule anvertraut. Der Bischof von Augsburg weihte ihn zum Priester. Der Passauer *Bischof Pilgrim* hat ihn auf den Bischofsstuhl von Regensburg vorgeschlagen und um das Jahr 972 ist es dann auch so geschehen. Die wichtigste Aufgabe als Bischof sah er in der Herstellung der Sittenreinheit in den Reihen des Priesterstandes, in der Einführung der Klosterzucht. *Wolfgang* starb 994. Seine Reliquien befinden sich in der Krypta von Sankt Emmeram bei Regensburg. Angerufen wird er bei Gicht, Augenleiden und Ruhr.

Als Sohn eines Ritters kam *Anno (Hanno),* 1010 geboren, auf die Domschule nach Bamberg. Er wurde zum Priester geweiht und übernahm die Leitung der Domschule. *Kaiser Heinrich III* ließ ihn 1056 zum Erzbischof von Köln weihen. Er widmete sich nun vor allem der nötigen Kirchenreform, ließ gleichzeitig in Siegburg,

St. Georg, in Köln und Saalfeld bei Coburg Klöster erbauen. 1074 kam es zum Aufstand gegen ihn, die erzbischöfliche Residenz wurde erstürmt und verwüstet. Er hatte die Rebellion niedergeschlagen und die führenden Schuldigen streng bestraft. Danach zog er sich in seine Siegburger Abtei zurück. Um 1075 beendete er seinen irdischen Lebenslauf. Beigesetzt ist er im Kloster Siegburg. Seine Fürbitte ist bei Gicht sehr erfolgreich.

Gliederbrüche.
Der *Heilige Stanislas Kostka* wird bei Gliederbrüchen erfolgreich angerufen. Auf dem Fürstenschloss Rostkowa, in Polen, 1550 geboren, kam er 1564 zum Studium bei den Jesuiten in Wien an. *Kaiser Maximilian II* löste jedoch den Adelskonvikt nach einem Jahr wieder auf. Zusammen mit seinem Bruder lernte er bei einem gemeinsamen Hauslehrer, der ein Freidenker war. Während seiner Erkrankung verweigerten ihm die Hausgenossen den Wunsch, die heilige Eucharistie zu empfangen. Die Kommunion empfing er jedoch nachts, wunderbarerweise aus den Händen der *Heiligen Barbara.* An sein Lager kam die Mutter Gottes und legte ihm das Jesuskind in den Arm. Nach diesen Visionen erlangte er wieder seine Gesundheit. Er begab sich zu den Jesuiten nach Dillingen und *Petrus Canisius* schickte ihn mit einem Empfehlungsschreiben nach Rom. Vom Ordensgeneral bekam *Stanislas* die Genehmigung dem Orden beizutreten. Noch im Noviziat, im August 1568, verstarb er achtzehnjährig. Allein in diesem einem Jahr, lebte er seinen heiligen Gebetseifer, seine unbefleckte Reinheit, seinen christlichen Gehorsam und die Demut der

Heiligen. Er ist Helfer geworden bei Gliederbrüchen, Augenleiden, Herzbeschwerden, bei Fieber und bei allen verzweifelten Krankheitsfällen.

Gliederschmerzen.
Der *Heilige Burkhard* ist auf diese Beschwerden spezialisiert. *Burkhard* wurde vom *Heiligen Bonifatius* aus seiner Heimat gerufen und begleitete ihn auf Missionsreisen. *Bonifatius* beauftragte ihn mit der Missionierung von Thüringen und Franken. Fast 10 Jahre verbrachte er hier, ohne einen sichtbaren Erfolg. *Bonifatius* vertraute ihm jedoch das Bischofsamt im Frankenland an. Die Frankenkönige bedachten das neue Bistum mit Stiftungen, neuen Kirchen und Klöstern. Nach 10 Jahren harter Bischofsarbeit verstarb *Burkhard* im Jahre 754. Er hat die Wundergabe der Heilung besessen und wird bis heute bei Gliederschmerzen, Rheumatismus, Lendenschmerzen, Nieren-, und Steinleiden angerufen.

Halskrankheiten.
Zu den heiligen Halsmedizinern gehören die *Heiligen Blasius, Remigius, Sixtus, Bernardin von Siena, Edeltraud* und *Ignatius von Antiochien*. Unter dem Stichwort „Blutfluss" haben wir kurz über *Bernardin von Siena* berichtet und über *Remigius* – unter Epidemien.

Der *Heilige Blasius* kommt aus Armenien, war Arzt von Beruf und lebte zur Zeit von *Diokletian*. Er strahlte zu allen Leidenden eine außergewöhnliche Liebe aus und half jedem zu jeder Zeit ohne Unterschied des Glaubens. Als er Bischof wurde, setzte eine neue Christenverfolgung ein und der Heilige Bischof ging in die Wildnis und heilte kranke und verletzte Tiere. Bei einer Jagd fanden ihn die Leute vom Statthalter und warfen ihn in den Kerker. Weil er nicht zum Abfall vom Glauben zu bringen war, ließ der Statthalter ihn foltern und enthaupten. Er starb um das Jahr 287. Seit 11 Jahrhunderten erteilt die Kirche den *Blasiussegen*: „*Durch die Anrufung des Heiligen Bischofs und Märtyrers Blasius, befrei und bewahre dich der Herr von allem Übel des Halses*!"

Der *Heilige Sixtus*, Papst von 257 – 258, wurde unter *Kaiser Valerius*, während der Eucharistiefeier in der Callixtus Katakombe überfallen und sitzend enthauptet. Die Fürbitte an ihn richtet sich um Heilung von Hals- und Rückenschmerzen.

Die *Heilige Edeltraud* (oder *Edeltraudis*) wurde in der Grafschaft Suffolk geboren. Ihre Eltern verheirateten sie mit dem *Fürsten Grivier Toubert*. Beide führten jedoch eine jungfräuliche Ehe. Nach dreijährigem Zusammensein verstarb ihr Mann und sie verschloss sich in der Einsamkeit, ganz ihren Übungen hingegeben. Bald jedoch wurde sie mit dem *König Egfried* von Northumberland vermählt, aber auch diesmal lebten beide in Enthaltsamkeit. Nach 12 Jahren hat der König ihr erlaubt in ein Kloster zu gehen. Im Jahre 672 stiftete sie in den Sümpfen von Ely ein Doppelkloster und wurde hier Äbtissin. Sie bekam die Wundergabe zu heilen und die Gabe der Prophezeiung. Sie verschied im Juni 679 in Ely. Sie ist Patronin gegen Halsleiden.

Der *Heilige Ignatius von Antiochien* war Schüler des *Apostels Johannes* und dritter Bischof von Antiochien. Er überstand die Verfolgung unter *Kaiser Domitian* aber unter dem *Kaiser Trajan* wurde er im greisen Alter verhaftet und nach Rom geschleppt. Während des Weges schrieb er mehrere Briefe an seine Gemeinden, die zu den Perlen der frühchristlichen Literatur gehören. In Rom angekommen übernahm der Kaiser persönlich das Verhör. Der Heilige ließ sich nicht umstimmen und wurde in der Arena den wilden Tieren vorgeworfen. Er sollte noch gerufen haben: „*Gottes Weizen bin ich und ich werde von den Zähnen der wilden Tiere gemahlen, um als reines Brot gefunden zu werden.*" Er starb um das Jahr 110. Angerufen wird er gegen Halsweh und Hautausschläge.

Hautkrankheiten.

Gegen Hautkrankheiten helfen folgende Heilige: *Radegunde, Rochus, Eligius, Regina, Ägidius, Rosa von Lima, Markus Evangelist, Ignatius von Antiochien.*

Unter den vorgegebenen Krankheiten haben wir die Kurzgeschichte folgender Heiliger bereits angegeben: *Radegunde* – unter „Aussatz", *Ägidius* – auch unter „Aussatz", *Rosa von Lima* unter „Entbindung", *Eligius* – unter „Epedemie", *Rochus* – unter „Geschwüre", *Ignatius von Antiochien* – unter „Halskrankheiten".

Zum Leben und Martyrium der *Heiligen Regina* fehlen historische Unterlagen. Sie soll unter *Kaiser Maximian Herkules* um das Jahr 300 in Alise, in Frankreich, gemartert und enthauptet worden sein. Ihre Fürbitte hilft praktisch alle Hautprobleme zu heilen.

Der *Heilige Markus* ist Autor des nach ihm benannten Evangeliums. Er schrieb es auf Bitten der Römer. Gegenstand dieses Evangeliums sind eher die Taten Jesu und weniger die Lehren. Er stammte aus Jerusalem und vom *Heiligen Petrus* sollte er bei seiner ersten Pfingstpredigt bekehrt worden sein. Auf der ersten Missionsreise des *Paulus*, sollte er ihn als Verwandter von *Barnabas* begleitet haben. Endgültig schloss er sich jedoch dem *Apostel Petrus* an. Die Begründung der Alexandrinischen Kirche sollte sein Werk sein. Im Jahre 67 fand er als Bischof von Alexandria den Märtyrertod. Im Jahre 828 wurden seine Reliquien nach Venedig gebracht und werden bis heute in seinem Dom, dem Markusdom, verehrt. Seine Fürbitte ist gegen Hautkrankheiten, unbußfertigem Tod und Nöten aller Art wirksam.

Herzleiden.
Traditionell helfen *Theresa von Avila* und *Stanislas Kostka* die Herzkrankheiten zu heilen.

Unter dem Stichwort „Gliederbrüche“ haben wir über *Stanislas Kostka* berichtet.

Theresa von Avila wurde 1515 in Spanien geboren. Im Jahre 1535 tritt sie ins Kloster der Karmelitinnen ein. Zwanzig Jahre lang lebte sie gespalten zwischen dem Ruf Gottes und dem Ruf der Welt. In den Klöstern gab es keine Klausur. Männer und Frauen konnten zu jeder Zeit das Kloster besuchen. Die ewige Zerstreuung des Geistes diente nicht der frommen Sammlung. In ihrem inneren Befreiungskampf unterstützte sie Gott selbst, in dem er ihr eine erschütternde Vision der Leiden Christi schickte und gleichzeitig auch das mystische Leben der ewig Verdammten. Dieses Erlebnis hat ihr Bewusstsein vollständig verändert und leitete die spirituelle Phase ihres Lebens ein. Sie übte immer strengere Askese, Abtötung aller weltlichen Bedürfnisse, verbesserte ihre Konzentration und Sammlung aller psychischen und geistigen Kräfte auf Gott alleine. Bald folgten weitere Visionen und eine tiefe Versenkung in Gott. Sie hatte die mystische Ehe mit Gott erlebt. Nach jedem Erwachen im Körper hatte sie das Gefühl gehabt, dass sie im Paradies war und wäre daraus verbannt worden. Zu ihren Karmelitenschwestern sagte sie: „*Wer Gott besitzt, dem mangelt nichts. Gott alleine genügt*!"

Aus ihrem neuen Geist heraus, erkannte sie die irdische Seite ihrer Mission auf Erden: Sie soll die Reform des Karmeliterordens durchsetzen. Mit aller Kraft stellte sie sich dem Zerfall des Ordens und der Klosterzucht. Sie führte in über 30 Klöstern die alte strenge Regel durch, mit Akzent auf Sühne, Busse, Gebet und Askese. Weil sie sehr oft auf Reisen war und jedes Kloster persönlich reformierte, hat man sie von den geistlichen Behörden als Landstreicherin angezeigt und ihre Reformen wurden daraufhin verboten. Der Papst erkannte jedoch die reformierte Regel im Jahre 1580 an und befahl den Frieden in den Konventen. 1582 hat der Herr sie zu sich gerufen.

Ihre Fürbitte wird bei Herzleiden, Kopfschmerzen und geistigen Nöten angerufen.

Infektionskrankheiten.

Dagegen wird die Fürbitte von folgenden Heiligen angerufen: *Juliana, Sebastian, Genoveva, Franz von Paula, Rochus, Jodokus, Nicasius, Maternus, Franz Xaver*.

Das Leben des *Heiligen Rochus* haben wir unter dem Stichwort „Fußleiden" kurz gewürdigt und *Franz von*

Paula wurde unter dem Thema „Blindheit“ erwähnt. *Heilige Juliana* ist unter „Entbindung“ zu finden. Die *Heilige Genoveva* unter „Blattern“.

Der *Heilige Sebastian* stammt aus Narbonne in Südfrankreich. Gezogen ist er in die Stadt seiner Mutter, nach Mailand. Zum Christentum bekehrte er sich in Mailand. Er kam nach Rom und nach einigen Dienstjahren als Soldat bekam er den Posten des Befehlshabers der prätorianischen Leibwache des Kaisers. Weil er zu allen Gefängnissen Zugang hatte, half er den verhafteten Christen. Er wurde bei *Kaiser Diokletian* angezeigt, angeklagt und zum Tode durch Erschießen verurteilt. Die Bogenschützen haben ihn mit Pfeilen beschossen bis er blutüberströmt bewusstlos als tot geglaubt wurde. Eine Witwe fand ihn in der Arena und pflegte ihn bis zur Genesung. Danach begab er sich zum Kaiser und machte ihm Vorhaltungen wegen seinem grausamen Verhalten zu den Christen. *Diokletian* ließ ihn sofort in der Arena zum Tode niederknüppeln und seinen Leichnam in die Kloake werfen. Eine Christin ließ ihn an der Via Appia begraben. Über seinem Grab hat *Papst Damasus* die Kirche San Sebastiano erbaut.

Angerufen wird er gegen alle Infektionskrankheiten und früher besonders gegen die Pest.

Geboren wurde der *Heilige Jodokus* (*Jobst, Jost, Josse*) um das Jahr 600 in einer bretonischen Fürstenfamilie. Er wählte den geistlichen Beruf und lebte als Einsiedler. 652 wurde er zum Priester geweiht. 665 gründete er eine Einsiedlerei, in der er 669 auch verstarb.

Auf seine Fürbitten ziehen sich Krankheiten aller Art zurück, vor allem jedoch Infektionskrankheiten.

Der *Heilige Nicasius* stammt wahrscheinlich von der griechischen Insel Nicasia. Er gründete die erste Basilika von Reims und seit 400 führte er das Erzbistum von Reims. Als die Wandalen Frankreich verwüsteten, bot er sich ihnen selbst an, damit sie die Stadt verschonen. Sie schlugen ihm jedoch die obere Kopfhälfte ab und verwüsteten Reims. *Nicasius* sollte die abgeschlagene Kopfhälfte in die Hand genommen haben und ging noch mehrere Schritte weiter, bis er starb.

Er wird gegen Infektionskrankheiten und Keuchhusten angerufen.

Der *Heilige Maternus* war Bischof von Trier und gleichzeitig von Köln und Tongeren. Sein Name wird zu Beginn des 4. Jahrhunderts erwähnt. Seine Reliquien ruhen im Dom in Trier. Angerufen wird er gegen Infektionskrankheiten und Fieber.

Francisco de Xavier wurde 1506 in Navarra geboren. Sein Vater war Großkanzler des letzten Königs vom Baskenland. 1525 zog er nach Paris und studierte Philosophie. Hier hat er *Ignatius von Loyola* kennengelernt, trat in den Jesuitenorden ein und im Jahre 1534 hat er in Saint Denis die Gelübde abgelegt. 1537 empfing er die Priesterweihe. *Papst Paul III* hat 1540 den Jesuitenorden bestätigt und *Xaver* entschied sich in den fernen Osten aufzubrechen, um den Indern und anderen Völkern des Ostens die frohe Botschaft zu verkünden. 1542 kam er nach Goa und begann zuerst die weiße Bevölkerung zu missionieren, weil ihr Verhalten das schlechteste Beispiel für das christliche Verhalten unter den Indern war. Danach durchquerte er die Meere, war in Malaka, auf den Molukken, den südlichen Philippinen und 1549 kam er nach Japan. In seiner missionarischen Tätigkeit spendete er alleine 30 tausend Taufen. Er starb in einer Blätterhütte 1552.

Er hilft gegen Infektionskrankheiten und wird für eine gute Sterbestunde angerufen.

Keuchhusten.

Gegen diese Krankheit wird die Hilfe vom *Heiligen Nicasius* angerufen. Seinen kurzen Lebenslauf haben wir unter den „Infektionskrankheiten" untergebracht.

Kinderkrankheiten.

Die *Heiligen Godehard von Hildesheim, Klothilde, Leutfred, Johannes der Täufer, Sabina, Walburga* und *Klemens* gehören in die Tradition der heiligen Kinderärzte.

Über den *Heiligen Godehard* haben wir unter dem Stichwort „Schwere Geburt" berichtet, über *Johannes den Täufer* unter „Furcht". Die *Heilige Sabina* wurde unter dem „Blutfluss" kurz besprochen und die *Heilige Klothilde* unter „Fieber".

Der *Heilige Leutfred*, geboren in Gallien, hat sich im frühen Alter in die Einsamkeit begeben. Von Gott bekam er jedoch den Befehl zuerst in die Abtei Saint Pierre zu gehen und die Kutte zu nehmen. Im Jahre 690 gründete er die Benediktinerabtei Saint Croix. Er wurde mit der Gabe begnadet, Wunder zu tun. Als der Sohn von *Karl Martells Sohn* schwer erkrankte, ließ der Vater *Leutfred* holen. Er machte ihn gesund, indem er seine Kleider mit Weihwasser besprengte. Das war der Anfang von seinem Patronat gegen Kinderkrankheiten. Im Jahre 738 gab er seinen Körper auf.

Walburga war die Tochter des angelsächsischen *Königs Richard*, geboren um das Jahr 710, und wurde im Kloster Wimborne erzogen. Der *Heilige Bonifatius*, der ihr Oheim war, ließ sie zur Unterstützung seiner Missionsarbeit nach Deutschland holen. *Wunibald*, ihr Bruder, stiftete in Heidenheim ein Doppelkloster. Nach seinem Tod stand sie ab 761 beiden Klöstern als Äbtissin vor. Gott gab ihr die Gabe Wundertaten zu vollbringen. Sie starb im Jahre 779. Ihre Gebeine ruhen in Eichstätt.

Ihre Fürbitte wird vor allem bei kranken Kindern angerufen.

Der *Heilige Klemens* war der dritte Nachfolger des *Apostels Petrus* in Rom. Sein Bemühen galt vor allem den Bedürftigen. Er schlichtete einen Streit in der Gemeinde von Korinth. Rom teilte er in sieben Distrikte auf und bestellte einen Schreiber für jeden Distrikt. Ihre Aufgabe lag in der Abzeichnung von Leben aller Märtyrer, die in Rom verstarben. Seine Schrift hat sich erhalten und ist unter dem Titel „*Akten der heiligen Märtyrer*“ bekannt. Sie erfüllte ihre Aufgabe bei Belehrung und Erbauung der nächsten Generationen der leidenden Christen. *Papst Klemens* selbst ist wahrscheinlich den Märtyrertod gestorben.

Er wird bei Kinderkrankheiten angerufen.

Kniebeschwerden.

Der *Heilige Rochus* wird seit Jahrhunderten bei allen Kniebeschwerden, wegen seiner wirkungsvollen Fürbitte angerufen. Wir haben seinen Lebenslauf unter „Fußleiden“ kurz angesprochen.

Koliken.
Bei diesem Leiden stehen uns die *Heiligen Erasmus* und *Liborius* helfend zur Seite.

Das Leben von *Liborius* haben wir kurz unter „Fieber" geschildert.

Erasmus gehört zu den 14 Nothelfern, die das Volk seit dem 14. Jahrhundert bei allen Krankheiten anruft. Er war Patriarch und Bischof von Antiochien. Während der Phase der Christenverfolgung ging er in die Einsamkeit, auf den Berg in Libanon. Nach 7 Jahren wurde er entdeckt, in den Kerker geworfen und gemartert. Mit Hilfe eines Engels wurde er nach Lugridum ins Abendland hinausgeführt (Jugoslawien). Hier tat er viele Wunder und bekehrte Heiden zum Christentum. Auch diesmal wurde er verhaftet und nach Forma gebracht. Um 303 starb er hier den Märtyrertod. Angerufen wird er gegen Kolik, Krämpfe und Unterleibskrankheiten.

Krämpfe.
Hilfe gegen Krämpfe kommt durch Anrufung von den *Heiligen Paulus, Pankratius, Andreas, Bibiana* und *Erasmus*.

Die Information über den *Heiligen Paulus* haben wir unter dem Stichwort „Furcht" angegeben. Über den *Heiligen Erasmus* berichteten wir beim Thema „Koliken". Die *Heilige Bibiana* ist unter „Epilepsie" erwähnt worden.

Der *Heilige Pankratius* gehört zu den 14 Nothelfern. Auf die Welt kam Pankratius in Kleinasien. Nach dem Tode des Vaters kam er mit seinem Onkel nach Rom. Hier hat er die Christenverfolgung erlebt und war voller

Abscheu gegen den *Kaiser Diokletian.* Weil er auf der gleichen Strasse wie *Papst Kajus* wohnte, hat ihn der Heilige Vater unterrichtet und von ihm empfing er die Taufe. Seinen ganzen Reichtum begann er unter den Christen zu verteilen, wurde eingekerkert und mit der Todesstrafe bedroht. Weil er vom Glauben nicht abgefallen ist, wurde er an der Via Aurelia mit 14 Jahren enthauptet. Er schützt vor Krampf und Kopfweh.

Der *Heilige Andreas Apostel*, Patron von Russland, Griechenland und Schottland, wurde in Betsaida geboren. Sein Bruder war *Simon Petrus.* Beide waren Fischer. Als Jesus an Johannes vorüberging, zeigte Johannes auf Jesus und sagte: „*Dieser ist das Lamm Gottes*". Seit dieser Zeit folgten sie dem Herren, bis er sie zu Apostel berufen hat: „*Folgt mir nach, denn ich will euch zu Menschenfischern machen.*" Über das weitere Schicksal von *Andreas* sind sich die Kirchenväter nicht einig. Er ist wahrscheinlich nach Skythien gegangen und soll in Bithynien, Thrakien und Griechenland gewirkt haben. In Patras ließ er sich als Bischof nieder. Unter *Nero* wurde er zu Geißelung und Tod am schrägen Kreuz verurteilt. In dieser grauenvollen Stellung lebte er noch 2 Tage.

Angerufen wird der *Heilige Andreas* gegen Krämpfe, Halsschmerzen, Rotlauf und wegen Kindersegen.

Krebs.

Der *heilige Ägidius*, nicht ohne Grund in die Reihe der 14 Nothelfer aufgenommen, wurde von uns unter „Aussatz" kurz charakterisiert. Angerufen wird er auch bei allen Krebserkrankungen, Infektionskrankheiten, Unfruchtbarkeit und Irrsinn.

Körperschwäche.

Gegen diese Störung helfen die *Heiligen Hippolyth, Ulrich von Augsburg* und *Heiliger Vincentius.*

Der *Heilige Hippolyth* von Rom war Schüler des *Heiligen Irenäus* und wirkte als Priester und Lehrer in Rom. Er hatte eine große Zahl von Schriften verfasst – sein Hauptwerk: *„Die Widerlegung aller Häresien"* umfasst 10 Bände. Unter *Papst Kallixtus* (+ 222) ließ er sich zum Gegenpapst ausrufen. Sobald die nächste Christenverfolgung ausgebrochen war, hatte *Kaiser Maximinus Trax* den amtierenden *Papst Pontian* und *Hippolyth* zur Zwangsarbeit nach Sardinien geschickt. In den Bergwerken fand er zu Einheit der Kirche zurück, erlag aber bald den Strapazen.

Angerufen wird er bei Körperschwäche.

Auch *Ulrich von Augsburg* hilft auf Anruf die Körperschwäche abzuwerfen.

Er wurde im Jahre 890 in Augsburg in einer Grafenfamilie geboren. Er lebte fünfzehn Jahre lang auf den Familiengütern. Erzogen wurde er in der Klosterschule von St. Gallen, wo er auch zum Priester geweiht wurde. Im Jahre 923 übertrug ihm Heinrich I die Augsburger Bischofswürde. Er widmete sich der Aufgabe, die Stadt und das Land, nach den Überfällen von ungarischen Horden, wiederaufzubauen. Er erbaute einen steinernen Ringwall um die Stadt und erneuerte den Dom und die Domschule. Bei den erneut anstürmenden Ungarn hat die Stadt, bis zum Zeitpunkt des Anrückens des herbeigerufenen *Otto*, sich gut verteidigen können. Otto schlug die Ungarn 955 in einer Feldschlacht vernichtend. 973 starb *Ulrich* in einer Aura der Heiligkeit.

Er hilft bei Körperschwäche, gegen schwere Entbindung, bei Fieber, wird auch wegen einer glücklichen Sterbestunde angerufen.

Der *Heilige Vincentius*, Schutzheiliger von Portugal, wurde zu Saragossa in Spanien geboren und bereits in jungen Jahren studierte er die heilige Schrift. Der Bischof von Saragossa, *Valerius*, weihte ihn zum Diakon. Unter *Kaiser Diokletian* wurde er in den Kerker geworfen und dem Hungertod überantwortet. Nachdem die Wärter den angeblich verhungerten Leichnam herausholen wollten, stellten sie fest, dass er in voller Frische weiterlebt. Er wurde nun auf die Folter gespannt und an allen Gliedern gezerrt. Auch diese Marter hat er überstanden und den müden Folterern zeigte er sein Mitleid. Voller Wut ließ ihm der Richter mit eisernen Zangen die Seiten aufschneiden, sodass die Eingeweide sichtbar wurden.

Vincentius sagte daraufhin zum Richter: „*Du irrst, wenn du mich zu quälen vermeinst, weil du meine Glieder, die sowieso einmal verfaulen, verstümmelst. In mir lebt einer, dem du nichts anhaben kannst und der deiner spottet, weil du ihn nicht erreichen kannst.*“ Der Richter ließ ihn nun auf einen glühenden Rost legen – auf seine Wunden streue man Salz. Den verbrannten, aber immer noch lebendigen Leib, warf man im Kerker auf Glasscherben und spitze Steine. Der Heilige sang jedoch fromme Lieder und keine Klage kam über seine Lippen. Erst als man ihn ins warme Bett verlegte, um ihn für neue Opfer zu stärken, entschlief er in Gott. Ein süßer Duft breitete sich im ganzen Gefängnis aus.

Dass *Vincentius* alle diese schrecklichen Foltern überlebt hatte und seine Glaubensstärke nicht im geringsten gelitten hat, wurde im ganzen Abendland bekannt und bewundert. Er wurde zum „*Philosophen des Leidens*" ausgerufen. Er ist der hilfreiche Helfer bei allen Formen der Körperschwäche.

Kopfschmerzen.

Gegen dieses Leid helfen folgende Heilige: *Anastasia, Pantaleon, Franziskus, Dionysius, Gereon, Vinzens Ferrer, Petrus der Märtyrer, Athanasius, Bibiana.*

Über die *Heilige Bibiana* haben wir unter „Epilepsie" berichtet. Auch das Leben des *Vinzens von Ferrer* ist unter „Epilepsie" kurz geschildert. Der *Heilige Pantaleon* ist unter dem Stichwort „Auszehrung" beschrieben. *Die Heilige Anastasia* bekam ihr Kurzportrait unter dem Stichwort „Brustkrankheiten".

Der Ordensstifter *Franziskus von Assisi* wurde 1182 als Sohn von *Pietro Bernadone*, eines reichen Tuchhändlers, geboren. Später nannte man ihn *Franziskus.* Die aus der Provence stammende Mutter, wünschte für ihren Sohn, dass er Ritter werde. Seine Versuche sich weltlich zu etablieren und stets nach damaliger Sitte zu orientieren, scheiterten. Er bat Gott um die Kraft, sein Leben aus der Welt zurückzunehmen und seinen Charakter völlig umzuwandeln. Er trennte sich von seiner Familie und zu seinem Wohnort wählte er ein Stück Land, Portiunkula, das der Benediktinerabtei gehörte. Seine weltlichen Kleider legte er ab und zog eine raue Kutte der Bergleute an. Er wanderte barfuss und predigte Buße. Bald sammelte er Gleichgesinnte um sich, die ein geistiges Leben führen wollten und vom weltlichen Leben sich befreien. Er zog durchs Land, predigte Armut und Liebe. Um den

Körper am Leben zu erhalten, arbeiteten sie bei den Bauern alleine fürs Essen oder pflegten die Aussätzigen. Bezeichnend für sie war die hingabevolle Liebe nicht nur zu Menschen, sondern zu allen Lebewesen. *Franziskus* verlangte von seinen Mitbrüdern die strengste Armut, absoluten Gehorsam und einen festen Glauben. Der *Papst Innozens III* gab, nach einigem Zögern, seine Zustimmung zu den Ordensregeln im Jahre 1209. Nach ein paar Jahren scharten sich fünftausend Brüder um *Franziskus*. Auch Frauen fanden zum Gedankengut von *Franziskus* ihren Zugang. Es waren die Klarissinnen, versammelt um die *Heilige Klara*. So entstand im Jahre 1212 der zweite franziskanische Orden. Für die Weltleute gründete *Franziskus* den dritten Orden, die „Terziaren", die in der Welt nach den Prinzipien von *Franziskus* lebten. Jedoch auch Enttäuschungen und Anfeindungen wurden *Franziskus* nicht erspart. Angefochten wurde seine Regel wegen ihrer angeblichen Härte, der nicht alle folgen konnten. Von der Leitung des Ordens zog *Franziskus* sich 1224 zurück in die Einsamkeit. Er wurde mit Christi Wundmalen gesegnet. Sein Augenlicht wurde immer schwächer und er bekam heftige Gliederschmerzen. Die Krankheiten betrachtete er als seine lieben „Schwestern" und den nahenden Tod – „seinen Bruder". Er starb 1226 auf dem nackten Boden seiner Zelle liegend und mit der letzten Kraft sang er seinem Herrn ein Lied.

Er wird gegen Kopfschmerzen angerufen. *Pius XII* ernannte ihn zum Hauptpatron Italiens.

Der *Heilige Dionysius*, erster Bischof von Paris, gehört zu der Gruppe der 14 Nothelfer. Während der

Christenverfolgung um das Jahr 285 wurde er auf dem Montmartre enthauptet. Seine Reliquien hat *König Dagobert* in die Kirche der Benediktinerabtei Saint-Denis überführt und anschließend fanden dort alle Könige Frankreichs ihre Grabstätte.

Er wird gegen Kopfschmerzen angerufen.

Die Passion vom *Heiligen Gereon* und seiner 318 Gefährten ist historisch. Sie gehörten zu der „Theologischen Legion“, die nach Köln versetzt wurde. Die Legionäre weigerten sich den heidnischen Göttern zu opfern, weil sie alle Christen waren. Sie wurden 304 enthauptet und ihre Leichen warf man in einen tiefen Brunnen. Erst die *Kaiserin Helena* ließ sie im geweihten Boden beisetzen.

Der Heilige Gereon wird gegen Kopfweh angerufen.

Petrus der Märtyrer wurde 1205 in einer Familie geboren, die zu der Sekte der Katharer gehörte. Sie übergaben ihn jedoch einem katholischen Lehrer in Erziehung. Mit 15 begann er sein Studium an der Universität in Bologna, hat mit Dominikanern Kontakt aufgenommen und ist dem Orden beigetreten. Er wurde Priester und Prediger. Mit seiner Redegewandtheit hat er ganze Volksmassen erschüttert und wurde in ganz Oberitalien berühmt. 1251 übernahm *Petrus* die Leitung der Inquisition für Oberitalien. Als kirchlicher Untersuchungsrichter war er um die Bekehrung und nicht die Bestrafung bemüht. 1252 hatten die Katharer zwei Mörder bestellt, die ihm mit der Axt den Kopf spalteten. Sein Grabmal steht in Saint Ecistorgio in Mailand.
Angerufen wird er gegen Kopfschmerzen.

Athanasius wurde um 295 in Alexandria geboren. Zur

Erziehung wurde er ins Haus des *Bischofs Alexander* abgegeben. *Bischof Alexander* weihte ihn mit der Zeit zum Diakon und ernannte ihn zum eigenen Sekretär. Als sein Gönner starb, wurde *Athanasius* zu seinem Nachfolger nominiert. Die Gefahr kam für ihn von der Seite der Arianer, die Christi Gottheit bestritten. Er hat die bedeutenden Schriften zur Verteidigung des Glaubens verfasst. Auch heute noch nennt man ihn „*den religiösen Genius seiner Zeit*". Die häretischen Verleumder haben den *Kaiser Konstantin* beeinflusst, der ihn in die Verbannung nach Trier schickte. Weil jedoch *Athanasius* schon früher in der thebaischen Wüste lebte und persönlich den *Einsiedler Antonius* kannte, übertrug er die Sitte des Einsiedlerlebens in die Landen um Trier herum. Zurückgekehrt nach dem Tode des Kaisers wurde er erneut von den Arianern verfolgt. Abermals wurde *Athanasius* als Bischof abgesetzt und suchte Zuflucht in Rom. Nach 6 Jahren durfte *Athanasius* nach Alexandrien zurück. 356 wurde jedoch seine Kirche von den Truppen des Kaisers besetzt, er selbst vertrieben und auf seinen Kopf ein Preis ausgesetzt. *Athanasius* floh in das alte Nilkloster. Für kurze Zeit kehrte er zurück. Aber unter *Julian Apostata* wurde er bereits zum vierten Male in die Verbannung geschickt. Auch unter *Kaiser Valens* musste er zum fünften Mal fliehen. Zum Ende seines Lebens durfte er endlich zurück. Der Tod hat ihn im Jahre 373 endgültig abgerufen. Seine Reliquien befinden sich in Venedig, in der Kirche S. Croce.

Angerufen wird er gegen Kopfweh.

Lähmungen.
Gegen dieses Unglück hat sich die Anrufung des *Heiligen Servatius* und der *Seligen Jutta von Sangershausen* bewährt.

Unter dem Stichwort „Fußleiden“ haben wir das Leben von *Servatius* kurz geschildert.

Das Leben der *Seligen Jutta* haben wir unter „Blindheit der Seele“ aufgenommen.

Migräne.
Gegen dieses Leid hilft die Anrufung *Katharinas von Alexandrien*, die auch zu den 14 Nothelfern zählt. *Katharina* hatte als Tochter des *Königs Costus* einen prachtvollen Palast mit zahlreichen Gütern und Dienerschaften. Sie war in allen Künsten und Wissenschaften ihrer Zeit bewandert, hatte Schönheit, Klugheit und Reichtum. Ein Einsiedler sollte sie auf Christus verwiesen haben und in einem mystischen Erlebnis hat sie Christus allein Treue geschworen. Als *Kaiser Maxentius* nach Antiochien kam, ließ er das ganze Volk zusammenrufen, um den Göttern zu opfern. *Katharina* verweigerte sich als Christin. Sie ging zum Kaiser und stellte ihn unter einen sittlichen Pranger und warf ihm seine Verbrechen gegen die Christen vor. Der Kaiser ließ sie im Kerker einsperren, 12 Tage lang, ohne jegliche Speise. Davor wurde sie am ganzen Leibe mit Ruten geschlagen. Nach Ablauf dieser Zeit kam sie blendend gesund heraus. Die Maschinen, mit denen sie nun gefoltert werden sollte zerbrachen in Stücke kurz vor ihrem Einsatz. Der Kaiser ließ sie im Jahre 310 enthaupten.

Ihre Hilfe wird bei Migräne und Zungenkrankheiten angerufen.

Nervosität.

Der *Heilige Vitus*, der bei Epilepsie, Bettnässen, Nervosität und anderen Beschwerden hilft, wurde von uns kurz unter „Bettnässen“ besprochen.

Nierenleiden.

Bei Nierenkrankheiten werden die *Heiligen Lambert, Burkhard Apollinaris* und *Godehard von Hildesheim* angerufen.

Apollinaris, ein Jünger des *Heiligen Petrus*, ist mit ihm nach Rom gekommen. *Petrus* schickte ihn zur Verbreitung des Glaubens nach Ravenna. Den heidnischen Priestern fiel er mit seinen Heilwundern auf und sie wollten von ihm sehen, ob er den Göttern opfert. Weil er sich verweigert hatte, schlugen sie ihn so lange mit Knüppeln, bis sie glaubten er wäre tot. Eine Witwe pflegte ihn jedoch bis zur Genesung. Danach heilte er einen Stummen und eine vom Teufel besessene Frau. Über 500 Personen haben sich daraufhin taufen lassen. Er wurde abermals verhaftet und diesmal musste er auf glühenden Kohlen barfuss stehen. Weil er keine Verbrennungswunden bekam, stießen ihn die Folterer aus der Stadt heraus. Er ist jedoch geblieben und erweckte die Tochter des Patriziers von den Toten. Statt Anerkennung spannte man ihn auf die Folter. Kochendes Wasser goss man in seine Wunden. In Ketten gefesselt führte man ihn aus der Stadt in die Verbannung. Er kehrte jedoch nach Ravenna zurück und machte einen von Geburt an Blinden wieder sehend. Ein Christ verbarg ihn auf seinem Gut. Er wurde jedoch gefunden und mit Keulen totgeschlagen.

Er wird gegen Nieren- und Steinleiden angerufen. Seine Gebeine wurden 1146 nach Remagen überführt.

Der *Heilige Burkhard* wurde von uns unter dem Stichwort „Gliederschmerzen“ gewürdigt. Der *Heilige Godehard von Hildesheim* fand unsere Erwähnung unter dem Thema „Schwere Geburt“.

Der *Heilige Lambert* wurde 625 in Maastricht als Sohn reicher Eltern geboren. Sein Lehrer und Erzieher war der *Heilige Lanoald* und danach der heilige *Bischof von Maastricht-Tongeren, Theodard.* Nach der Ermordung von *Theodard* im Jahre 670 wurde *Lambert* zu dessen Nachfolger gewählt. Vier Jahre später musste er seinen Bischofssitz räumen, weil ein Günstling des neuen Königs nach dem Bistum verlangte. Sieben Jahre lang lebte nun *Lambert* in Stablo bei den Benediktinern. 682 wurde *Lambert* aus der Verbannung zurückgerufen. Er unternahm auch mit *Willibrord* gemeinsam Missionsreisen nach Nordholland. Dem *König Pipin* machte er starke Vorhaltungen wegen Untreue in der Ehe und zog den Hass von *Alpais*, seiner Konkubine, auf sich. 708 wurde er auf Anstiftung von *Alpais* mit der Lanze erstochen.

Angerufen wird der *Heilige Lambert* gegen Nierenleiden.

Nierensteine.

Gegen Nierensteine wird der Beistand von *Liborius* und *Stephanus* angerufen. Die Kurzwürdigung von *Liborius* steht unter dem Thema „Fieber“.

Die Gemeinde zu Jerusalem hat *Stephanus*, sieben Monate nach der Himmelfahrt Jesu, zu einem ihrer Diakone ernannt. Wie es in der Apostelgeschichte steht, wirkte er große Zeichen und Wundertaten im Volk und immer mehr Juden bekehrten sich zu Christus. Die Juden der Synagoge waren darüber sehr erbost und riefen eine Versammlung ein, um *Stephanus* zur Verantwortung zu ziehen. Er hat jedoch vor dem Hohen Rat eine exzellente Rede gehalten, in der die Göttlichkeit von Jesus herausgestellt wurde. Für die Juden war es eine laute Gotteslästerung, weil er einen Menschen als gleich mit Gott stellte. Sie wollten nicht länger zuhören, fällten auch kein Urteil, sondern übergaben ihn der Lynchjustiz: Von einer wütenden Masse wurde er gesteinigt.

Der *Heilige Stephanus* wird bei Nierenleiden angerufen, bei Seitenstechen, Kopfweh und für einen guten Tod. In der Krypta von S. Lorenzo in Rom befinden sich die Reliquien von *Laurentius* und dem *Heiligen Stephanus.*

Nöte, geistige Nöte.

Aus den geistigen Nöten führt der *Heilige Ägidius* und *die Heilige Theresa von Avila* heraus. Die Kurzinformation zum *Heiligen Ägidius* haben wir beim Thema „Aussatz" aufgeschrieben. Über die *Heilige Theresa von Avila* berichteten wir unter „Herzleiden".

Ohrenleiden.

In der traditionellen christlichen Medizin ist der *Heilige Mauritius* für alle Ohrenkrankheiten zuständig. Über *Mauritius* berichteten wir unter „Geistkrankheiten".

Rheumatismus.
Dagegen wird der *Heilige Godehard von Hildesheim* und *der Heilige Burkhard* angerufen. Über den *Heiligen Godehard* berichteten wir kurz unter „Schwere Geburt" und über *Burkhard* unter „Gliederschmerzen".

Rückenschmerzen.
Der *Heilige Sixtus* und *Laurentius* helfen mit ihren Fürbitten wirkungsvoll bei allen Beschwerden des Rückens.

Den heiligen *Papstmärtyrer Sixtus* haben wir unter „Halsbeschwerden" gedacht und der *Heilige Laurentius* ist unter „Brandwunden" gewürdigt.

Ruhr.
Seit Jahrhunderten wird bei dieser Erkrankung der *Heilige Wolfgang* angerufen. Eine Kurzinformation über sein Leben haben wir unter „Gicht" aufgeschrieben.

Quetschungen.
Heilige Amalia ist bei diesen Verletzungen sehr hilfreich. Über ihr Leben haben wir unter „Armleiden" kurz informiert.

Schluckbeschwerden.
Gegen Schluckbeschwerden wird traditionell der *Heilige Apostel Andreas* angerufen. Eine Kurzinformation über sein Leben finden wir beim Thema „Krämpfe".

Schmerzen.

Gegen Schmerzen allgemein wird der *Heilige Markus Evangelist* angerufen. Er verfasste das zweite Evangelium, das kürzeste – ohne die Kindheit Jesu, ohne die Bergpredigt. Ihn interessieren die Taten Jesu und weniger seine Lehre. Bekehrt wurde er durch den Apostel Petrus. Er begleitete den *Apostel Paulus* bei seiner ersten Missionsreise. Später war er bei *Paulus* und auf Bitten der Römer verfasste er sein Evangelium zwischen den Jahren 55 und 59. Um das Jahr 67 fand er den Märtyrertod als Bischof von Alexandria.

Seine Reliquien wurden 828 nach Venedig gebracht und ruhen im Markusdom.

Seine Fürbitte hilft bei Schmerzen, schützt vor Hautkrankheiten und vor unbußfertigem Tod.

Schwangerschaft, Schutz vor...

Die Schwangerschaft wird durch die *Heilige Kunigunde* geschützt. Im Jahre 980 als Tochter des luxemburgischen *Grafen Siegfried* geboren, wurde sie höfisch erzogen. Sie gelobte Keuschheit und Jungfräulichkeit. Der Vermählung mit dem bayerischen *Fürsten Heinrich*, der zum deutschen König und 1014 zum Kaiser gewählt wurde konnte sie sich aus familiären Gründen nicht widersetzen. Ihre Ehe blieb jedoch kinderlos. Sie unterstützte in jeder Hinsicht die clunyazensische Reform der benediktinischen Klöster und die Siechen- und Armenhäuser und durch die Stiftung zweier, zu ihrem Eigentum gehörenden Grafschaften, ermöglichte sie die Stiftung des Bistums Bamberg. Als ihr Gemahl 1024 verstarb, zog sie sich aus allen weltlichen Tätigkeiten zurück und trat dem Benediktinerinnen-Kloster Kaufingen bei Kassel bei. Als einfache Nonne, lebte sie unter Einhaltung der Regel fünfzehn Jahre lang, bis zu ihrem Tode im Jahre 1040. Sie ist an der Seite ihres Gemahls im Dom zu Bamberg beigesetzt.

Angerufen wird sie von schwangeren Frauen, damit die Schwangerschaft zu guter Auflösung kommt.

Schulterschmerzen.
Heilige Amalia schützt die Arm- und Schultergelenke. Die Würdigung ihres Lebens haben wir kurz unter „Armleiden“ gebracht.

Seelenqualen.
Vor Seelenqualen, worunter heute auch Depressionen gezählt werden, schützt *Ignatius von Loyola.* Sein Leben haben wir unter „Fieber“ kurz gewürdigt.

Stummheit.
Die Probleme mit Schwerhörigkeit und Stummheit werden durch Anrufung der *Heiligen Franz von Paula* und der *Heiligen Mechthild* geheilt. Die *Heilige Mechthild* haben wir kurz unter „Blindheit der Augen“ gewürdigt.

Auch der *Heilige Franz von Paula* steht bei uns unter dem Thema „Blindheit der Augen“.

Tod.
Für guten Tod werden folgende Heiligen angerufen: *Christophorus, Vinzens Ferrer, Markus Evangelist* und der *Heilige Joseph.*

Über *Vinzens Ferrer* haben wir unter dem Stichwort „Epilepsie“ berichtet, über *Markus Evangelist* – unter dem Thema „Schmerzen“.

Christophorus gehört zu den 14 Nothelfern. Seine Darstellung verbindet sich mit einem kräftigen Mann mit dem Jesuskind auf den Schultern, wie er den Fluss durchquert. Er soll 250 den Märtyrertod unter *Kaiser Decius* erlitten haben. Alle, die einen unbußfertigen Tod fürchten, beten um seine Fürbitte.

Über den *Heiligen Joseph*, Nährvater von Jesus, gibt es in der Heiligen Schrift und der Überlieferung sehr wenig Material. Bei Mat. I, 9 heißt es, er wäre „gerecht“, d. h. ein heiliger Mann und er stamme aus dem Geschlecht König Davids. Selber jedoch war er ein einfacher Handwerker. Wie Geschehnisse um ihn herum zeigen, und die Art seiner Reaktion darauf, bestand sein hoher Adel in seiner Seele. Er stellte keine Fragen, wie *Maria* schwanger wurde, er fügte sich dem Erlass des *Kaisers Augustus* über die Volkszählung, er stellte auch keine Fragen bei der Erscheinung des Engels, der ihn aufforderte nach Ägypten zu fliehen und folgte auch der zweiten Engelvision, *„Joseph, zieh zurück in das Land Israel“*. Er tat alles, obwohl die Reisen weit und sehr beschwerlich waren. Zur Zeit des öffentlichen Auftretens von Jesus war er wahrscheinlich nicht mehr am Leben, weil er nirgends mehr in den Schriften erwähnt wurde.

Er wird angerufen für einen leichten und schmerzlosen Tod.

Totgeburten.
Gegen die Totgeburt wird der *Heilige Ignatius von Loyola* angerufen. Seinen Lebenslauf haben wir kurz geschildert unter dem Thema „Fieber“.

Todesfurcht.
Gegen die Todesfurcht helfen Gebete um Fürbitte bei den *Heiligen Servatius, Achaz* und *Ulrich von Augsburg.*

Über den *Heiligen Servatius* haben wir kurz berichtet beim Thema „Blasenerkrankungen“, über den *Heiligen Ulrich von Augsburg* – unter „Entbindung“.

Der Heilige Achaz war Anführer eines kaiserlichen Heeres von 10.000 Soldaten. *Kaiser Hadrian* und *Antonius* haben sie gegen Aufständische in Armenien ausgesandt. Da jedoch der Feind um das 10-fache stärker war, entschloss sich der Kaiser vom Kampf zurückzutreten. Da hörte der Anführer *Achaz* eine Stimme, dass sie doch den Kampf gewinnen werden, wenn sich all seine Soldaten zum Christentum bekehren.

Und tatsächlich, das taten sie alle. Den Kampf haben sie glänzend gewonnen. Als der *Kaiser Hadrian* von der Bekehrung seiner Soldaten erfuhr, erteilte er den Befehl, alle Soldaten sollten den gleichen Tod erleiden, wie ihr angeblicher Gott Jesus Christus. Sie wurden gegeißelt und ans Kreuz geschlagen.

Achaz befreit von der Todesangst, bewahrt vor allen Übeln und Krankheiten und stärkt in Zweifeln.

Tod – unvorhersehbarer und plötzlicher.

Davor schützt der *Heilige Adrian* und die *Heilige Bibiana.* Über die *Heilige Bibiana* haben wir unter „Epilepsie“ berichtet.

Der *Heilige Adrian* wohnte in der Stadt Nikomedien. Wie die „*Legenda aurea*“ berichtet, kam der *Tetarch Maximian* nach Nikomedien und erließ Befehl, dass alle Christen bei der Verwaltung angezeigt werden sollen. Die Nachbarn zeigten ihre Nachbarn an und die Freunde ihre Kollegen. Die Christen wurden gemartert, in Ketten gelegt und in den Kerker geworfen. *Adrian,* Hauptmann der Kriegsknechte, fragte die Christen: „*Welchen Lohn gewinnt ihr mit diesen Martern*“? Die Christen antworteten: „*Das hat kein Auge je gesehen..., was der Herr denen bereitet hat, die ihn vollkommen lieben*“! *Adrian* gesellte sich zu den Christen und sprach: „*Schreibt mich zu ihnen, denn ich bin auch ein Christ.*“ Dann wurden alle Christen sieben Tage lang gemartert und anschließend zum Hinrichtungsplatz geschleppt. Man schlug ihnen die Füße ab, brach die Beine und schlug die Hand ab. Als *Adrian* starb war er 28 Jahre alt. Er ist Schutzpatron gegen plötzlichen Tod. Sein Kult kam aus Byzanz nach Rom, dann nach Frankreich, Flandern, Champagne, Portugal und viele andere Länder.

Trunksucht.

Aus dem Alkoholismus befreit das Gebet zu der *Heiligen Bibiana.* Unter „Epilepsie“ haben wir ihren Lebenslauf geschildert.

Unfälle und Unglücke.
Wiederum bewahrt uns davor die *Heilige Bibiana* aber auch der *Heilige Rochus*. Der *Heilige Rochus* fand eine kurze Würdigung von uns unter dem Thema „Fußleiden“. Die *Heilige Bibiana* unter „Epilepsie“.

Unfruchtbarkeit.
Die Heiligen, die dagegen helfen, sind der *Heilige Antonius von Padua, die Heilige Margareta, Franz von Paula, Vinzens Ferrer*, und der *Heilige Ägidius.*

Den *Heiligen Antonius von Padua* haben wir unter „Fieber“ kurz gewürdigt; die *Heilige Margarete* – beim Thema „Entbindung“; den *Heiligen Franz von Paula* – unter „Blindheit der Augen“; den *Heiligen Vinzens Ferrer* – unter „Epilepsie“ und den *Heiligen Ägidius* – unter „Aussatz“.

Unterleibskrankheiten.
Der *Heilige Erasmus* ist auf diesem Gebiet besonders wirksam. Unter dem Thema „Koliken“ haben wir sein Leben kurz gewürdigt.

Veitstanz.
Der Name der Krankheit ist mit dem *Veit (Vitus*) verbunden. Sein Leben haben wir unter dem Thema „Epilepsie“ kurz geschildert. Der *Heilige Willibrord* ist auch unter „Epilepsie“ kurz charakterisiert.

Vergiftung durch Essen.
Das Gebet zum *Heiligen Pirmin* um seine Fürbitte bei Vergiftungen gehört zur Tradition der christlichen

Medizin. Über den *Heiligen Pirmin* haben wir unter „Entbindung“ informiert.

Verlassenheit.
Bei Gefühl der Verlassenheit, der Isolierung und des Alleinseins hilft der *Heilige Ägidius*. Über ihn haben wir unter „Aussatz“ berichtet.

Verzweifelte Situation.
Aus Situationen ohne Ausweg führt uns der *Heilige Apostel Judas Thaddäus* und der *Heilige Eustachius* heraus. Unter „Depressionen“ haben wir kurz das Leben von *Judas Thaddäus* gewürdigt und unter „Geisteskrankheit“ das Leben von *Eustachius.*

Wassersucht.
Dagegen hilft der *Heilige Liborius*. Unter dem Thema „Fieber“ ist sein Leben kurz gewürdigt.

Wunden, die eitern und aufbrechen.
Die *Heilige Rosa von Lima* und die *Heilige Reinhildis* gehören traditionell zu den ersten Helfern in dieser Not.

Unter „Entbindung (schwere)“ haben wir über die *Heilige Rosa von Lima* berichtet.

Die *Heilige Reinhildis* kam aus der Familie des lothringischen *Herzogs Witger*. Er und seine Frau zogen sich in das klösterliche Leben zurück, sobald die Kinder herangewachsen waren. Über das Leben von *Reinhildis* gibt es wenig Informationen. Ähnlich ihren Eltern hat sie dem Leben in der Welt, das Leben im Gebet und in Abwendung von der Welt vorgezogen. Ihr sozialer

Schwerpunkt waren die Bedürftigen und Armen. In Saintes bei Hal erbaute sie sich eine Einsiedlerzelle, in der sie bis zu ihrem Todestag im Jahre 680 lebte, wo sie durch heidnische Friesen ermordet wurde.

Zahnschmerzen.
Die *Heilige Apollonia* wird bei Zahnschmerzen angerufen. Sie lebte in der ersten Hälfte des 3. Jahrhunderts in Alexandrien, unter *Kaiser Decius*. Ein Zauberer hatte der Stadt ein großes Unglück prophezeit, weil die Christen die Götter nicht mehr anbeteten. Die aufgebrachte Menge stürmte die Christenhäuser und schleppte die Gläubigen an den Richtplatz. Wer gegen Christus nicht lästern wollte, wurde durch Folter umgebracht. Als sie vor dem Scheiterhaufen stand, erbat sie sich eine Bedenkzeit. Befreit von den Fesseln stürzte sie sich alleine ins Feuer. Sie zeigte, dass sie aus Liebe zu Christus ihr eigenes Leben aufgibt. Bis heute ist sie Patronin der Zahnärzte; die wütende Menge hatte sie vor der Verbrennung so lange ins Gesicht geschlagen, bis ihr die Zähne ausgefallen sind.

Zuckungen.
Gegen dieses Leid hilft die Anrufung der *Heiligen Bartholomäus* und *Willibrord*. Den *Heiligen Bartholomäus* haben wir unter „Geistkrankheiten“ kurz gewürdigt und den *Heiligen Willibrord* unter „Epilepsie“.

Die Universalheiler.
Im christlichen Volksglauben ist eine Liste von Heiligen bekannt, die aus allen Krankheiten und aus allen

Lebensnöten heraushelfen. Es sind der *Heilige Joseph*, der *Heilige Thomas Apostel*, der *Heilige Achaz und die 10 tausend Märtyrer*; der *Heilige Johannes vom Kreuz,* die *Heilige Theresa von Lisieux*, der *Heilige Thomas Becket*, die *Heilige Rita von Cascia*, der *Heilige Columban*, der *Heilige Reinhold* und der *Heilige Leonard*.

C. Hilfe in Lebensnöten: Beistand Heiliger in Nöten und Katastrophen.

1. Auffindung Ertrunkener: Heilige Katharina von Alexandrien
2. Aussichtslose Anliegen: Heilige Rita von Cascia
3. Bohnengedeihen: Heiliger Sixtus, Heiliger Maternus
4. Brände infolge von Blitz: Heiliger Rochus
5. Brandgefahr: Heiliger Florian
6. Diebe – gegen Diebe: Heiliger Petrus Apostel
7. Diebstähle – Entdeckungen von: Heilige Helena
8. Dürre: Heiliger Haribert lässt Regen fallen; Heiliger Florian; Heiliger Metardus; Heiliger Paulus; Ägidius schützen vor Dürre
9. Ehe – für eine gute: Heiliger Antonius von Padua
10. Ehegatten, die irregegangen sind, bekehrt: Heilige Klothilde
11. Ernte – für eine gute: Gregor von Nazianz, Heiliger Markus Evangelist
12. Examensnöte beseitigt: Rita von Cascia
13. Feldfrüchte – für gutes Gedeihen: Heilige Walburga; Heilige Gertrud von Nivelles; Heilige Metardus; Heilige Amalia
14. Feuerbrunst: Heiliger Germanus von Paris; Heiliger Vitus; Heiliger Ägidius, Heiliger Jodokus
15. Frostschäden – Schutz gegen: Heiliger Servatius
16. Gefahren – bei drohenden Gefahren: Heiliger Vincenz Ferrer
17. Gewitter – bei Gewitter: die Heiligen Cyryl und

Methodus, Heiliger Florian, Heiliger Erasmus, Heiliger Klemens

18. Gewitterschäden: Selige Mechthild, Heiliger Paulus, Heiliger Columban
19. Glück, gutes Gelingen: Heiliger Servatius
20. Hagel – Schutz vor Hagel: Heiliger Barnabas, Johannes der Täufer, Heilige Amalia
21. Heirat – für eine gute: Heiliger Valentin stiftet Ehen; Heiliger Vincenz Ferrer, Heiliger Nikolaus
22. Heuschreckenplage: Anrufung des Heiligen Pantaleon
23. Hitze – Schutz vor Hitze: Godehard von Hildesheim
24. Hochverrat: Heiliger Sebastian
25. Kinder und Schüler schützt: Heiliger Symphorian
26. Kindersegen – um Kindersegen zu erbitten: Heiliger Andreas
27. Krankenhäuser; Pflegepersonal schützt: Heiliger Johannes vom Kreuz
28. Krieg – Schutz vor Krieg: Heilige Genoveva
29. Landwirtschaft – gegen alle Nöte der Landwirtschaft: Heilige Notburga
30. Regen – Blitz bei Regen: Heilige Scholastika; Heilige Sabina
31. Rufschädigung: Heiliger Goar
32. Traubengedeihen: Heiliger Sixtus, Heiliger Maternus
33. Überschwemmungsgefahr: Heiliger Fridolin, Heilige Susanna, Heiliger Columban von Luxueil
34. Unfruchtbarer Boden: Heiliger Florian

    Unglück: Anrufung von Heiliger Susanna, Eulalia, Heiliger Ägidius

35. Unwetter, Naturkatastrophen, Erdbeben: Heilige Agata von Catania, Heiliger Markus Evangelist, Heiliger Antonius von Padua, Heiliger Vitus
36. Urteil – gegen falsches Urteil: Heiliger Nikolaus
37. Verkehrsunfälle – schützt davor: Heiliger Christophorus, seine Bildmedaille im Wagen schützt vor Unfällen
38. Verleumdung – schützt davor: Heilige Susanna, Heiliger Johannes Nepomuk
39. Verlorene Gegenstände wiederfinden: Heiliger Vincens von Paul; Heiliger Antonius von Padua
40. Viehseuchen – hilft gegen: Heiliger Sebastian, Heiliger Fridolin, Heiliger Erasmus, Antonius von Padua, Heiliger Pantaleon
41. Viehschutz: Heilige Vier Gekrönte
42. Wiedererlangen gestohlener Sachen: Heiliger Nikolaus, Heiliger Vincentius
43. Weinstöcke – um gute Ernte: Heiliger Metardus
44. Zeugnis – schützt vor falschem Zeugnis: Heiliger Pankratius

D. Beispiel christlicher Tugenden.

Weil jeder Heilige eine einmalige, unverwechselbare Persönlichkeit darstellt, wollen wir nicht seine Individualität, sondern seine Tugenden nachahmen. Wir finden jedoch auch unter der Beziehung zu Tugend verschieden gesetzte Akzente. Wenn wir den Hauptakzenten nachgehen, dürfen wir unter den Heiligen fünf Arten von Lehrern unterscheiden:

1. Lehrer der Weisheit
2. Lehrer der Liebe und Güte
3. Lehrer der vollkommenen Weltentsagung
4. Lehrer des Bekennens
5. Lehrer in unserem Alltag

1. Lehrer der Weisheit:
Unter den Heiligen begegnen wir einer Gruppe erleuchteter und begnadeter Menschen, die mit umfassender Weisheit und die Vernunft überschreitendem Licht begnadet waren. Es waren die Kirchenlehrer, Philosophen und Mystiker. Sie funkeln in der Geschichte des Christentums in allen reinen Farben, wie die wahren Kleinodien. Sie offenbaren nicht die Tiefe des natürlichen Verstandes, sondern die Überfülle der Gnade Gottes, die den gereinigten Verstand mit der göttlichen Wahrheit berührt hat. Die geschenkte Weisheit erleuchtet, inspiriert und erhellt den Lebenssinn. Sie erinnert die Seele und verwandelt den Geist. Durch ihre Berührung erzeugt sie Seligkeit im Herzen. Der durch die Gnade der Weisheit erleuchtete Verstand ist zum ganzheitlichen Erkennen, zur Synthese des geistigen Wissens erst fähig.

Durch ununterbrochene Gebete und Meditationen, durch vollständigen Verzicht auf jede Form der Verweltlichung wurden sie im unwandelbaren Grund ihrer Seele verankert und befreiten sich vom hungrigen Rachen der Zeitlichkeit. Sie erreichten das ewige zeitlose „Jetzt“ und erkannten, dass die ständig wechselnden Ereignisse in der Welt nur Kulisse auf der Bühne des Lebens sind. Der von Zeitlichkeit befreite Verstand, der nun im festen Boden ewiger Wahrheiten angewurzelt war, ließ sich nicht mehr von Äußerlichkeiten täuschen und vermittelte uns Bilder von unwandelbarem Sein aller weltlichen Vergänglichkeit. Durch ihre theologischen Erkenntnisse konnten und können unzählige Scharen von Suchenden aus dem Traum des äußeren Lebens erwachen und den Weg der Selbstverwirklichung im Glauben gehen. Durch ihren Beitrag werden die in den Zeitraum geschleuderten Seelen einen festen Boden finden, von dem aus die Rückkehr in die Heimat ermöglicht wurde.

2. Lehrer der Liebe und Güte:
Eine andere Familie von Heiligen versammelt sich um die Eigenschaft der Güte. Die Heiligen erwerben die Liebe, Herzenswärme, Hingabe, Wohlwollen und Mitgefühl. Man erkennt sie an der ursprünglichen Tendenz zur Anteilnahme am menschlichen Schicksal. Sie wachsen aus den Grenzen des eigenen Ichs heraus, umarmen die Menschen, schenken ihnen und der ganzen Welt ihr Herz. Ihre Wärme ist jedoch keine vorübergehende Emotion. Hinter ihrer Empathie steht die vollzogene Umwandlung des Lebens. Sie wohnen nicht mehr im kleinen Ego, sondern im Herzen Gottes. Und weil

Gott überall ist, ist auch ihr Zuhause im ganzen Universum. Sie verströmen ihre Sanftmut auf die ganze Welt. Auch Duldsamkeit und Liebe. Ihre Güte entartet jedoch nie. Durch ihre Würde als Kinder Gottes lassen sie sich nicht von den Launen der Mitmenschen bestimmen. Sie wurden auch nicht unterwürfig oder nachlässig, weil sie ihr Inneres kennen und im Herzen mit Gottvater ständig in Kontakt leben, begegnen ihnen die anderen mit Respekt und Würde. Ihre Demut vor Gott wird niemals zu Demut vor den Großen dieser Welt. Die Liebe der Heiligen erhebt sich innerlich, bindet sie an die Quelle der Güte und Schönheit in Gott, nimmt sie aus der Zeitlichkeit heraus und trägt sie in das ewige Reich der Seligkeit. Die Liebe der Ego-Menschen beginnt mit der Sentimentalität und endet in der Illusion. Die Liebe der egolosen Heiligen sprengt alle Irrtümer und Illusionen und fängt die Menschen auf bevor sie ins Verderben hineinlaufen. Sie haben die größte Liebe gehabt, weil sie ihre Feinde liebten und oft für ihre Nächsten starben. Zuneigung, Mitgefühl und Sanftmut, die wir bei Heiligen bewundern, ist das Ergebnis einer strengen Erziehung von Gott selbst. Der entbehrungsreiche Weg der Israeliten ins Gelobte Land, war von Gott verordnet: Im Buch Exodus sagt Gott zu Moses: „*Diejenigen, die Ich liebe, erziehe Ich mit Strenge*." Liebe ohne Disziplin, ohne Pflicht und Tatkraft führt zu Verlust der Würde und zu Entartung der Güte.

3. Lehrer der vollkommenen Weltentsagung.

In der Gruppe der Extremheiligen, bei Anachoreten, Eremiten oder Styliten – bewundern wir die Kraft, die geistigen Erkenntnisse gegen alle Widerstände durchzusetzen. Sie haben verstanden, dass es gar nicht darum geht, mit dem Körper in Einklang zu leben und ausschließlich um die physische Gesundheit besorgt zu sein. Die gut ernährten Alzheimerkranken von heute sind u. a. ein Beispiel dafür. Die Heiligen waren vor allem darum bemüht, das geistige Leben zu entfalten und zur Blüte zu führen. Sie wussten aus den Worten von Jesus und aus der Lebenserfahrung wie schnell negative Gedanken, habgierige Wünsche und böse Gefühle wie Eifersucht, Neid, Hass, Wut und Zorn, die eigene Seele vergiften und folglich den Körper ruinieren. Trotz ihrer kargen oder fehlenden Bekleidung, wochenlangem Fasten und einer Nahrung, die für uns heute keine wäre, haben viele von ihnen das Alter von hundert Jahren überschritten. Die in Gott wohnende Seele hat den Körper mit der nötigen Energie versorgt.

Von der Relativität des Denkens, das alles beweisen kann, was es will, wussten sie Bescheid. Sie kamen schnell dahinter, dass unser Denken nicht frei ist, dass es von Schläue, Heimtücke und Raffinesse durchzogen ist, dass sich alle Untugenden und Sünden des Denkens als ihres Werkzeugs bedienen. Der Gedankenhintergrund manipuliert unsere Intelligenz und nicht der Wunsch nach Wahrheitsfindung. Darum wollten sie ihre Intelligenz und die Gedanken von ihrer heimtückischen Tendenz und betrügerischen Absicht bis auf die Wurzelschicht reinigen und von allen bösen Keimen befreien. Dazu sahen sie keine bessere Möglichkeit, als sich von den Menschen zu befreien, auf normales Essen und den Schlaf zu verzichten, sich nicht mal anzuziehen und mit niemandem zu sprechen.

Unter dieser Verzichtleistung erspürten sie die Tiefe des eigenen Wesens und fanden den uns innewohnenden kosmischen Christus. Erst jetzt haben sie das verstanden, was sie immer schon vermutet haben: nicht die äußeren Gebote, nicht die sozial bedingte Sittlichkeit ist die Quelle der wahren Lebensordnung. Was Gott von uns will, erschauen wir nur in der Tiefe. Dazu sollen wir arm werden und dem Geist der Ewigkeit folgen.

4. Lehrer des Bekennens.
Im Leben der Heiligen fasziniert uns die Kraft des Wollens, des richtigen Entscheidens und Abgrenzens – ohne Hitzköpfigkeit und Härte. Sie besitzen die Kraft das Heilige in sich zu erkennen und das Erkannte zu leben. Mit Mut und überirdischer Kraft, sogar unter Androhung des Todes und grausamster Folter treten sie für ihre Überzeugung ein. Sie waren jedoch auch nicht bereit zu ertragen, was die Willkür anderer Menschen ihnen antat. Sie beugten sich der blinden Willkür anderer nicht. Sie entschlossen sich eher den Tod auf sich zu nehmen, als ihre Überzeugung zu verleugnen, ihren Willen zu brechen, die Unwahrheit zu tolerieren. Diesen Mut sich zu bekennen und folglich auch unter der Dummheit der Welt zu leben, brauchen wir ständig von neuem in unserem Dasein.

Für sie war nicht die Bequemlichkeit, die lieb gewonnenen Gewohnheiten, das Erhalten des Scheins und die Anpassung an die Mitmenschen das Allerwichtigste im Leben. Das wichtigste für sie war die Treue zu Christus, der Aufbruch zum Ewigen. Von Jesus selbst wurden sie gewarnt auch die familiären Bindungen aufzugeben, die emotionellen Abhängigkeiten abzuwerfen, wenn sie auf dem Wege zu geistiger Freiheit standen. Dazu Jesus:

„*Denkt nicht, ich sei gekommen um Frieden auf die Erde zu bringen. Ich bin nicht gekommen um Frieden zu bringen, sondern das Schwert. Denn ich bin gekommen um den Sohn mit seinem Vater zu entzweien, und die Tochter mit ihrer Mutter, um die Schwiegertochter mit ihrer Schwiegermutter; und die Hausgenossen eines Menschen werden seine Feinde sein.*“
(Mat. 10, 34-36)

Und über die Bedingungen der Nachfolge sagt er anschließend:

„*Wer Vater und Mutter mehr liebt als mich, ist meiner nicht würdig, und wer Sohn oder Tochter mehr liebt als mich ist meiner nicht würdig. Und wer nicht sein Kreuz auf sich nimmt und mir nachfolgt, ist meiner nicht würdig. Wer das Leben gewinnen will, wird es verlieren; wer aber das Leben um meinetwillen verliert, wird es gewinnen.*“ (Mat. 10, 37-39)

Unzählige Heilige sind diesem Weg gefolgt, haben ihren Eltern widersprochen, der Verlobung nicht zugestimmt und den Märtyrertod hingenommen. Die affektiven Bindungen gehören dieser Welt. Die Heiligen jedoch haben das Bewusstsein entwickelt, dass sie nicht von dieser Welt sind, sondern zum Vater im Himmel gehören. Trotz dieses Wissens braucht man Mut zu Gott zu beten, dass er die eigenen Kinder lieber jung sterben lässt, als zulässt, dass sie zu bösen Menschen werden. Gott nahm diese Kinder auch tatsächlich von dieser Welt weg! Die Heiligen haben alles gemieden und überwunden, was der Entfaltung des inneren Lichtes im Wege stand. Kein irdischer Wert konnte sich mit der Treue zum Innersten messen. Die Ablösung der Seele von allen weltlichen Abhängigkeiten hat, besonders bei den Styliten, Anachoreten und Eremiten Formen angenommen, zu denen uns heute der Mut und die Motivation fehlen würden. Dadurch haben sie jedoch die Kraft entwickelt, die allen Anfechtungen standhielt.

Die Heiligen waren nicht vor der Welt und ihren höchsten Vertretern demütig. Überall wo Sünde herrschte, haben sie den Sünder an den Pranger gestellt und ihren Mut mit dem Leben bezahlt. Demütig waren sie nur vor Gott. Sie beugten sich ihrem göttlichen Du, aber nicht der irdischen Willkür.

5. Lehrer in unserem Alltag.

Was lernen wir von den Heiligen heute? Sind sie noch ein Maßstab für unsere Entscheidungen heute? Die Werte der Heiligen Offenbarung, mit denen sich die Heiligen vom kalten Griff des Schicksals und ihre Identität mit der Welt leugneten, verwelken mit dem Ablauf der Jahrhunderte nicht. Die Wahrheit korrodiert nicht, kann nicht verwelken oder eintrocknen. Auch die menschliche Natur ist seit Jahrtausenden sich selbst gleich geblieben, trotz Darwin und den Neurobiologen. Nachgelassen hat unsere Selbstkontrolle und gewachsen ist unser Stolz und Egoismus, unsere Widerstände gegen das innere, göttliche Leben. Aus dieser Falle hilft uns nicht die Wissenschaft, nicht die Drogen und nicht das „kleine Ich“. Die Heiligen sind über das Drama unserer Existenz ausführlich informiert und warten auf die Möglichkeit uns zu helfen.

Von den unzähligen Scharen der absolut Entschlossenen, die gegen äußere Angriffe und innere Anfechtungen standhaft geblieben sind, die sich allen Fallen der Welt, wie Bequemlichkeit, Familienritualen, sozialen Anpassungen etc. entzogen haben, gibt es unter den Heiligen genügend Bittsprecher für uns.

Falls sich die Erhörung verzögert, liegt es entweder am Gegenstand unserer Bitte, an der Oberflächlichkeit unseres Verlangens, oder am bunten Schweif unserer Sünden, die wir selbst begangen oder die wir den anderen nicht vergeben haben. Die erfahrenen Beter wissen aus Erfahrung, dass eine Wunscherfüllung ein unter Raum- und Zeitbedingungen stattfindender Prozess ist. Er braucht Entstehungs- und Vorbereitungszeit, sowie den Ort seiner Verwirklichung. Wünsche ich mir z. B. ein geräumiges Haus mit großem Garten in einer märchenhaften Umgebung, mit Palmen drum herum und einen entzükkenden Meeresblick – bin aber momentan Hartz IV-Empfänger, dann muss ich auch den Heiligen die Verwirklichungszeit einräumen. Dass sich vor allem meine Verdienst- und Beschäftigungsverhältnisse ändern, mein Wohnort vielleicht auch verlegt werden muss, mein Wille und mein Verhalten unter strenge Disziplin gesetzt, und meine Vorstellungskraft erst richtig entwickelt werden muss, das alles gehört zur direkten Konsequenz der Erhörung von meinem Gebet. Wenn der Gegenstand der Bitte einfach ist – ich will z. B. den verlorenen Ring wieder auffinden und wende mich an einen Heiligen „Spezialisten" zum Auffinden verloren gegangener Sachen – mein Verlangen bleibt dabei stark genug und im Gewissen habe ich mir nichts vorzuwerfen, dann tritt die Erhörung auch schnell ein.

E. Was lernen wir von den Heiligen heute?

Als Menschen dürfen wir uns nicht nach den Nachbarn richten, nicht nach der Allgemeinheit und schon gar nicht nach den Tieren. Wir sind der Weisheit Gottes verpflichtet, die Jesus uns offenbart hat. Die Nachfolge Christi ist der einzige Stern, der unser Leben erleuchtet.

Der Schlüssel zur Vollkommenheit, der uns hilft alle Schwächen zu überwinden und unser Herz zu läutern, ist die unentbehrliche Arbeit an uns selbst.

„*Werdet vollkommen, wie der Vater im Himmel*" – diese Leitworte Jesu prägen das Leben der Heiligen.

Darum sind sie über sich selbst hinaus gewachsen und wurden mit Gott vereint.

Sie alle konnten mit Paulus sagen: „*Nicht ich bin es, der lebt, sondern Christus in mir.*"

Christus folgend haben sie uns das Christentum als Weg des Dienens und das Leben als Dienst für den Nächsten erschlossen.

Sie haben die Kardinalfrage am Anfang ihres bewussten Lebens gestellt: Bin ich bereit auf Gott zu hören und Gott zu antworten und damit Ihm auf ewig zu gehören? Oder gehöre ich lieber der Welt und renne jeder weltlichen Illusion hinterher?

Die Läuterung aller Strebungen, die im Fühlen und Denken verkleidet sind, bildet die Voraussetzung für die Wiedergeburt aus dem Geiste. Zu der Gnade Gottes gehört das eigene Bemühen.

Wir lernen von ihnen das Leben einem geistigen Ideal zu weihen. Infolge der Umkehr nach Innen, suchten sie nach dem Licht des Göttlichen Geistes.

Die Heiligen haben den Existenzauftrag erfüllt und das

Rätsel des Lebens gelöst, weil sie den Weg des Lichtes gegangen sind. Sie sind Pioniere und Meister des religiösen Lebens.

Sie haben das Leid, die Sorge, die Angst und den Tod überwunden. Sie haben sich von Sinnenlust und Streben nach Reichtum befreit. Der Erfolg in dieser Welt hat für sie den Sinn verloren, irdische Zärtlichkeit und Lust haben als Entscheidungsmotiv jede Kraft eingebüßt. Sie haben uns mit dem Beispiel des eigenen Lebens gezeigt, dass die Ausrichtung der gesamten Persönlichkeit auf Gott und das ewige Leben nur durch ungebrochenen Widerstand zum Ego möglich ist. Das Ich der Heiligen war durch harte Arbeit an sich selbst, durchsichtig auf Gott gemacht. Sie empfingen seine Gnade, waren von Ihm in Visionen oder direkten Intuitionen zu Entscheidungen geführt, die bei Vorhandensein der dunklen Egomauer, den Willen nie erreicht hätten. Das heilige Leben, das von Gottes Urquelle in ihr Herz geflossen ist, hat sie vor jeder irdischen Ablenkung bewahrt, ihren Geist und ihr Gemüt gereinigt und erneuert.

Die Heiligen waren die kompromisslosen Nachahmer Christi. Wie es Jesus vorgelebt hat, versuchten sie die Liebe zum himmlischen Vater, die Brüderlichkeit unter allen Menschen und die Verwirklichung des kommenden Himmelreiches in den Herzen der Menschen zu verankern. Die kosmisch-zeitlose Bedeutung ihres Lebens strahlt richtungsweisend in die Atmosphäre jeder Generation und alle, die um eine Sinngebung für ihr Dasein bemüht sind, werden von den Gedankenwellen großer Heiliger befruchtet. Die überpersönliche Gründung des Lebens, die alleine aus dem Chaos des Daseins herausführt, war tausendfach in der Geschichte des Christentums vorgelebt und wirkt alleine schon in unserem Gewissen weiter. Wer das Leben alleine auf seine Naturstrebungen gründet, verfällt den persönlichen Interessen, dem Streit und den Meinungsverschiedenheiten. Liebe und Gemeinschaft zerfallen im ständigen Zank. Die Distanz zum materiellen Leben ist das persönliche Zeichen der Heiligen.

Das Allerheiligenfest.

Zu Zeiten des *Heiligen Hieronymus* war die Zahl der Heiligen so groß dass bereits an jedem Kirchentag im Jahr, mehrere Tausend Heilige geehrt werden sollten. Man wählte darum einen Tag im Kirchenjahr, an dem die bekannten und unbekannten Heiligen eine Verehrung bekommen. Gedacht wurde nicht nur an *Maria Muttergottes*, *Propheten, Apostel* und *Evangelisten*, aber auch an unbekannte *Märtyrer* und *Bekenner*, an *Mönche, Einsiedler*, *Jungfrauen* und *Witwen*, die die Eigenschaft der Heiligkeit erreicht haben. Die Idee zu diesem Fest wurde geboren als *Kaiser Phokas* dem *Papst Bonifaz IV* den „Pantheon" geschenkt hatte. Der Pantheon war ein Prachttempel, erbaut im Jahre 27 v. Chr. von einem Günstling des *Kaisers Augustus.* Es war ein herrlicher Rundbau, in dem 3000 Götter aus dem Staatsgebiet des Reiches verehrt werden konnten. Seine Eingangstore wurden verschlossen und bewacht. In dem herrlichen Rundbau ließ *Papst Bonifaz IV* nun auf 18 Wagen eine große Menge von Reliquien heiliger Märtyrer bringen und in speziellen Behältern in diesen Tempel legen. Den Rundbau hat der Papst selbst geweiht und er erhielt den neuen Namen *„Sancta Maria ad Martyres*". Im Volksmund heißt er jedoch bis heute – *„Sancta Maria Rotunda*". *Gregor IV* (827 – 844) hat das Fest Allerheiligen auf den 1. November verlegt. Alle Notleidenden können sich an diesem Tag jede Hilfe von allen, auch den unbekannten Heiligen, holen.

III. A. Uns behüten die Engel.

„Dir begegnet kein Unheil,
kein Unglück naht deinem Zelt.
Denn er befiehlt seinen Engeln
dich zu beschützen auf all deinen
Wegen. Sie tragen dich auf ihren Händen
damit dein Fuß nicht
auf einen Stein stößt.“ (Ps. 91, 10 – 12)
„Der Engel des Herrn umschirmt alle,
die ihn fürchten und ehren,
und er befreit sie.“ (Ps. 34, 8)

a) Engel im Alten Testament.
In der jüdischen Tradition bedeutet der Name *„Engel*“ das Amt eines Boten im Dienste Gottes. Der Name *„Bote*“ im Latein *„angelus“* – wurde als Engel verdeutscht. Das bedeutet jedoch nicht, dass alle Engel *„Boten*“ wären! Nur einige der unendlichen Zahl der Geistwesen werden mit der Botenaufgabe betraut.

Einige der Engel bilden einen Hofstaat Jahwes, andere gehören zu den *„Heeren des Himmels*“ und Jahwe wird als *„Gott der Heere*“ bezeichnet. Die Boten-Engel werden von Gott zu den Menschen geschickt, um zu schützen und zu führen (Schutzengel) aber auch um sie zu bestrafen. Die Bibel nennt auch die, die den Eingang zum Paradies hüten. Nach dem Buch Samuel werden sie auch *„Träger Gottes*“ genannt. Aus diesem Grund postierte man zwei Cherubimfiguren auf der Bundeslade. In der Vision von *Ezechiel* führen vier Cherubim den Thronwagen Gottes. Der eine hatte ein Menschen-, der andere ein Löwen-, der dritte ein Stier-, und der vierte ein Adlergesicht. I*saja* erwähnt noch die Serafin. Es sind sechsflügelige Schlangenwesen mit Gesicht, Händen und Füßen, die vor dem Throne Gottes stehen.

Nach der ursprünglichen Bedeutung des Wortes „*Engel*" wären beide Gruppen von diesen Wesen keine Engel. In den nicht kanonischen Büchern wurden sie jedoch unter die Engel eingereiht und so auch in der späteren Tradition des Christentums.

Mit dem Lauf der Geschichte wurde die Transzendenz Gottes immer deutlicher betont und man sehnte sich nach Mittelwesen zwischen dem Himmelsgott und den Erdenmenschen. So wurde dem Engel die Vermittlerrolle zwischen dem Himmel und der Erde zugedacht Nun trugen sie auch Namen, wie „*Söhne Gottes*", „*Söhne des Himmels*", „*Heilige*", „*Göttliche*", „*Wächte*r", „*Fürsten*", „*Herrliche*" und „*Geister*". Der Himmelsgott bekam auch den Namen „*Herr der Geister*"! Einen Leib sprach man ihnen ab. Die Kontakte mit ihnen geschehen damit nicht über die Sinne, sondern in Visionen. Engel, die in ihrem Auftrag den Schutz des Menschen hatten, brachten auch die Gebete zu Gott. Man glaubte, dass jedes Volk einem Engel unterstellt war. Israel würde dem „*Michael*" unterstehen. Man zählt auch Engel auf, die über der ganzen Schöpfung stünden, Engel über einzelne Gestirne, über Naturvorgänge wie Blitz und Donner, Niederschläge, Winde, über Wasser und Feuer, Metalle und Früchte. Alle diese Schilderungen befinden sich allerdings nur in den außerkanonischen Schriften, füllten jedoch den Glauben der Israeliten. Auch der Name „*Uriel*" ist außerkanonisch.

Die Sadduzäer lehnten die Engelvorstellungen ab, die Pharisäer dagegen nicht. Das Rabbinertum ist aus dem Pharisäertum hervorgegangen und unterstützte den Engelglauben im Volk.

b) Engel im Neuen Testament.
Engel kommen zu den Menschen als Boten Gottes:
„Im sechsten Monat wurde der
Engel Gabriel von Gott in eine Stadt
in Galiläa namens Nazaret zu einer
Jungfrau gesandt. ... Der traf
bei ihr ein und sagte:
Sei gegrüßt du Begnadete, der Herr ist mit dir...
Du wirst ein Kind empfangen,
einen Sohn wirst du gebären:
dem sollst du den Namen Jesus geben!" (Lk 1, 26)

„Während er noch darüber nachdachte,
erschien ihm ein Engel
des Herrn im Traum. Er sagte:
Josef, Sohn Davids, fürchte dich
nicht, Maria als deine Frau zu dir zu nehmen;
denn das Kind das sie erwartet,
ist vom Heiligen Geist." (Mt 1, 20)
„Da erschien dem Zacharias ein Engel des Herrn ...
Als Zacharias ihn sah,
erschrak er und es befiel ihn Furcht." (Lk 1, 11)

Engel erscheinen im Traum:
„Als die Sterndeuter wieder gegangen waren, erschien dem Josef im Traum ein Engel des Herrn und sagte:

Steh auf, nimm das Kind und seine Mutter und flieh nach Ägypten.“ (Mt 2, 13,9)

Sie erscheinen in weißen Gewändern in Gestalt junger Männer:
*„Sie gingen in das Grab hinein und sahen auf der rechten Seite einen jungen Mann sitzen, der mit einem weißen Gewand bekleidet war;
da erschraken sie sehr.“* (Mk 16, 5)

Es gibt sehr viele Engel:
*„Ich sah und ich hörte
die Stimme von vielen Engeln rings
um den Thron und um die Lebewesen
und die Älteren; die Zahl der Engel war
zehntausend mal zehntausend und tausend
mal tausend.“* (Apk 5, 11)

*„Ihr seid vielmehr zum Berg Zion hingetreten,
zur Stadt des lebendigen Gottes,
dem himmlischen Jerusalem, zu tausenden von Engeln.“*
(Hebr. 12, 22)

Engel respektieren die himmlische Welt und bilden die Heerscharen Gottes. Sie dienen Christus und seinen Jüngern, Kinder haben ihre Engel.
*„Hütet euch davor, einen von
diesen Kleinen zu verachten!
Denn ich sage euch:
Ihre Engel im Himmel sehen stets das
Angesicht meines himmlischen Vaters.“* (Mt 18, 10)

Von *Paulus* wird der Engelkult zurückgewiesen (Kol. 2, 18). Christus steht, durch seine Gleichheit der Natur mit Gott-Vater, über den Engeln. Nach der Lehre von *Paulus* stehen manche Engel mit dem *Teufel* in Verbindung und haben etwas Dämonisches in sich. Er zählt sie zu den „*Geistern der Bosheit*“.

Nach der *Apokalypse von Johannes* wirken die Engel in verschiedenen Aufträgen Gottes. *Johannes* kennt aus seinen Visionen sieben Engelfürsten, die vor dem Throne stehen (8, 1 – 9, 21). Nach Johannes hat jede Gemeinde ihren Engel. Nach ihm gibt es auch Engel über die Winde, über Feuer, über das Wasser, Engel des Abgrundes mit Namen Abaddon, Engel über schädliche Reiterscharen mit den letzten Plagen und die Cherubim und Seraphim, die den Thron Gottes umgeben.

Paulus nennt verschiedene Gruppen von Engeln, die er wahrscheinlich aus den nichtkanonischen Schriften des Spätjudentums übernommen hatte. Zu den Gruppen himmlischer Wesen zählt er die „*Mächte*“ (Röm 8, 38), „*Gewalten*“ (1. Kor. 15, 24), „*Fürstentümer*“ (Ep 1, 21), „*Herrschaften*“ (Kol 1, 16) und „*Throne*“ (Kol 1, 16). Er nennt jedoch keine Merkmale, die sie voneinander unterscheiden würden.

Persönliche Engelnamen kommen im Neuen Testament nur zweimal vor – es ist der erwähnte „*Gabriel*“ und „*Michael*“ (Apk 12, 7). Michael bekommt die Bezeichnung „Erzengel“ ohne nähere Begründung. Aus dem Alten Testament kam noch der Name „*Rafael*“ hinzu.

c) die christliche Engellehre.

Die christliche Engellehre nahm ihren Anfang in den Schriften des Alten und Neuen Testaments. Bald öffnete sie sich auch den Anschauungen außerbiblischer, jüdischer Engelvorstellungen, den Lehren neoplatonischer Philosophen und den volkstümlichen Meinungen der Römer und Griechen über die Elementen- und Naturgeister. Es gab keinen bedeutenden Kirchenlehrer, der sich zum Thema der Engel nicht geäußert hätte.

Obwohl die Kirchenväter der Lehre zustimmten, dass die Engel geistige Wesen sind – damit wurde ihnen ein fleischlicher Leib angesprochen – setzte sich die Meinung durch, dass ihr geistiger Leib eine ätherische, luftige oder feuerliche Umhüllung trage (*corpus aerium et igneum*), sonst wären sie, bei reiner Geistigkeit ihres Wesens in den Visionen nicht sichtbar. Erst in der Hochscholastik setzte sich reine Geistigkeit der Engel durch.

Es gab auch Jahrhunderte lang darüber Streit, ob alle Engel sittliche Wesen wären. Sie wurden zwar alle von Gott erschaffen, mit Vernunft begabt, zur persönlichen Freiheit und sittlicher Entscheidung fähig, jedoch gerade durch die Gabe der Freiheit konnten sie auch sündigen.

Nach der Schwere ihrer Verfehlungen wurden einige von ihnen zu Dämonen. Die allgemeine Ansicht, die sich allmählich durchsetzte, lehrt jedoch, dass die Engel makellose, reine und glückliche Intelligenzen sind, durch den Heiligen Geist geheiligt wurden und in Gemeinschaft mit Gott leben.

Ihre Aufgabe besteht im Dienen. Sie dienen Gott, den Menschen – vor allem Christen – und man glaubt, dass jeder Mensch einen Schutzengel hat, zumindest alle Getauften. *Thomas von Aquin* vertrat die Meinung, dass jeder Mensch, getauft oder nicht, einen Schutzengel zur Seite hätte. Die frühen Kirchenväter lehrten, wie erwähnt, dass auch die Völker einen mächtigen Schutzengel hätten. Diese Meinung stammt noch aus vorchristlicher Zeit. Auch die Städte hätten ihre Schutzengel. Man meint weiter, dass Engel an Gottesdiensten und bei christlichen Prozessionen teilnehmen. Sie würden auch die Gebete der Menschen vor Gott bringen. Man glaubt auch an spezialisierte Engel, die beim Tod eines Menschen die Seele ins Jenseits geleiten. Diese Lehre hat bereits *Tertulian* aufgestellt und sie wurde von *Origines* und *Gregor dem Großen* bestätigt. Auch heute noch wird von hellsichtigen Christen der Todesengel wahrgenommen.

Das ganze Mittelalter hindurch, wurden in der Ost- und Westkirche sieben Engelfürsten verehrt. Liturgische Verehrung erfahren allerdings nur die in der Heiligen Schrift erwähnten Erzengel Gabriel, Michael und Rafael. Die *Constitutiones Apostolorum* (VIII, 12,27) schätzte jedoch die Zahl der Erzengel auf eine Million.

Nach der katholischen, kirchlichen Lehre sind Engel persönliche Geschöpfe und nicht bloße Kräfte. *Pius XII* hat eine gegenteilige Meinung als widersprüchlich mit der katholischen Lehre streng zurückgewiesen.

Auch der moderne Christ hält heute noch am Engelglauben fest. Trotz der mechanistischen Welterklärung und einer gewissen Zurückhaltung gegenüber den früher geglaubten Aufgaben der Engel in der Natur, hat sich das Vertrauen zu den Engeln, besonders im Bereich der

Heilung, der praktischen Lebensbewältigung und im Bitten um den persönlichen Schutz, eher noch verbreitet. Die Unterstützung des Glaubens an die Engel kommt heute vor allem von hellsichtigen Persönlichkeiten, die oft die Engelerscheinungen bei Geburt, Krankheit und Tod eines Menschen, bei Eucharistiefeiern und Gebeten der Kirchengemeinde wahrnehmen. Dass andererseits die Engel von weniger Menschen erspürt werden als früher, liegt an der gestiegenen Geistesblindheit von Menschen, die sich mit ihren Körpern identifizieren und die Materie als allein existent ansehen.

Wer seine Sinne geschult hat, sieht beim Kreuzschlag des Priesters in der Kirchenandacht das Entstehen eines strahlenden großen Kreuzes aus Licht in allen Farben. Dieses ätherische Kreuz kann tagelang leuchten und die mit der Kreuzsymbolik verbundenen Gedankenformen ausstrahlen. Die Gegenwart der göttlichen Liebe ist in jeder Kirche das erste Mittel zur Umwandlung eines verhärteten Herzens. Beim Kreuzzeichen und Knien vor dem Sakrament, wird mit der Kraft Christi jeder in der Kirche Anwesende gesegnet. In jeder Kirche sind Scharen von Engeln versammelt, die beim Abwerfen der Ichsucht und aller negativen Gefühle helfen und für die Aufnahme der Gebetsantwort sorgen. Sie verteilen beim Zelebrieren der Messe alle Gaben der Liebe und Barmherzigkeit. Während der Lobpreisung und Anbetung helfen die Engel beim Herabfluten göttlichen Segens auf die Anwesenden. Sie lenken die entstehenden überphysischen Kräfte auf die Versammelten, die der Gnade bedürfen. Sie sorgen in jeder Kirche für eine harmonische Atmosphäre und durchfluten den Kirchenraum mit schützenden Kräften. Der Kirchenraum ist für die Engel ein magnetischer Anziehungsort, so dass praktisch jedes Gebet eines reinen Herzens hier erhört werden kann. Die Eucharistiefeier löst die tiefsten göttlichen Kräfte, die aus dem Liebeszentrum der gläubigen Herzen ausstrahlen. Die egoistischen Verhärtungen werden gelockert und abgeschwächt und die Heilige Dreieinigkeit in jedem Herzen wachgerufen. Ein tiefes Verbindungsgefühl der Betenden wird mit Christus und seinen versammelten Engeln in jeder Messe hergestellt. Bei den Requiemmessen kommt noch die innigste Verbindung mit den anwesenden Verschiedenen hinzu. Er wird meistens von den Engeln zu der Totenmesse herbeigebracht. Bei der Traumvision eines Verstorbenen, der sich in einer traurigen und abgeschiedenen Gegend zeigt und ein Leidensgefühl vermittelt, verbirgt sich die Bitte um eine erneute Requiemmesse, die dann auch fast postwendend den Verschiedenen in eine leuchtende Gegend bringt.

Diese hier geschilderte Erfahrung ist seit Jahrhunderten bekannt und absolut zuversichtlich und wird auch von Hellsichtigen immer wieder bestätigt, auch wenn sie keine Mitglieder der katholischen Glaubensgemeinschaft sind.

B. Die Engelfeste der Kirche.

a) Das Fest aller heiligen Engel.

Die Festlegung des Festes im überfüllten Kirchenkalender hat einige Zeit gedauert: Eingeführt wurde das Fest von *Papst Paul V*, aber erst von *Klemens IX* auf den ersten Sonntag im September unter dem Namen „*Schutzengelsonntag*“ festgesetzt. *Klemens X* verlegte es weiter auf den 2. Oktober – so wird es noch heute gefeiert. Am 2. Oktober werden vor allem diese Engel geehrt, die jedem einzelnen Menschen von Geburt bis zum Tode beigesellt sind. Ihr Schutzauftrag bezieht sich nicht auf Wunschverwirklichung irdisch orientierten Bewusstseins, auf Erschließung verschiedener Lustquellen oder auf eine Lebensgestaltung voller Freude und Spaß. Der Schutzengel ist ein Begleiter auf dem Weg zum Heil, zur Erfüllung des Lebenssinnes. Die Gefahren, vor denen er schützen will, drohen seinem Schützling an erster Stelle vom Bösen, das in seinem eigenen Herzen eingenistet ist. Jeder soll dem „*guten Engel*“ folgen, der an sittliche Normen erinnert und das Gewissen erweckt. Im Hebräerbrief erinnert Paulus an ihre Aufgabe: „*Dienende Geister, denen zum Dienste gesandt, die bestimmt sind, das Heil zu erben.*“ Der Psalm 91 verspricht allen, „*die im Schatten des Allmächtigen ruhen*“:

„Dir begegnet kein Unheil,
kein Unglück naht deinem Zelte.
Denn er befiehlt seinen Engeln, dich
zu behüten auf all deinen Wegen.
Sie tragen dich auf ihren Händen
damit dein Fuß nicht auf einen Stein stößt.“ (Ps. 91, 10-12)

Wer verweltlicht ist, das Böse plant, der will auch nicht mehr an sein Heil erinnert werden. Sein Engel kennt all seine Schritte, bewahrt jedoch seine Freiheit.

Auf die Lehre über die Engel kann die Kirche niemals verzichten, weil sie fest in jedem Buch des Alten und Neuen Testaments gründet. Es gibt auch keinen einzigen Kirchenvater, der die Engel nicht gepriesen hätte. Die größten Heiligen von *Basilius, Hieronymus* und *Augustinus* über *Bernhard von Clairvaux* bis zum *Thomas von Aquin* und *Franz Xaverius* haben sich tief in ihrem Geiste mit Engeln beschäftigt. Oft reichte ihnen das Wissen in den kanonischen Werken nicht und sie suchten nach brauchbarem Wissen in den *apokryphen* Büchern des Alten Testaments, besonders in den *Henochbüchern.* Manche Engelinformation wurde aus dem alten mesopotamischen Raum, auch aus Ägypten oder der *Kabbala*, in die christliche Lehre hereingelassen. Nicht jedoch für längere Zeit! Alles von all dem „Wissen“, das in den kanonischen Büchern nicht vorhanden ist, wurde wieder nach außen herausgelassen. Besonders die tausende von Engelsnamen, die man immer wieder versucht hat in die christliche Frömmigkeit einzuführen und die unzähligen „Privatoffenbarungen“ von Engelgestalten, hat die Kirchenlehre aus gutem Grund mit Schweigen übergangen. Unsere Schutzengel wissen zu allen Zeiten unseres Lebens, wann wir von ihnen Hilfe brauchen. Und sie wird auch immer gewährt. Sie wissen es jedoch auch, wann wir sie zu egoistischen Zwecken manipulieren wollen. Für „schwarze“ Dienste lassen sich die Schutzengel nicht missbrauchen.

b) Hilfe auf dem Weg zum Guten.

Die modernen, putzigen und süßlichen Darstellungen (Zeichnungen etc.) der Engelgestalten, meistens Kopien aus der barocken Wandmalerei, die heute so manche Kinderzimmer schmücken, gehören in gleicher Weise nicht in die kirchliche Predigt.

Wie wir aus dem *Tobitbuch* des Alten Testaments wissen, ist es *„gut zu beten und zu fasten, barmherzig und gerecht zu sein. Lieber wenig aber gerecht, als viel und ungerecht. Besser barmherzig zu sein als Gold anzuhäufen. Denn Barmherzigkeit rettet vor dem Tod und reinigt von jeder Sünde. Wer barmherzig und gerecht ist, wird lange leben. Wer aber sündigt, ist der Feind seines eigenen Lebens.*“ (Tobit 12, 8-10) Diese Worte von Rafael, *„einen von den sieben heiligen Engeln*“, die das Gebet von Menschen zu Gott tragen, zeigen in der Geschichte des Tobitbuches, das unsere guten Werke und unser auf Gott gerichtetes Gemüt, uns den wirkungsvollen Beistand der Schutzengel garantieren.

C. Die drei kanonischen Erzengel.

Bis 1969 wurden die Feste von Gabriel, Rafael und Michael getrennt gefeiert. Heute werden sie gemeinsam am 29. September geehrt.

a) Der Heilige *Gabriel*.

Es gibt mehrere Stellen in den Schriften des Alten und des Neuen Testaments, wo *Gabriel* (der *„Starke Gottes*“) die Kundgebung des bisher geheimen göttlichen Willens bekannt gibt. So erscheint er mit Raphael und Michael im Hain von Mamre dem *Abraham*. Er fragt nach seiner

Frau *Sara* und verkündet ihnen die Geburt eines Sohnes (Genesis 18, 1-15). Dem *Propheten Daniel* verkündet er das Kommen und den Tod Christi. (Daniel 9-25) Später erscheint er dem *Zacharias*, dem Mann von Elisabeth, und verkündigt die Geburt von Johannes (Lukas 1, 11). Der *Maria* verkündet er die Geburt von Jesus (Lukas 1, 26). In Ephrata gibt er den Hirten die Geburt des Herrn im Stall zu Bethlehem bekannt. Er erscheint auch *Joseph* und erklärt ihm, dass die Schwangerschaft Mariens von Gott ist, gibt ihm danach den Befehl zum Aufbruch nach Ägypten und ruft ihn wieder zurück, weil Herodes bereits verstarb.

Gabriel vermittelt das bei Gott beschlossene Geschehen. In der Geschichte und im Gottesvolk wird er als Inspirator zu neuen Werken verehrt. Er ist der Engel des Werdens und des Anfangs. Er steht dem Ostchor der Engel vor, ihm strömt das Morgenlicht zu und er wird als Lebensbringer empfunden. Darum wird er auch bei Kinderlosigkeit und Unfruchtbarkeit angerufen. Als Gottesbote steht er allen Postboten und Zeitungszustellern vor. Als Schutzherr der Familie wird er für ein friedliches Zusammenleben angerufen. Als geistiger Repräsentant der Gegenwart Gottes, zeigt er jedem den Ausweg aus einem ungünstigen Lebensschicksal. Wer den Kontakt zu *Gabriel* sucht, ruft ihn stehend an mit dem Gesicht nach Osten und spricht konzentriert seinen Namen 3 mal aus. Dann wird ihm das Anliegen mitgeteilt. *Gabriel* durchdringt die Seele bis in die letzten Fasern ihres Seins und erfüllt eine reine Bitte schnell.

b) Der Heilige *Michael.*

Erzengel „*Michael*“ bedeutet dem hebräischen Wortsinn nach „*wer ist wie Gott*?“ Er ist der Erzengel des Todes, des Endes, des Gerichts. Ihm wäre der Westchor der Engels-Heerscharen untergeordnet. Er hat den *Luzifer* besiegt und bleibt der mächtige Schutzherr aller Streiter gegen die dunklen Mächte. Sein Bild zierte die deutsche Reichsfahne. Die scheidenden Seelen sind ihm anvertraut. Er ist Patron der Kirche, der aus dem Körper austretenden Seelen und beschützt die Sterbenden und damit sorgt er für guten Tod. Außerdem schützt er vor Blitz, Gewitter und epidemischer Ausbreitung von Infektionskrankheiten.

In den Visionen der christlichen Seher zeigt er sich in zwei verschiedenen Erscheinungsformen. Will er die göttliche Kraft offenbaren, die in ihm wohnt, zeigt er sich in einer gewaltigen feurigen Gestalt mit Augen wie Feuersonnen. Seine Ausstrahlung ist jedoch voller Barmherzigkeit und Liebe. Wenn er in dieser Gestalt vor uns steht, trägt er ein Schwert aus goldenem Licht in der Hand. Sein Schwert symbolisiert die Macht der Wahrheit, die das geistige Licht von der irdischen Finsternis scheidet. Trägt er jedoch die Lanze mit der Spitze nach unten, ist es ein Zeichen seiner Brüderlichkeit mit allen Wesen, die im Lichte sind oder nach dem Lichte streben. Als Beschützer aller lichtwärts strebenden Menschen, trägt er ein weißes Gewand, erscheint mit gelocktem, blondem Haar, als aufrechter, junger Mann.

In der Offenbarung (12, 7-10) erscheint *Michael* als Überwinder der Kräfte der Finsternis: „*Da entbrannte im Himmel ein Kampf; Michael und seine Engel erhoben sich, um mit dem Drachen zu kämpfen. Der Drache und seine Engel kämpften, aber sie konnten sich nicht halten, und sie verloren ihren Platz im Himmel. Er wurde gestürzt, der große Drache, die Alte Schlange, der Teufel oder Satan heißt und die ganze Welt verführt; der Drache wurde auf die Erde gestürzt und mit ihm wurden seine Engel hinabgeworfen. Da hörte ich eine laute Stimme im Himmel rufen: „Jetzt ist er da, der rettende Sieg, die Macht und die Herrschaft unseres Gottes und die Vollmacht seines Gesalbten.*"

Der Heilige Johannes fügt jedoch warnend hinzu:

„Weh aber Euch Land und Meer! Denn
der Teufel ist zu Euch hinabgekommen;
Seine Wut ist groß, weil er weiß, dass
ihm nur noch eine kurze Frist bleibt." (Off. 12, 12)

Der Sinn seiner Tat als Drachentöter, als Vertreiber des Bösen aus den geistigen Welten hat für uns auf Erden eine praktische Bedeutung. Wenn wir uns an ihn in einer Lage wenden, wo uns die Lügen und die Niedertracht anderer schädigen, wird er uns als Überwinder des Bösen sicherlich beschützen und aus den Krisen herausführen. Auch wenn uns die eigene, niedere Natur im Kreis ihrer Ignoranz einschließen will, bewirkt ein Hilferuf zu *Michael* eine baldige Befreiung. Von den Anfängen der menschlichen Gattung an, ist er Fürsprecher der Menschheit. Mit gleicher Intensität hilft er jedoch jedem einzelnen, jedem, der isoliert und einsam lebt. Er ist ein Meister der Umwandlung niederer Kräfte in ein feuriges, geistiges Leben. Seine Kraft lässt das Innere des Menschen befreien und seinen Geist zum Lichte führen. Denn er ist der Fürst des Lichtes.

c. Der Heilige *Rafael*.

Als seine Frau *Miriam* erkrankte, rief *Moses* zu Gott: „*Ana Elna rafa na la*!“ – *Ich bitte Dich Herr, heile sie*!“ Von der Wortwurzel rafa (heilen) ist der Name „*Rafael*“ abgeleitet und er bedeutet, der „*Arzt Gottes*“. Ihm sind alle Heilengel im Universum unterstellt. Es gibt keine Krankheit, die *Rafael* selbst, oder seine Engels-Vertreter nicht heilen könnten. Er repräsentiert die Heilkraft Gottes und das Können Gottes als Arzt. In dieser seiner gewaltigen Heilmacht ist er traditionell der Schirmherr der Heilung und der Regeneration. Seine heilenden Heerscharen vermitteln seine Heilstrahlen auf die Seelen- und Geistkräfte der Menschen und wer sich im Gebet und Meditation mit ihnen verbindet, wird auch nicht erkranken. Seine Heilkräfte sind im Gebet von jedem Menschen und zu jeder Zeit abrufbar. Er ist der amtlich bestätigte Arzt Gottes. Unter welchen Bedingungen die göttliche Heilkraft wirkt, erfahren wir durch das aufmerksame Studium des Buches „*Tobit*“.

Nach dem Buche „Tobit“ des Alten Testaments lebte in der assyrischen Hauptstadt Ninive, während des Exils der Juden, ein frommer Mann namens *Tobit.* Er nährte die Hungrigen, kleidete die Nackten, und die bei Verfolgung Getöteten begrub er heimlich, obwohl es unter der Todesstrafe verboten war. Bei diesem Dienst fiel ihm Vogelkot in die Augen und er erblindete. In seiner Not erinnerte er sich an seinen Vetter Raguel in Rages. Tobit gab ihm einst Geld zu Aufbewahrung und nun wollte er es nach Hause bringen lassen. Gerne möchte er seinen einzigen Sohn Tobias mit der Aufgabe betrauen, aber die Strassen waren gefährlich, das Ziel sehr weit entfernt und

Tobias war in Reisen sehr unerfahren. Da ging Tobias aus, um nach einem geeigneten Reiseführer zu suchen. Und siehe da, kaum hatte er sich vom Haus entfernt, bot sich ihm ein junger Mann namens *Azarias* an, der den Weg nach Rages und sogar den Verwandten Raguel kannte. Der Vater Tobit hatte Azarias sofort akzeptiert und die kleine Karawane brach zum Vetter Raguel auf. Am Tigris angekommen ging Tobias baden und wurde dabei von einem großen Fisch angegriffen. Azarias half den Fisch zu fangen und bat Tobias, das Herz, Galle und Leber herauszunehmen und aufzubewahren. Den Fisch haben sie gemeinsam verspeist. Als sie in der Nähe ihres Reisezieles waren, erzählte Azarias von der schönen Frau Sara, der Tochter von Raguel, die Tobias eigentlich zu Frau nehmen sollte. Der junge Mann hat jedoch ganz schlechte Dinge von Sara gehört. Sie stand als Männermörderin weit und breit in Verruf. Sie hat siebenmal geheiratet und kein einziger Bräutigam hat die erste Nacht überlebt. Es war jedoch nicht Sara die Mörderin, sondern ein Dämon Asmodi, der in Sara verliebt war und sie für sich haben wollte. Azarias versprach Tobias Schutz in der Hochzeitsnacht und Tobias gab seinen Widerstand auf. Er bat seinen Onkel um die Hand von Sara und sie wurden vermählt. Tobias sollte sich drei Nächte lang seiner Frau nicht nähern und beide sollten gemeinsam beten und dabei das Herz und die Leber des Fisches verbrennen. Azarias versicherte, dass der Dämon dadurch verbannt wird. Als Asmodi den Rauch verspürte, entfloh er tatsächlich für immer in die ägyptische Wüste. Nun sollte das Geld aus dem fernen Rages geholt werden. Azarias empfahl Tobias bei seiner jungen Braut zu bleiben und versprach die 10 Talente Silber (um die 45 kg!) alleine zu der Hochzeitsfamilie zu bringen. Ohne die geringste Verzögerung wurde der Silberschatz aus dem fernen Rages geholt und nun kam noch die reiche Mitgift von Sara dazu und alle drei Weggefährten traten die Reise nach Ninive an. Zuhause angekommen, überzeugte Azarias seinen Freund, die Augen von Vater Tobit mit der Fischgalle zu bestreichen. Und tatsächlich, die weißen Flecken haben sich aufgelöst und Tobit konnte wieder sehen. In diesem Moment gab sich Azarias als Rafael zu erkennen, als einer der Sieben, die allerzeit vor Gott stehen.

Rafael verabschiedete sich von der Familie mit einer bemerkenswerten Rede: „ *Ihr sollt wissen: Als ihr zu Gott flehtet, du und deine Schwiegertochter Sara, da habe ich euer Gebet vor den heiligen Gott gebracht. Und ebenso bin ich in deiner Nähe gewesen, als du die Toten begraben hast. Auch als du ohne zu zögern vom Tisch aufgestanden bist und das Essen stehengelassen hast, um einem Toten den letzten Dienst zu erweisen, blieb mir deine gute Tat nicht verborgen, sondern ich war bei dir. Nun hat mich Gott auch gesandt um dich und deine Schwiegertochter Sara zu heilen. Ich bin Rafael, einer von den sieben heiligen Engeln, die das Gebet der Heiligen emportragen und mit ihm vor die Majestät des Heiligen Gottes treten.*“ (Tobit XI, 12-15)

Schlusswort:

Der Ertrag aus der hier dargestellten Jahrhunderte alten christlichen Engelmedizin, mag der Gedanke sein, dass wir von Wesen umgeben sind, die im Auftrag Gottes und auf unsere Bitten hin, unsere Nöte lindern und Krankheiten heilen. Wenn wir zu dieser Tradition zurückfinden, gewinnen wir gleichzeitig die Distanz zu der Menschen schädigenden Medizin und befreien uns von den Trugbildern einer Zivilisation, durch die wir alle in einer Sackgasse stecken geblieben sind. Das Christentum ist eine Religion, die den Menschen auf allen seinen existenziellen Ebenen mit transzendenten Hilfen versorgt und ihn von Geburt bis zu seinem Übergang auf den von Gott bestimmten Lebensziel hinlenkt. Für die aktuelle Zeit geht es vor allem darum, dass die Menschen nicht mehr nach unten absinken und die Medizin noch infernaler wird.

Der Markt ist mit Büchern über Engel übersättigt, die der christlichen Tradition nicht angehören. Die wirksame Antwort der Engel hängt nicht von teuren Sigillen und angeblichen Einweihungen in die „Mechanik" der Kontaktherstellung ab, sondern von der Echtheit des Gebets – von der Tiefe der Versenkung in Gott und den echten Glauben an den Willen des Engels, der im Auftrag des himmlischen Vaters eben dafür da ist, um uns zu helfen. Durch die Rückkehr zu der alten christlichen Medizin wird vor allem unsere Seele vor ihrem Untergang bewahrt.

Quellennachweise:

a) Heiligenverehrung:

1. Aiggrain R. „L´hagiographie, ses sources, ses methodes, son histoire“, Paris 1953
2. Delehaye H. „Le cult des martyrs“, Brüssel 1933
3. Erna und Hans Melchers „Das große Buch der Heiligen und Legenden im Jahresveraluf“, Süd-West Verlag 1978
4. Lackmann M. „Verehrung der Heiligen“, Stuttgart 1958
5. Manus P. „Die Heiligen in ihrer Zeit“, 2 Bände, Mainz 1966
6. „Marianischer Festtagskalender für das katholische Volk, eingerichtet für alle Tage des Jahres.“ Neubearbeitet von einem Priester der Diözese Augsburg. 2 Bände, Regensburg 1866, Verlag von Georg Josef Manz.

b) Die Engellehre:

1. Bertholet E. „Mystere et ministere des anges“, Lausanne 1963
2. Danielou J. „Les anges et leurs mission“ Chevetogne 1952
3. Michel J. „Die Engelvorstellungen in der Apokalypse des Heiligen Johannes.“ München 1937
4. Peterson E. „Das Buch von den Engeln“
5. Tavard G. „Die Engel“ Freiburg 1968

c) Gotteslehre:

1. Die Neue Jerusalemer Bibel. Herder Verlag Freiburg 1985
2. Balthasar H. U. von „Die Gottesfrage des heutigen Menschen“ Münschen 1956
3. Cirne Lima C. „Der personale Glaube“ Innsbruck 1959
4. Ebeling G. „Erkennen und Glauben“ Kevelar 1959
5. Ebeling G. „Das Wesen des christlichen Glaubens“ Tübingen 1959
6. Eichrodt W. „Das Gottesbild des Alten Testaments“ Stuttgart 1956
7. Fries H. „Glauben – Wissen“ Berlin 1960
8. Häpel J. „Die Religion der Heiligkeit“ Gütersloh 1931
9. Kutschki N. (hrsg.) „Gott heute“ Mainz 1967
10. Des Lauriers „Dimension de la foi“ 2 Bände Paris 1952
11. Mynarek H. „Existenzkrise Gottes?“ Augsburg 1969
12. Nink C. „Philosophische Gotteslehre“ München-Köln 1948
13. Otto R. „Das heilige München“ 1958
14. Steenbergheu van F. „Dieu caché“ Louvain 1961

d) Über das Gebet:

1. Drijvers P. „Über die Psalmen, eine Einführung in Geist und Gehalt des Psalters“ Freiburg-Basel-Wien 1961
2. Krings H. „Der Mensch vor Gott. Die Daseinserfahrung in den Psalmen“ o. J.
3. Kuhaupt H. „Abba Vater. Christliche Lehre vom Gebet“ Freiburg 1948
4. „Le livre sécret des Grands Exorcismes et Bénédictions, prières antiques...“ par L´abbé Julio, Archevêque Metropolitain de l´Eglise Catholique Francaise“ Paris 1908
5. Soiron Th. „Das Geheimnis des Gebetes“ Freiburg 1937
6. Schürmann H. „Das Gebet des Herrn“ Freiburg 1958

Zeitfracht Medien GmbH
Ferdinand-Jühlke-Straße 7
99095 Erfurt, Deutschland
produktsicherheit@kolibri360.de